“十二五”国家重点图书
出版规划项目

《东南亚研究》第二辑

越南经济社会地理

YUENAN JINGJI SHEHUI DILI

余富兆 编著

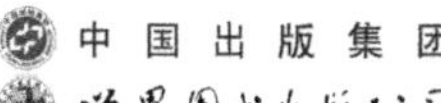

图书在版编目（CIP）数据

越南经济社会地理 / 余富兆编著. —广州：世界图书出版广东有限公司，2014.12（2021.9重印）
ISBN 978-7-5100-9108-7

Ⅰ. ①越… Ⅱ. ①余… Ⅲ. ①经济地理—越南 Ⅳ. ①F133.399

中国版本图书馆CIP数据核字（2014）第283405号

书　　名	越南经济社会地理 YUENAN JINGJI SHEHUI DILI
编 著 者	余富兆
责任编辑	程　静　李嘉慧
装帧设计	书窗设计
责任技编	刘上锦
出版发行	世界图书出版有限公司　世界图书出版广东有限公司
地　　址	广州市新港西路大江冲25号
邮　　编	510300
电　　话	020-84184026　84453623
网　　址	http://www.gdst.com.cn
邮　　箱	wpc_gdst@163.com
经　　销	各地新华书店
印　　刷	广东虎彩云印刷有限公司
开　　本	787mm × 1092mm　1/16
印　　张	14.75
字　　数	288千字
版　　次	2014年12月第1版　2021年9月第4次印刷
国际书号	ISBN 978-7-5100-9108-7/K·0272
定　　价	59.00元

咨询、投稿：020-84451258　gdstchj@126.com

《东南亚研究》第二辑

《东南亚经济社会地理》丛书编辑委员会

总　序

东南亚(Southeast Asia)位于亚洲的东南部，分为中南半岛和马来群岛两大部分，包括位于中南半岛的越南、老挝、柬埔寨、泰国、缅甸和位于马来群岛的菲律宾、马来西亚、文莱、新加坡、印度尼西亚、东帝汶共11个国家。东南亚地处亚洲与大洋洲、太平洋与印度洋的“十字路口”。东南亚各国拥有丰富的自然资源和人力资源，为经济发展提供了良好的条件，形成了以季风水田农业和热带种植园为主的农业地域类型，但经济结构比较单一。20世纪60年代以来，东南亚各国大力发展外向型市场经济与国家宏观调控相结合的经济发展模式，一是大力发展制造业，二是扩大农矿产品的生产和出口，三是深化各个层面的区域经济合作，这使得东南亚成为当今世界经济发展最有活力和潜力的地区之一。

东南亚是中国的南邻，自古以来就是中国通向世界的必经之地。在历史上，绝大多数东南亚国家就与中国有友好往来，在政治，经济，文化上关系密切，中国人民和东南亚各国人民结下了深厚的友情。在未来的历史进程中，随着中国和东南亚国家经济建设的飞速发展和社会的进步，以中国—东盟自由贸易区为代表的双边和多边的友好合作关系也将进入一个不断发展，更加密切的历史时期。

作为一个地理范围广袤、地缘位置重要、人口众多、多样性突出的地区，东南亚各国的经济和社会发展也各具特色。在未来新的世界政治、经济格局中，东南亚在政治、经济上的作用和战略地位也将更加重要。而加强对东南亚国别和地区研究，特别是加强对东南亚经济社会的研究与交流，可以帮助中国人民加深对东南亚的理解。为此，云南大学东南亚研究所在相关高校和研究机构同仁的大力支持之下，与世界图书出版广东有限公司成功组织并申报了2014年国家出版基金项目——《东南亚研究》第二辑，本丛书即该项目的最终成果。

本丛书试图从经济地理学的角度，结合社会经济因素、自然因素和技术因素三要素，来研究东南亚国家经济活动在一定地区范围内的时空分布、形成和发展规律。具体而言，就是研究东南亚国家及其境内各地区的农业、工业、交通运输业、旅游业、贸易、投资等的布局规律。本丛书认为，在一定生产力条件下，人类总是把争取以最小的劳动消耗，取得最佳的经济效益，作为发展生产的基本目标。为实现这个目标，除了劳动者和劳动手段的有机结合以外，还必须进行经济布局，即把经济活动的场所选择在生产条件最好的地区或地点进行。但是，经济布局不是凭主观意志来确定的，而是社会经济发展的需要与客观条件相结合的产物。东南亚国家的地理环境及其与周围地区或国家的关系，对该国经济的发展起着不可忽视的作用。优越的地理环境，良好的区位优势能为其经济发展提供便利条件，反之则会制约其经济的发展。

参加本丛书编写的作者主要为云南大学东南亚研究所的专家学者，解放军外国语学院、广西大学、广西社会科学院、华南农业大学的专家学者也参与了本丛书的编写工作。本丛书参编人员长期从事东南亚经济和社会研究，精通英语和东南亚语言，有赴东南亚留学、工作或访学的经验，并与东南亚各国相关专家长期保持交流与合作关系，也掌握了大量资料和数据，这为完成本丛书的编写奠定了坚实的基础。我们希望本丛书的出版有助于国人加深对东南亚经济和社会发展的认识，有助于深化中国—东盟自由贸易区、21世纪海上丝绸之路以及南方丝绸之路的建设，从而为夯实“亲诚惠容”周边外交新理念、打造周边命运共同体添砖加瓦。

由于丛书涉及面广，和资料收集、学术水平诸多因素的限制，书中的分析与论述难免存在疏漏与不足，恳请各位专家和广大读者批评指正。

《东南亚经济社会地理》丛书编辑委员会

2014年11月 于昆明

前　言

《越南经济社会地理》是大学本科越南语专业对象国信息课教材之一，2006年，经教育部批准（教高[2006]9号文件），被列为普通高等教育“十一五”国家级规划教材，并于2010年由中国出版集团世界图书出版广东有限公司出版。这次作为国家级教学成果二等奖系列教材、亚非语言文学国家级特色专业建设点系列教材、《东南亚经济社会地理》丛书之一，我们对部分内容做了修正和补充。

我们编写《越南经济社会地理》教材旨在让学员通过教学活动，对越南经济社会地理有一个较为系统、完整、准确的认识和了解，获取对象国信息。

本教材以专题的形式进行编写，全书共分为六个专题和三个附录：一、自然资源；二、居民地理；三、农业地理；四、工业地理；五、交通运输地理；六、对外经济地理；附录一、2012年的越南经济；附录二、2013年的越南经济；附录三、越南各省市简介。每个专题相对独立，一个专题即一个单元。每个单元需4至6个课时来完成教学。

越南和中国地缘相连，目前陆地边界和北部湾海域边界已经划定，但在南海问题上仍然存在着严重分歧。我们在学习越南经济社会地理时，要尊重史实，了解现状，坚持我国的一贯立场。

在本教材的编写过程中参考了国内越南问题专家和越南专家学者的多部著作和相关文献资料，解放军外国语学院亚非语系主任钟智翔教授和世界图书出版广东有限公司的卢家彬、刘正武为本教材的编写和出版提供了大力的支持和帮助，在此一并表示衷心的感谢！

本教材虽然几经修改、校对，但是囿于时间和精力，资料掌握不够全面，难免会有错漏之处，恳请各位学者、同仁批评指正，并在学习、讲授过程中做进一步补充。

编者

2014年6月

前言

目　录

第一章　自然资源

第一节　地理位置

越南全称为越南社会主义共和国，位于亚洲大陆东南、太平洋沿岸，是一个景色秀丽、物产丰饶的国家。越南背依中南半岛，面向辽阔的南中国海，处于从太平洋通往印度洋的国际航道之侧，海岸线绵长，沿岸多天然良港，战略位置非常重要，是东南亚地区的一个重要国家，也是中国的一个重要邻邦。近代以来，越南一直是兵家必争之地。

越南国土面积约32.9万平方公里[①]，地处北纬8°30′～23°22′、东经102°10′～109°29′之间，是一个热带国家。北部与中国的广西、云南接壤，中越边界线长1 347公里；西邻老挝、柬埔寨，越老边界线长1 650公里，越柬边界线长930公里；东南临南中国海，西南濒暹罗湾，海岸线长3 260公里[②]。从东到西，中越边境地区最重要的通道有三条，东线是从中国广西东兴经越南芒街到越南下龙湾、海防、河内；中线是从中国广西凭祥经友谊关到越南谅山、河内；西线是从中国云南河口经越南老街到河内；东线是公路，中线和西线有公路和铁路相通。

“一根扁担挑着两筐稻谷”和“金山银海”是人们对越南物产资源形象的概括和赞美。“一根扁担”是指越南中部的狭长地带，它挑起的“两筐稻谷”是指红河平原和湄公河平原这两个著名的“粮仓”。越南西部和北部山区，覆盖着大面积的森林，盛产贵重木材和其他林产品，活动着多种珍禽异兽，地下则蕴藏着丰富的矿产资源，因而被冠以“金山”；而越南江湖河海又因蕴藏着各种各样的水产资源获得了“银海”的美誉。

越南全国自然用地面积约3 290万公顷，其中农业用地2 482万公顷、非农业

---

① 戴克来、于向东：《越南》，南宁：广西人民出版社，1998年，第25页；古小松：《越南国情报告（2009）》，北京：社会科学文献出版社，2009年，第202页；陈继章：《越南研究》，北京：军事谊文出版社，2003年，第25页；王士录：《当代越南》，成都：四川人民出版社，1992年，第5页。越方标为33.1万平方公里，参见*Cộng Hòa xã hội chủ nghĩa Việt Nam* Nhà xuất bản Tài nguyên–Môi trường và Bản đồ Việt Nam 2012和Vũ Thế Bình *Non nước Việt Nam* Nhà xuất bản Thống kê 2012.

② 赵和曼：《东南亚手册》，南宁：广西人民出版社，2000年，第372页。

用地323万公顷，其余为未利用土地。越南是传统农业国，农业种植以水稻为主。全国水稻面积732万公顷，其中杂交稻面积约60万公顷。北部的红河三角洲平原和南部的九龙江平原是主要粮食产区。平原地处亚热带，气候炎热，雨量充足，土壤肥沃，灌溉便利，为发展农业生产提供了极为有利的条件。加上革新政策大大调动了农民的积极性，促进农业生产的发展，使越南成为仅次于泰国的世界第二大米出口国。此外，越南还盛产黄麻、蒲草、橡胶、椰子、胡椒、咖啡等经济作物。

越南全国山林面积16万平方公里，占土地面积的50%左右，其中森林面积10.4万平方公里，覆盖1/3的国土面积。森林里汇聚了东南亚乃至世界上多种动、植物，包括300多种兽类和成千种鸟类，盛产名贵木材和1 000多种药材如何首乌、砂仁、玉桂、蜂蜜、蜂蜡等。除了森林之外，也有辽阔的草地利于发展畜牧业。而湍急的河流则蕴藏着巨大的水力资源。

越南拥有包括燃料、金属、非金属等多种地下矿藏。主要有煤、铁、铜、锡、锌、铅、铬、锑等。其中煤的储藏量极为可观。煤矿长达几百公里，储量达到几十亿吨，而且品质优良，容易开采。著名的鸿基煤矿、太原铁矿、老街磷灰石矿、高平锡矿、清化铬铁矿等，储量丰富，矿质良好。西原地区有多种矿产，由于矿层接近地表，开采也比较容易。

越南有3 200多公里长的海岸线，沿海处于太平洋和印度洋之间，处于热带和亚热带海流的交汇点，又有众多的海流出海口。适宜的气候，丰富的食物，十分有利于各种海产生长。据统计，越南沿海有1 200种鱼、70种虾，许多种鱼虾都有着重要的开发价值。仅北部湾就有900种鱼，中部沿海、南部东区沿海和暹罗湾等海域，每年的海鱼产量都可以达到数十万吨。

越南地形狭长，呈“S”形，从最北的河江省同文县弄顾村到最南边的金瓯省金瓯角历头村，南北长约1 640公里；从广宁省芒街到莱州省阿巴寨为东西最宽处，约600公里；中部广平省从滨海城市洞海到越（南）老（挝）边界的戈龙村为最窄处，约48公里。人们形容越南地形为“一根扁担，两只谷筐”，即北起河静省，南到庆和省的长山山脉，为越南与老挝的天然分界线；面积约2万平方公里的红河三角洲平原和面积约5万平方公里的湄公河三角洲平原，是越南的主要产粮地。

越南政府宣布其领海范围为12海里。越南沿海有许多岛屿，如北部湾的白龙尾岛、姑苏岛和暹罗湾的土珠群岛、富国岛等，主要集中于北部的广宁省、海防市（北部湾）和西南沿海的建江省和金瓯省（暹罗湾）。

越南位于北回归线以南，在印支半岛东部，属热带季风气候。由于地形狭长，其领土跨越了长达15°的纬线，南北自然条件差别很大。越南北部有春夏秋冬，一年四季明显，多数地区年平均气温23℃～25℃；南部只有雨季和旱季，从4月到9月为雨季，从10月到翌年3月为旱季，多数地区年平均气温26℃～27℃。越南江河多，空气湿润，雨量充沛。年平均降雨量为1 500～2 000毫米。越南的主要河流有红河、湄公河等。

越南位于回归线以内的热带地区，在印支半岛东部，由中国南海通向太平洋。地理位置决定了越南的热带季风气候深受海洋影响。地理位置和国土形状决定了自然资源特点，也由此影响着自然资源的开发方式。地理位置和国土形状深刻影响着国民经济的分布，尤其影响着地区发展中心、地区和跨地区经济枢纽以及国际经济枢纽的形成。

第二节　自然条件和自然资源

一、地形

一个国家的自然条件和自然资源是经济社会发展的重要物质前提。地形条件是自然条件分化的基础，是开发经济和自然资源的根本。越南有超过3/4面积的土地是丘陵，不到1/4的土地是平原。丘陵地形条件使越南的自然条件变化多样。

越南各地地形都十分丰富多样。东北部是圆弦形矮山脉地区，盆地河流地形使水陆和陆路都能从平原深入到山区。与红河平原相连的是半丘陵地带。西部是高山聚集地，地形险要。山的高度主要在1 500～2 500米，如斜峰新宰山（Tà Phình–Sin Chải）、布黛恩丁山（Pu Đen Đinh）、布杉梢山（Pu Sam Sao）等西北—东南走向的山脉。越南西北部有很大的潜能但是不易开发。长山以北地区山峰林立，但是平均高度都不超过100米。紧接着是丘陵地区，很快转到狭窄的沿海平原。长山以南地区的特征是由花岗岩、流纹岩构成的“山脉”延伸至海，形成许多港口。这些山脉环绕着西原高原中的石灰质高原（bazan）——适宜种植经济作物。东南部有着高原红土和冲积原，适宜发展农林业和工业。红河平原和九龙江平原是越南的两大产粮地。

高山和河流是国家边界和国内行政区划的天然界限。因而在一定程度上，可以根据地形划分来进行流域管理与社会经济管理的结合。这点使人们清楚地认识到处在同一流域、同一山区盆地以及平原地区中的各省、各县可以共同开发使用自然资源。山区的盆地峡谷地区是当地发展经济文化的轴心，这些轴心促进了山区的发展，形成了小规模的经济文化中心。

平原、山区和盆地之间的自然条件和自然资源的分化为各种相互补充的经济成分的形成创造了前提条件。山区需要各种合适的方式开发土地，例如发展农林业结合模型，实现在坡地上的耕作方式……这里有着发展林业、经济作物、果木、家禽、矿产、水电等的巨大潜能。在丘陵地区，由于地理位置特别，地质基础好，适宜发展基础经济作物（尤其是能源工业与生产建筑材料），因而吸引了许多投资。

二、气候

越南的气候属于热带季风气候，阳光充足，全年平均日照时间不低于1 500小时。越南跨纬度15°，地区间的气候自然有所差别，但是由于其全部国土都位于北回归线以南，除高山地区以外，基本上属于热带季风气候。这里日照充足，气温较高，湿度较大，全国绝大部分地区年平均气温都在22℃以上。

越南气候潮湿，年均降雨量为1 500～2 000毫米。空气湿度一般都在80%以上。一些山的山腰迎风处年均降雨量可达到3 500～4 000毫米，而宁顺、平顺等干旱地区只有700～800毫米。越南每年有3～5次强台风在东部沿海登陆，台风袭击多集中在第三、四季度（芒街至清化一带为7月～9月；清化至广治一带为7月～10月；广治至蓬山一带为9月～11月；蓬山至胡志明市一带为10月～12月）。每年5月～8月是洪涝、海啸等自然灾害容易发生的时期，北部和中部沿海地区受害较大。

季风气候使越南的气候变化十分复杂。每年的季风气候从10月持续到翌年的4月，受到北纬16°的极带气候影响。极带气候扩散导致冬季的前半期（12月到翌年1月）寒冷、干燥，冬季的后半期（翌年2月～3月）寒冷而潮湿。极带气候在向南转移的过程中逐渐减弱，因此北纬16°以南地区冬季主要是太平洋信风气候，尤其是在9月～10月换季时节，气候湿润、凉爽。

越南气候高温，除山区以外，各地年平均温度在20℃以上。由于越南南北狭长，地形复杂，又受大陆及海洋气候的影响，所以不同地区、不同季节的气温和雨量各不相同。北部河内年平均气温23.4℃，中部顺化冬季季风年平均气温25.1℃，南部胡志明市年平均气温为26.9℃，山区年平均气温最低温度为2℃，个别海拔高度较高的山区达到0℃以下，平原地区在10℃以上。夏季各地的气温相差不大。冬季南北气温相差很大，如最冷的1月份，河内平均气温15℃左右，最低气温2.8℃；胡志明市平均气温25.8℃，最低气温13.8℃。

夏季季风气候也非常复杂，尤其是在换季的时候天气更是失常。在初夏，蒙加拉湾（Bengan）气流沿着西南方向吹向越南，使西北部和中部的天气非常炎热干燥（老挝风现象，Hiện tượng gió Lào），同时又导致西原和南部地区在初夏大量降雨。在夏季中后期，主要是赤道气候，风向由西南吹向北部。这种气候造成南部和北部大量降雨，尤其是当遇到台风等大气变化时会造成更持久的降雨。

越南年平均降雨量为1 500～2 000毫米。降雨量也因地区和季节不同而异。平原地区的年降雨量为1 500毫米以上，高原地区为2 300毫米以上，北部山区达3 000毫米以上。头顿附近的沿海地区则不到1 000毫米。越南每年有120～150天下雨，南方有些地区达250～300天下雨。

越南的气候根据空间和时间的不同有很大区别。根据热度和湿度的复杂变化，气候学家们将越南划分为3个气候区：

1. 北部气候区是从北纬18°往北，属于特殊类型：为热带季风气候但冬季寒冷。这个气候区又分成5个区域：（1）东北山区；（2）越北—黄连山山区；（3）北部平原区；（4）西北山区；（5）中北部地区。

2. 南部气候区包括西原高原的中部地区和九龙江平原的东南部地区。

3. 东长山气候区包括东长山部分，从横山（Đèo Ngang）到北纬12°左右。这里的气候是上述两个气候区的过渡区，可以细分为三个气候区：（1）平治天地区；（2）中中部地区；（3）南中部地区。

也有气候学家将越南气候以海云关为界分成南部气候区和北部气候区两个部分。北部气候又分成4个气候区，南部气候包括3个气候区。

热带季风气候为越南提供了丰富的热能，使草木常青，生长迅速。由于地形、地势的多样，适宜的气候，越南形成了丰富多样的生态系统，蕴含了丰富多样的动植物资源和自然景观。炎热的气候适宜种植各种热带植物及温带植物，如水稻、花生、大豆、蒲草、蚕桑、烟叶、甘蔗、黄麻、茶叶、咖啡、橡胶、胡椒、可可、八角等。许多农作物实行套种，可种植多季。越南粮食作物以水稻为主，稻谷产量占粮食产量的85%以上，占农业产量50%左右。绝大部分地区一年可以种植两季水稻，南方可以种植三季稻，且产量潜力大。红河三角洲和湄公河三角洲土地肥沃，水田占耕地面积的90%左右，是世界上著名的谷仓之一。

越南各地区的年均雨量、湿度适宜发展种植业、畜牧业。越南经济作物主要有花生、大豆、蒲草、蚕桑、烟叶、甘蔗、黄麻、茶叶、咖啡、橡胶、胡椒、可可、八角等。越南有158万公顷红土地带，主要分布在西原地区。红土是由火岩石分化而成，富有磷性，保水力强，湿度较低，适宜种植橡胶、茶叶、咖啡、柑橘等。越南沿海地区有50多万公顷沙土，适宜种植花生、芝麻、甘蔗、烟草、椰子和杂粮。

越南的畜牧养殖业主要是水牛、黄牛，猪、马、山羊、绵羊、鸡、鸭、鹅等。越南北部、西北山区和西原地区气候温和，草木丰盛，有大片的天然牧场，是畜牧业的主要基地。

但是由于全年湿度分布的不均，也限制了热能的开发。因此无论技术多么进步，水利建设都是农业的重中之重；而这也极大地影响了干旱地区，尤其是南部各省，必须想办法节省水资源，包括转换耕种结构（如在旱季限制水稻及其他需水量大的农作物的耕作面积）。

炎热潮湿的气候容易引发农作物、家禽的病虫害、疫病大面积传播。换季时节气候变动异常而且频繁，导致越南的农、林、渔业的发展呈现动荡不稳定的局面。

越南气候在不同地区和不同季节都有着完全不同的特点。北纬16°20′以南是明显的热带气候，北纬16°20′以北则受北方气候和季风影响较多。但最热月份的平均气温相差很小，无论是北部的河内，中部的顺化，还是南部的胡志明市，差不多都在29℃左右。其年平均气温亦相差无几，河内年平均温度约23.4℃，顺化的年平均温度约25.1℃，胡志明市的年平均温度则是26.9℃左右。

南方靠近赤道，全年温度差异很小。最热时间是4月，月平均温度约29℃，最冷则是12月，月平均温度约为26℃。

北方气温变化较大，北部有明显的春、夏、秋、冬四季之分。北方最热为7月份，月平均温度为29℃，有些地方绝对最高温度达到40℃以上。河内夏季最高气温常达39℃～40℃。1936年5月河内绝对最高气温曾到达42.8℃，1949年6

月也更达到40.4℃。最冷是1月份，北方月平均温度为15℃，有时气温降到5℃以下。河内历史上最冷降到2.7℃，中部顺化最冷降到8.8℃，胡志明市最冷也曾降至13.8℃。

北部少数山区，如位于黄连山山腰的沙巴、河江省的同文、高平省的茶岭和垅顶，有时最低温度竟降到0℃以下，出现雪花飘飘、河面结冰的北国风光。北部地区的冬天天空常常密云深锁，细雨纷飞，天气阴冷；但一旦天气晴和，阳光灿烂，马上就感到炎热，与我国广东、广西地区的气温颇为相似。

越南各地气候的差异，温度、日照、降雨量、湿度的差别，为农业生产创造了极为良好的条件。现在许多地方一年种植三造。有的农学家认为，目前越南的气候资源利用率太低，有待于积极开发。根据越南的气候条件，越南农业可以向"一年四熟"的方向发展。

各地气候因纬度高低和地形不同而有一定的差别，这使越南国土虽小，但农作物随季节变化明显，从北到南可以直接看到随着地域不同，种植收割的情况也不同。这一方面可以减轻收获季节的压力，另一方面也为解决农产品加工厂的原料问题创造了条件。

越南的热带季风气候性质使年平均、月平均各项气候指标只有相对意义。气候的不规律导致预防天灾的工作更加困难。在实践中，除了追踪气候的平均指标外，各种特殊指数以及特殊天气出现的次数、时间都有着重要的研究意义。例如，总的看来西北地区的气候条件适宜种植咖啡、茶，但冬季后期的霜冻和干旱现象是种植的一大不利因素。中部北区的老挝季风对种植咖啡有着得天独厚的自然条件，但对该地区的养虾业有着许多自然条件的制约。类似的例子在越南还有很多。

强台风、洪涝是越南各地区的常见天灾。就台风而言，从1884—1989这一百多年间，每年平均有4.7场台风登陆越南，地区分布如下：北部30%，清—乂—静地区19%，平—治—天地区18%，广南—平定地区24%，大岬（Đèo Cả）以南地区9%。台风常出现在6月～11月之间，并且从北部逐渐移向南部：北纬19°以北是从6月～9月，北纬19°～15°是7月～10月，北纬15°～11°是9月～11月，北纬11°以南则从10月～11月。有时台风会提前到5月或推迟到12月登陆，这种情况会对人身和财产安全造成更严重的损害。除了强大的风力会造成损失，台风还会造成持久且大范围的降雨，使河水上涨，威胁堤坝。强台风如遇上海啸则更是危险。

季风气候对农业生产的季节性提出了严格的要求。大陆季风气候的自然条件使水稻种植成为越南粮食作物中的首选，从而形成了水稻农业及“农业文化”。越南的水稻农业出产大量粮食，不仅可以满足国内居民的需要，还大量出口，目前是世界第二大大米出口国。在农务繁忙时期也吸收了不少劳动力，但同时也导致农忙过后劳动力大量剩余。这一点造成了水稻农业收入过低，于是小手工业应运而生，并逐渐形成了各种村社手工艺、村舍商贸，但这阻碍了传统手工业从农业中分离出来，无法像欧洲的手工业时期一样为城市的形成打基础。

热带季风气候深刻影响着越南工业的发展。工厂的设施设备都要防潮防霉防腐蚀。矿产开发、林业开发以及海产开发都有明显的季节区分。农业原材料生产的季节性也决定着农产品加工业的季节性。

气候条件还深刻影响着运输业。气候的季节性对旅游业、休假也都产生了影响。气候（尤其是北部气候）的变化无常影响了旅游资源的开发以及旅游业物质基础设施的建设。

三、水资源

水资源包括地表水和地下水。在经济日益发展的条件下，工业发展和居民生活对水的需求日益提高，由于水资源分布不均，很多地区在水资源的供求上不平衡。曾被人们认为是无穷无尽的水资源已经日益匮乏。

（一）地表水资源

越南国土超过3/4是山区和丘陵地区，而且被明显地分开，在热带季风气候条件下，越南河流密集，全国共有2 860条大小河流，平均密度为每平方公里就有0.5～1公里的河流。其中10公里以上的大小河流有2 400条，总长度为41 000公里，另有人工运河3 100公里，总流量为8 500亿立方米/秒[①]，潜在水力发电量为750亿～1 000亿千瓦小时。[②]越南较重视大、中、小型水电建设，但因资金困难和其他原因，目前水力发电量只达到潜在水力发电量的2%左右。在越南，流域面积在1万平方公里以上的主要有10个：（1）平江—奇穷河流域、（2）红河—太平江流域、（3）马江流域、（4）大江流域、（5）秋盆江流域、（6）巴江流域、（7）同奈河流域、（8）九龙江流域、（9）瑟若坡河流域、（10）瑟散河流域。这十大流域合计占

① 赵和曼：《东南亚手册》，南宁：广西人民出版社，2000年，第372页。

② 古小松：《越南国情与中越关系》，北京：世界知识出版社，2007年，第15页。

越南全国面积的80%、水源的70%，流域内的人口占越南总人口总数的80%。[①]其中湄公河的流域面积达81万平方公里，该河在越南段长220公里，流域面积为7.2万平方公里，占整条河流域面积的9%；总流量5 206亿立方米，越南只有总流量的10%；红河—太平江流域面积为16.9万平方公里，越南占其51%，总流量1 370亿立方米，越南占其68%。因此，如果上游国家过多地开发水资源，尤其是在旱季的时候，就会对越南的水资源开发造成很大的影响。

由于雨季气候变化无常，在汛期和枯水期流域面积和流量有很大的不同。

红河发源于中国云南省巍山县，在中国境内称元江，流经越南老街、河内等省市注入北部湾，全长1 200公里。其中在中国云南省境内长695公里，在越南境内长505公里。红河流域的流量很不均衡，汛期（6月～10月）的流量达到全年总流量的74%。

红河下游的洪水是由三条江河造成的：沱江41%～61%，泸江20%～34%，滔江15%～23%。如果三条江的洪水汇聚到一起就会引发大洪灾。由于红河中上游坡度较大，而下游坡度较小，因此红河河水上涨很快但消退很慢。正是因为这样，为了开发红河平原，从11世纪开始，这里就已经开始修建防洪堤坝，至今已相当完善。在红河上发展大型水电工程不仅对开发利用水资源有着重大作用，对红河的防洪也有重大意义。

湄公河发源于中国青藏高原，上游称澜沧江，长约4 500公里，流经中国、缅甸、泰国、老挝、柬埔寨、越南，跨越许多气候不同的区域。湄公河下游流入越南境内后分为南北两条干流，北干流称前江，南干流称后江，最后两条干流在三角洲地区又分成九条支流入海。所以湄公河在越南又叫做九龙江。湄公河是流量最大的一条河，汛期是从6月～11月。由于有洞里萨湖的调节，洪水徐徐上涨又徐徐落去，很少发生水灾。湄公河雨季和旱季的区别明显地体现在汛期和枯期的水流量上：旱季与雨季的流量相差七倍。

在西原湄公河左岸有许多河流分支，其中最大的是瑟散河和瑟若巴江。这些河流对西原地区的供水以及发展水电有着重大意义。在瑟散河上有亚力（Yaly）水电站——越南全国第二大水电工程，已于2002年完成。另外瑟若巴江上游的克容阿纳河灌溉着多乐省拉克县的水稻。

① ［越］阮曰盛、杜氏明德：《越南社会经济地理》，河内：教育出版社，2003年，第19页。

同奈河总流域面积约4.27万平方公里，其中在越南的流域面积约3.63万平方公里，灌溉着整个东南部和西原南部的部分地区。河流在夏季有汛期，最强的汛期是从7月～9月，枯水期为3月～5月。

红河—太平江流域形成了越南北部最大的平原红河三角洲，面积约2万平方公里。[①]红河三角洲地势低平，一般海拔3米左右，红河入海处海拔仅0.4米。北部平原河渠纵横，这对发展农业、提供平原地区城乡居民生活用水、各个工业中心的形成和发展都有重大意义。北部平原纵横交错的河流网络系统为发展水上交通提供了方便。

马江(sông Mã)—珠江(sông Chu)流域面积28 400平方公里，流经老挝、越南西北部地区，主要流域在越南的清化省。河流的汛期是从6月～10月，汛期高峰在9月。珠江的汛期是从6月～11月，汛期高峰也在9月。这两条江河的泥沙冲积形成了清化平原。清化平原的面积约3 100平方公里。[②]

大河(sông Cả)流域面积2.72万平方公里，发源于老挝，主要流经义安省，汛期从6月～10月，汛期高峰在9月。枯水期从11月到翌年5月，最干旱的时候是3月。这条河流冲积形成了义安平原，与清化平原相连。其下游有中部北区的重要经济中心——荣市。

长山山脉以东从河静省到平顺省的中部大小河流有着共同的特点，就是流程短、流量小、瘀沙少、汛期较晚，基本与雨季相重合。这些河流形成了中部地区的沿海平原。中部沿海平原是中部地区各个小冲积原的总称。长山山脉的横山、海云关、衢蒙山(đèo Cù Mông)、大岬等一些支脉向东横向发展，直至入海。由于被上述山脉的阻隔，中部沿海平原并不连成一片，它们只是一些小而窄的平原。在中部地区这些河流的下游有城镇、乡村。由于河流短、坡度大，所以在汛期时，水涨得快退得也快，下游一般都没有堤坝。但是，中部这些河流的洪水所造成的危害却不小。在上游，洪水经常威胁居民区、建筑物以及交通运输。在沿海各平原，由洪水造成的灾害尤其严重。在中部地区修建水利工程对于调节汛期水过多和枯水期水枯竭都有着重大意义。

总的来说，越南的江河网络有着重要的经济意义。各个江河流域形成了各个大平原，如红河平原、九龙江平原、中部沿海的狭长平原以及各山脉间的盆地。

① 古小松:《越南国情与中越关系》，北京：世界知识出版社，2007年，第6页。

② 陈继章:《越南研究》，北京：军事谊文出版社，2003年，第30页。

便利的水利条件使各平原地区较早地发展了水稻农业，居民定耕定居，因而较早地聚集了居民，经济文化产业相对发展。沿岸很多地方都适宜建立村庄、发展城镇。很多重要的城市都分布在大的江河两岸。许多工业中心、服务中心都在沿江沿河地区。纵横交错的江河网络如果得到很好的改造可以成为理想的交通网络。沿江沿河修建了很多的大小港口码头。越南有很多河流的入海口呈戽斗状，是天然的优质港湾，适宜各种大小船只的停泊。因此，越南在许多的江河入海口都建有港口。

越南的河流对水电建设具有重大价值。越南江河密布，水量充足，水能理论蕴藏量为3 000多亿千瓦，年发电量可达2 600亿度。[①]越南目前的技术力量每年可以开发约600亿度。开发水电资源对于发展经济、综合开发水资源都有重大意义。红河水系的水能蕴藏量占越南全国水能蕴藏量的37%，年发电量可达960亿千瓦小时。其次是同奈河，其水能蕴藏量占越南全国水能蕴藏量的20%，年发电量可达400亿千瓦小时。

越南和平水利枢纽位于越南北部和平省的黑水河上，位于河内西南约65公里处，大坝为土石坝，高128米，库容94.5亿立方米，电站装机8台共192万千瓦，是越南乃至东南亚最大的水电站。该水利枢纽是1979年开工修建的，1989年第一台机组发电，1994年枢纽全部建成。

发电是和平水利枢纽的首要任务。其设计年平均发电量为81.6亿千瓦小时，自1994年8台机组全部投产以来，每年的年发电量约占越南全国总发电量的一半左右，是越南的主要电源。到1998年底，已累计发电500亿千瓦小时，为越南国民经济的发展作出了重大贡献。

其次是防洪。由于水库的调节作用，使下游洪水得到了有效的控制，从而减轻了洪水对红河三角洲的威胁。如1996年发生了百年一遇的特大洪水，所幸有水库的调节，使河内水位下降了0.8米，未超过警戒水位，红河三角洲才没有受到洪水灾害。

第三是改善了航运条件。在水库的调蓄作用下，使下游500吨的船只可上行到大坝处，水库上游延伸了180公里，使库内航运有了很大的发展，越南北部山区的货物可借水路运出，从而促进了山区的经济繁荣。

---

① 刘稚、沈静芳、孔建勋、毛朝忠：《当代越南经济》，昆明：云南大学出版社，2000年，第12页。

目前越南开发水电利用地表水资源的困难主要是缺少资金和河流流量在雨季和旱季的不稳定性，每年的洪涝都造成巨大的生命财产损失。

越南的河流有大量的泥沙，每年向大海冲积出约3.5亿吨泥沙，其中红河1.2亿吨，九龙江1.7亿吨。[①]如果上游的土地、森林被过度开发，土地流失的现象会更为严重，那么泥沙入海的数量也会增加。这些泥沙一方面拓展了平原地区的土地面积，另一方面也加大了水利系统的工作量，河床、水渠、水库、水电站必须经常疏浚，耗资巨大。山区和丘陵地区的湍流、平原河流的改道现象急需治理。河流在给人们带来利益的同时，也对水路交通工程的规划与建设造成了诸多的不利。

（二）地下水资源

越南的地下水资源非常丰富，天然流动水总储量达1 513立方米/秒。已经测量到的地下流动水储量为120万立方米/天，粗略估计每天大约1 500万立方米。初步预计地下水每年可以开发60亿～70亿立方米，但目前开发量还不到10亿立方米，这是因为开发地下水需要高技术、高费用，而地表水目前仍很丰富且开发起来花费小。

越南地下水主要分布在平原和沿海地区。地下水储量在磷灰石地区（北部各省）和西原地区有限且分布不均。

开发地下水对城市及工业区的供水有着重要意义。在许多农村地区，生活用水的提供也开始转向开发地下水。在旱季的时候使用地下水给农作物、果树进行灌溉的方式也正日益发展。例如用地下水给咖啡进行灌溉在多乐地区已十分普遍。

四、土壤资源

越南的土地不多，土地面积居世界第58位，人均土地0.6公顷，居世界第59位，人均耕地则更少，只有0.12公顷，只相当于世界平均水平的1/3，在东南亚地区是最低的。但是，越南的土地土层厚，较松软，供应作物生长的营养疏松质结构较高，由于是淤沙地、灰土与土地的湿热性向结合，为发展多种作物、增加造次、精耕细作奠定了良好的基础。特别是南方的湄公河三角洲和北方的红河三角洲是堆积有大量腐殖质的冲积平原，土地十分肥沃，是世界著名的粮仓之一，

① ［越］阮曰盛、杜氏明德：《越南社会经济地理》，河内：教育出版社，2003年，第23页。

这两大平原的稻田即占越南全国耕地面积的90%左右。据统计，越南可耕地的潜力是1 800万公顷，约占全国国土面积的49.6%。目前，农业用地的利用率还不到60%。人们估算尚有280万公顷的耕地可以利用，其中100多万公顷具有水利潜力。因此，越南通过增加农业土地面积，增加轮作和精耕细作发展农业的潜力还非常大。

越南的土壤资源丰富多样，根据土壤构成要素的不同而分成不同类型。不同的土壤类型在产生的源泉、肥沃贫瘠程度上有很大的区别，在农林业发展中的作用也是不同的。

（一）平原地区的土壤类型

平原地区的土壤主要是冲积土。不同的江河流域，其土质的成分、理化特性、肥沃程度都是不同的。冲积土经过几百上千年的不断改造、种植和管理，土地的机、理、化成分发生了许多变化，形成了特殊的土地类型——水稻田。

新的冲积土：新冲积土指河流冲积物上发育的土壤。一般成土时间较短，发育层次不明显，土壤肥力较高。越南新的冲积土面积将近300万公顷，其中红河平原60万公顷，九龙江平原100余万公顷。

碱土：碱土是含碳酸钠、重碳酸钠较多，呈强碱性反应的土壤。碱土主要分布在远古的海水洼地，在这里堆积有大量的腐殖质。土壤胶体中含交换性钠较多（碱化度达15%或20%）的土壤。其主要特征是：呈强碱性反应（pH8.5～11）；胶体高度分散，干时收缩坚硬板结，湿时膨胀泥泞；结构性差，通透性不良；含盐量不高。

越南全国碱土面积210多万公顷，仅九龙江平原就有190万公顷，主要集中于同塔地区、龙川及其周边地区和金瓯半岛。红河平原的碱土主要分布在海防、太平等省市的沿海各县。

盐碱土：盐碱土是民间对盐土和碱土的统称。土壤中含盐量在0.1%～0.2%以上，或者土壤胶体吸附一定数量的交换性钠，碱化度在15%～20%以上，有害于作物正常生长的属盐碱土类型，或称盐渍土。

越南盐碱土面积将近100万公顷，集中于九龙江平原沿岸的入海口地区，尤其是在隆安、前江、槟椥、茶荣、朔庄、薄辽和金瓯等省市。在红河平原盐碱土主要分布在太平、南定地区。

沿海沙土：沙土是由80%以上的沙和20%以下的黏土混合而成的土壤。泛指含沙很多的土。这种土壤土质疏松，透水透气性好，但保水保肥能力差，耕种时需要改良，不太适宜某些植物生长。越南沿海沙土面积约50万公顷，分布在沿海地区，最多的是在中部地区。广平省现有很多金色沙丘；旧的沙丘（白色沙丘）从广治延绵至顺化；平顺省有许多古老的沙丘（红色沙丘）。

（二）山区的土壤分布

在越南的山区，土壤的形成过程就是风化过程，这也是潮湿的热带季风地区典型土壤的形成过程。在高度湿热的条件下，风化过程进行得非常快，各种易分解的碱质像钙（Ca^{2+}）、镁（Mg^{2+}）、钾（K^{+}）被冲刷，变成酸性土壤，同时铁（Fe^{3+}）和铝（Al^{3+}）不断得到积聚，使土壤呈黄色（金红色）。黄色土一般都是贫瘠的。

红土：红土含赤铁矿特别多，越南又称为红黄土。红土为发育于热带和亚热带雨林、季雨林或常绿阔叶林植被下的红土。其主要特征是缺乏碱金属和碱土金属而富含铁、铝氧化物，呈酸性红色。红土又称为红壤。一般红土中四配位和六配位的金属化合物很多，其中包括了铁化合物及铝化合物。红土铁化合物常包括褐铁矿与赤铁矿等，当雨水淋洗时，许多化合物都被洗去，然而氧化铁（铝）最不易溶解（溶解度十的负三十次方），反而会在结晶生成过程中一层层包覆于粘粒外，并形成一个个的粒团，之后亦不易因雨水冲刷而破坏，因此红土在雨水的淋洗下反而发育构造良好。红土通常具深厚红色土层，网纹层发育明显，粘土矿物以高岭石为主，酸性，盐基饱和度低。红土主要分布于丘陵山区。土壤学家们将红土分成以下几类：

（1）岩浆石上的棕红色土壤，约200万公顷，主要集中在西原和东南部地区及清化、乂安、广平、广治、富安等省的西部地区。土壤中的钙、镁、铁、铝含量极高，又富含氮和磷。土层厚，十分肥沃，适宜种植咖啡、橡胶、茶等经济作物。

（2）岩浆石上的棕黄色土壤，面积约40万公顷，主要集中在海拔800～900米的保禄高原。适宜种植各种常年经济作物，同时也适宜种植各种旱地粮食作物。

（3）岩浆石上的棕紫色土壤，面积约9.9万公顷，小块地穿插在棕红土壤中间，主要集中于多乐一带。这是一种很好的土质，适宜种植橡胶、咖啡、可可、胡椒、茶、果木等经年作物。

（4）磷灰石上的棕红土，面积约30万公顷，集中于从东北到西北磷灰石山区和高原地区。土壤中富有氮元素，土质松软，适宜种植玉米、大豆。

（5）风化石和粘土石上的黄土，面积680多万公顷，主要集中于高平、谅山、北江、富寿、和平、山萝、莱洲等省。土壤富有有机成分，土质较硬，土层厚平均1.5～2米。土壤很容易被冲刷，主要用于开发林业。

灰白色土主要有酸性石上的灰白色土、冲积原上的灰白色土两种类型。

越南酸性石上的灰白色土，面积约80万公顷，集中于西原和中部沿海地区。土地贫瘠，有机成分少。

越南冲积原上的灰白色土，面积约120万公顷，其中东南部地区约90万公顷。其他的分布在红河平原、南中部沿海及隆安、同塔一带。土壤因长期被雨水冲刷，所以肥度低，但地质松软，排水好。这里的土壤经过改造可以种植农作物和经济作物。

黄红色土：越南有黄红色土壤面积近300万公顷，主要分布在海拔500～600米到1 600～1 700米的高山地区，在南部分布在海拔1 000～2 000米之间的高原地区。由于山区地形斜倾，适宜发展林业。在一些地方可以种植各种温带蔬菜和植物。

高山土：越南又称高山铝铁矿细土，面积在28万公顷以上，分布在海拔1 600～1 700米高度的黄连山(Hoàng Liên Sơn)、玉灵山(Ngọc linh)、玉昂山(Ngọc Áng)、杵阳新山(Chư Yang Sin)等高山群上。土壤中富有铝氧化物。这里是水资源的源头地区，越南已经采取措施，封山育林对源头进行保护。

除了上述各种土壤，在山区还有约33万公顷的盆地，适宜开辟梯田种植水稻、花草及短期经济作物。卵石地有50.5万公顷，已经严重退化，不能再进行种植，而且在该地区进行的绿化改造工程也困难重重。在平原以及山区盆地还有沼泽地和泥煤，面积在7万公顷以上，主要集中在建江、金瓯的乌明泥煤地。

(三)土地资源的使用

有效地使用土地资源首先体现在政府各个部门对土地使用的合理分配上。土地是国家的宝贵资源，是农林业不可替代的主要生产资料。土地还能用于居民(农村、城镇)居住、工业基础、服务生产和生活的基础设施、国防工程等等。土地有价值和使用价值。在市场经济条件下，土地变成了一项特殊的商品，使用目的的改变会极大地影响土地的价值。正因为如此，如何合理地、经济地、生态地、可持续地使用土地资源已成为政府非常迫切需要解决的问题。

根据使用目的，越南现在的土地可以分成五类：农业用地、林业用地、专属用地、居住用地和未开发地。

越南的土地资源非常有限，人均占地面积比例很低，平均每人不到0.5公顷。农业用地近年来增加显著，农业用地扩大最快的是西原地区和九龙江平原。尽管如此，越南的人均农业面积仍只有0.1公顷/人。

在山区，由于地形陡，潮湿，雨多，再加上旱季和雨季的交替，矿化过程十分强烈，所以土地易被冲刷，变酸。水利条件困难，很难像平原地区一样使用深耕的办法，由于各种生产和社会服务的基础设施落后，总的来说这个地方的农业生产效率低，许多地方还是自给自足。使用土地不合理，加上乱砍乱伐，使得山区大量的土地成为荒山秃岭。

在平原地区，需要严格控制从农业用地向专属用地转变过程中浪费土地而造成农业耕地资源减少的情况。水利是提高土地使用系数的首要办法，包括排放积水、抗旱、溶酸、改造土地。目前抗旱、积极灌溉都已经取得了很好的成绩，但排放积水问题还面临很多困难。

有效地利用土地资源与合理使用气候资源和水资源是分不开的。因此改变耕种、复种的结构对于合理使用土地资源有着十分重大的意义。

五、生态和生物资源

越南的动植物种类非常丰富。除了本地的动植物种类(占了约一半)，还有的属于喜马拉雅系、马来西亚—印度尼西亚系和印度—缅甸系的品种。越南特殊的地形和气候条件造就了上述动植物种类分布区域的不同。喜马拉雅系动植物有着温带地区的特点，集中分布在越南的西北地区，沿着长山南下至北纬10°的南中部山区。华南系动植物集中分布在受东北季风影响的地区，为东北地区带来了许多有特色的动物和植物。印度—缅甸系植物来自西边，多属各种抗旱的阔叶植物，主要分布在西北部和中部。马来西亚—印度尼西亚系植物来自南部，带来很多用于榨油的植物，分布在北纬18°以南地区，但集中最多的是在西原地区和南部地区。

(一)生物资源

与领土相当的其他国家相比，越南的生物资源是丰富多样的。越南森林中栖息着多种多样的动物，共有一万多种。其中鸟类1 009种，如金丝鸟、白绒鸟、翠鸟、黄莺、锦鸡、孔雀、百灵鸟、灰鹤、画眉等。兽类265种，如虎、豹、熊、象、犀牛、鹿、麂子、野猪、猴、野牛、穿山甲、狐狸、狸、果子狸、松鼠、蟒、蛇等。两栖类349种，咸水鱼2 000种，淡水鱼500多种，还有上千种虾类、螃蟹、软体动物以及其他水生物。

（二）森林资源

越南的森林木材总储量达6.57亿立方米，越南全国有300个属的14 624种植物，包括许多硬木如格木、朴、椴树、乳香树等，还有许多纹理漂亮的树木如花纹木、乌梅木、红木、桃花心木等。此外还有约60类竹子，总储量超过5.5亿株。森林中许多种树可以用于制作精油，有大约1 300种树木是珍稀药材。越南森林植物种类繁多，有龙脑香、无患子、楝、木兰、茶、石南、腊梅等200多科，大戟、花椒、杉树、楠树、铁树、栎树等1 000多属，椴树、海滨油楠、东京油楠、白檀、乌纹木、木莲、柏、格木、陆均松、苦楝、银合欢、朴木、乳香树、白木、赞树、双翅果、风车子、麻楝、菩提树、橡木、油木、白皮树、西南桦、羯布罗香、榄仁树、栗叶栎、山麻杆、喜马茴香、山黄麻、青格木、云南松、南亚松、亚洲松、果松、乌叶诃树、阿丁枫、椿、桦、蒙自桤木、花梨木、柚木等7 000多种。其中花纹木、楠木、格木、柚木、铁木等名贵木材是越南出口创汇的重要商品。越南有近千种药用植物，其中较贵重的有黄苓、五加、砂仁、何首乌、三七、杜仲、党参、川穹、玄参、桂圆、桂皮、淮山、巴戟、黄连、安息香、豆蔻、枸杞、半夏、紫苏、茯苓、丁香、龙脑、苏木、白芷、牛膝、益母、柴胡、芍药等。

越南森林资源十分丰富多样。热带季雨林分布在低海拔山区的赤土之上，最典型、最普遍的是海拔高度平均在600～700米（东北部的高度低于500米，南部在900～1 000米）的山脉。可以分成几大类：（1）热带密林；（2）热带稀林；（3）特殊土壤上的森林。

1. 热带密林

热带潮湿常绿密林，有多层结构，其中有3层树木生存能力极强，是越南木材储量的生力军，每公顷200～300立方米。这种类型的树木分布在年平均温度20℃以上、温度不低于18℃、降水量超过2 000毫米、旱季不超过三个月的地区，因此它只分布在长山东部地区。乳香树、格木、朴、栗等坚质木材树种主要生长在北纬16°以北地区。

热带季风半落叶密林分布在年降雨量1 500～1 800毫米、冬季平均温度低于18℃、旱季在三个月以上的地区。因此这类树木在越南的北部和干旱地区如西原地区、东南部地区非常普遍。半落叶季雨林木材储量每公顷120～150立方米。

热带季风落叶密林分布在降雨量较小、年均降雨量约1 000～1 500毫米、旱季持续4～6个月的地区，主要分布在西原地区、南中部和中部地区。森林的结构相对简单，在旱季的时候森林约有75%的树木叶落枝秃。森林主要是低矮的树，土质不好的地区每公顷储木量只有60～70立方米。

2. 热带稀林

热带旱生阔叶林多分布在年降雨量约700毫米、旱季长达7～8个月的地区，如宁顺、平顺等省和乂安的蒙仙等干旱地区，主要是各类油科树种。

热带旱生针叶林主要是松树林，分布在广宁、林同等地低山丘陵砾石土地。

热带旱生草甸子主要分布在干旱贫瘠的中部南端，植被主要是杂草及低矮灌木。

热带旱生荆棘丛林主要分布宁顺、平顺和广治等干旱贫瘠土地上。

3. 特殊土壤上的森林

石灰岩地区热带常绿阔叶林分布在越南北部，典型树木是椴树属植物。森林结构简单，树木生长慢，开发困难，一旦被破坏之后就很难再恢复。

盐土热带森林分布在沿海江河入海口地区，集中在四个主要的区域：一是东北（广宁）；二是红河平原；三是中部沿海；四是南部。北部地区的盐土热带森林主要树木是红树林；由于冬季比较寒冷，冲积淤沙浅因而发展很慢。南部主要是海枣树，到了淡水地区有椰树林。在南部，由于沿海地势低，许多入海口成漏斗形状，带了很多瘀沙至大海，再加上气候上靠近赤道，因而盐土森林生长茂盛。

盐碱土热带森林主要分布在九龙江平原上的盐碱土、泥煤地上，典型的是乌明地区，代表树木为白千层。这是非常适宜鸟类聚集的地方，有很多名贵的鸟类。

（三）森林资源的减少和森林、生态的保护

越南森林资源较为丰富，但因长期的战争和乱砍滥伐，使森林遭到了极大的破坏。越南的森林面积为1 091.56万公顷（其中自然森林面积是944.42万公顷），森林覆盖率为33%。近年来，越南政府高度重视这一问题，制止乱砍滥伐，鼓励植树造林，使森林面积和覆盖率有所增加。目前越南全国木材总蓄积量约6.57亿立方米，其中经济林蓄积量约7 500万立方米，人均森林面积0.12公顷（1993年）。黑水河、红河、兰江、长山山脉和中部高原的低谷地带分布着热带落叶季风林，海拔1 700米以上的高山区有亚热带森林和针阔叶混交林。另外还有170万公顷的竹林和43.5万公顷的海上红木林。但是在西北山区，和平水电站的上游，森林覆盖率仅为27%。

造成森林覆盖率减退的原因是多方面的：

——变森林为耕地。在北部山区，少数民族普遍过着游牧生活，很多人私自砍伐森林，扩大耕地面积以种植粮食。在西原地区则是砍伐森林用来种植多年生经济作物，如咖啡、橡胶、茶等等。

——砍伐森林作木柴。越南人民对柴薪的需求量非常大，占所有使用能源的75%。每年全国开采将近3 000万立方的柴，导致很多地方的森林覆盖率都在下降，而这同样也是森林很难再恢复的重要原因。

——开采木材用于工业、民用、出口等等。很多地区存在过度开采，甚至砍伐禁伐木材的现象。

——游牧生活。开垦、烧荒、不定点耕作在北部山区、西原地区和北中部地区目前还非常普遍。7～11年的周期可以保证土地恢复肥力和森林覆盖率面积。但由于这些地区居民承受压力大且种植效率低，导致上述恢复周期被打乱，土地退化迅速。在越南，估计每年有约一百万公顷的土地在休耕。不定点耕作、烧荒的情况仍是许多少数民族家庭的生存方式。

——森林火灾。开垦烧荒所引起的火灾是造成森林被毁的面积超过开荒面积的10～20倍的重要原因。森林火灾现象在九龙江平原较为普遍，因为这里是泥炭土，旱季雨量小，天气干燥，很容易发生森林火灾。森林火灾在西原、东南部地区，在高原和山区的热带常青丛林中频发，且规模大，对野生动物和森林资源所造成的危害很大。如1995年森林火灾面积达7 457公顷，其中森林面积被烧最多的省是林同（1 298公顷）、宁顺（1 584公顷）和金瓯（1 743公顷）三省。1998年，发生森林火灾的面积是19 943公顷，其中损失最大的是山萝（3 784公顷）、同奈（1 106公顷）、建江（8 653公顷）和金瓯（1 210公顷）四省。

——其他原因，如战争（尤其是抗美救国战争时期）、修建水库等毁坏或淹没了许多森林。

目前越南保护森林的主要办法有：

——定时耕种、定点居住，发展草原地区的社会经济；

——建立自然保护区和国家森林公园；

——禁止烧毁森林，禁止售卖受保护动物；

——保护江河的源头和沿海的防护林。

六、矿产资源

越南的矿产在种类上非常丰富：燃料—能量矿产、金属矿产、非金属矿产、矿泉水。目前已经发现的有金、银、铜、铁、铅、锌、钡、钼、镍、钨、铬、锰、铀、锡、钛、锑、煤、硫、汞、石油、天然气、重金石、铝矾土、石英、云母、磁石、磷灰石、硝石、石墨、石膏、磷酸盐、石棉、宝石、石灰石、肥煤、稀土、高岭土、耐火原料、白砂、矿盐和矿泉水等90多种矿产，其中储量较大并有开采价值的有石油、天然气、煤、磷灰石、铝矾土、铁、锰、锡、钛、铬、稀土、磷酸盐、宝石和矿泉水等。目前发现有3 500个矿区，但只有30种矿产，300个矿区在开发。

大部分矿区的平均储量都较低，所以在市场经济和分工管理的条件下，工业设计开发非常困难，同时给矿产资源的管理也造成了很多的不便。各矿区又主要分布在山区和丘陵地区这些基础设施发展滞后的地方，尤其是交通运输和服务业的滞后使开发和加工都非常难。

越南有一部分矿产储量大，是一些重点工业项目建设的物质条件，同时也构成了越南矿产资源出口的主力。

（一）燃料、能源矿产

目前越南正在进行商业区开采的和正在处于开发阶段的以及将在未来5年里投入开采的油气田，从南到北形成4个油田群：北区包括前海和泰寿；九龙区包括白虎、龙、黎明、红宝石油气田和东方、珍珠（Pearl）、碧玉（Emerald）、黑狮子等油田；昆仑岛南区包括大雄油田、西兰—红兰、海石、木精等气田和双龙油气田；西南区包括Bunga—Kekwa—Cai Nuoc、Bunga Orkod、Bunga parkma、Bunga Raya油田及富国岛东南新发现的几个气田，那里将形成一个大的气田开发区。

现在已开发的油气区有前海、白虎、龙、大熊、红玉、东方、布嘎各瓦油气区。越南的原油硫磺的含量低，但石蜡的含量很高。

煤：越南煤炭最多的地区在东北部（70亿吨），主要在广宁省，煤带全长150公里，煤层厚度20～28米，面积220平方公里，储量约66亿吨。其中，可以露天采掘的有2亿吨。广宁省的鸿基煤矿是东南亚最大的煤矿，生产高质量的无烟煤。无烟煤和半无烟煤热能高，很少形成灰、硫化物。另外，在清乂静煤区、农山（广南）煤区也有无烟煤。此外，太原已探明煤的储量为8 000万吨，谅山省那阳的火煤储量达1亿吨，已经开发并可以满足越南国内水泥工业生产需要。湄公河三角洲平原有大量的褐煤，约1 280亿吨，但位于地下200～300米深处。现在露天开采的矿层已不多，因而在将来主要是井下开采，难度更大。

越南的煤炭资源主要是能量煤。用于冶金工业炼焦的肥煤储量有限，仅有奋美（Phấn Mễ）、朗锦（Làng Cẩm）、东北煤海的则屯（Chợ Đồn）、奠边煤海（Bể than Điên Biên）、乂安的柯布（Khe Bố）等一部分小矿，已勘探的总储量约860万吨。

褐煤，硫磺含量高，易燃烧但有烟，因而又称长烟煤。河内的低洼地区探测到的储量约有22亿吨；大河沿岸的低洼地带约有100万吨。

泥煤主要分布于北部丘陵地区、红河平原。尤其是九龙江平原的低洼处，现在已经开发了较好的煤炭，满足越南国内的需求。

（二）金属矿产

金属是具有光泽、有良好的导电性、导热性与机械性能，并具有正的温度电阻系数的物质。金属是个“大家庭”，现在世界上有86种金属。通常根据金属的颜色和性质等特征，人们把金属分成两大类，即黑色金属和有色金属。黑色金属主要指铁、锰、铬及其合金，如钢、生铁、铁合金、铸铁等。黑色金属以外的金属称为有色金属。除了铁、锰、铬以外，其他的金属都算是有色金属。

1. 黑色金属

越南铁矿总储量达数十亿吨。主要分布在太原省，高平省的石林、保乐地区，谅山省的新朗、富舍、浪纳地区，宣光省的宣光地区，以及老街省、安沛省、清化省、乂安省的部分地区。越南铁矿多是含铁55%～60%的富铁矿，而且接近地表，便于开采。目前主要矿区有从百（河江）、寨沟（太原）、河广（高平）、贵奢（安沛）、石溪（河静）等。石溪铁矿储量达5.5亿吨，但开采条件非常困难。寨沟矿区从1962年就已经开始开发。

越南有一些小型的锰矿。比较重要的是高平省的重庆矿区和茶领矿区，储量约320万吨，矿石中的锰含量达35%～50%。越南铬矿总储量为1 900万吨。清化省的古定铬矿是世界上屈指可数的大矿区，已勘测的储量有320万吨，矿石的铬含量在46%以上。据称，越南的铬储量占世界总储量的15%，居世界第二位。

越南钛矿储量达1 000万吨，大部分分布在从芒街到河仙的沿海一带，容易开采，容易选炼。目前越南已探明的锡矿储量为8.6万吨，主要集中在高平省静栗、宣光省的山阳、乂安省的葵合等地。目前年开采量为数千吨。

2. 有色金属、轻金属、稀有金属

在有色金属中，还有各种各样的分类方法。比如，按照密度来分，铝、镁、锂、钠、钾等的密度小于4.5克/立方米，叫做“轻金属”，而铜、锌、镍、汞、锡、铅等的密度大于4.5克/立方米，叫做“重金属”；像金、银、铂、锇、铱等比较贵，叫做“贵金属”；镭、铀、钍、钋等具有放射性，叫做“放射性金属”；还有像铌、钽、锆、镥、金、镭、铪、铀等因为地壳中含量较少，或者比较分散，人们又称之为“稀有金属”。

有色金属是指铁、铬、锰三种金属以外所有的金属。有色金属中的铜是人类最早使用的金属材料之一。现代，有色金属及其合金已成为机械制造业、建筑业、电子工业、航空航天、核能利用等领域不可缺少的结构材料和功能材料。

有色金属可分为四类：

(1)重金属：一般密度在4.5克/立方米以上，如铜、铅、锌等；

(2)轻金属：密度小(0.53～4.5克/立方米)，化学性质活泼，如铝、镁等；

(3)贵金属：地壳中含量少，提取困难，价格较高，密度大，化学性质稳定，如金、银、铂等；

(4)稀有金属：如钨、钼、锗、锂、镧、铀等。

越南有色金属矿区的共同特点是大部分矿区较小且在山区，开采条件十分困难。开采有色金属要求具备综合性的高级技术以最大限量地开采含量低的矿产。另外开采有色金属经常会污染水资源，而有色金属又都分布在江河的源头。

越南现已勘探到的储量约有60万吨铜、12万吨镍、29吨黄金、25吨银。

铜：山萝达夸(Tạ Khoa)主要是镍铜。老街的辛权(Sin Quyền)主要是黄铜。

锌、铅：北浒省的则田(Chợ Điền)、则屯(Chợ Đồn)集中了越南80%的铅、锌储量。另外还有太原的廊吸(Lang Hít)，宣光的山阳(Sơn Dương)。在中部北区有一部分矿正在勘探。以前法国曾在则田、则屯和广安开采铅矿、锌矿。

钨、锡：法国人在1911年开始开采，主要有高平省的比瓦(Pia Oắc)矿、静足(Tĩnh Túc)矿，锡储量1.39万吨。另外在三岛、宣光地区也有分布。在义安西部有贵合—英山(Quý Hợp – Anh Sơn)锡矿。大叻地区也有小型锡、钨矿分布。

铝矾土：又称矾土或铝土矿，主要成分是氧化铝，系含有杂质的水合氧化铝，是一种土状矿物。白色或灰白色，因含铁而呈褐黄或浅红色。密度3.9～4克/立方米，硬度1～3，不透明，质脆，极难熔化，不溶于水，能溶于硫酸、氢氧化钠溶液。主要用于炼铝，制耐火材料。越南铝矾土总储量约66亿吨，已勘探确定的有4亿吨。铝矾土矿分布在谅山、高平、河江、宣光、乂安西部、广平、嘉来、昆嵩、林同、平阳、平福、同奈等地区。

钛：越南钛矿储量有1 600万吨，集中分布在从广宁的芒街到河仙的沿海一带，易开采，易选炼。越南钛矿占到全球储量的1/55。越南钛矿集中分布在中部沿海地区，平顺省的钛矿占到全国总量的20%。[①]钛矿是一种珍稀资源，有“黑金”之称，广泛使用于30多种工业行业。主产地平顺省咸津县（Hàm Tân）和咸顺县（Hàm Thuận）。

黄金：遍布越南各地，估计储量约280吨，目前确定的储量约29吨。已经发现284个矿区，其中已有45个点和约30个小矿区在开采。其中广南的蓬苗（Bồng Miêu）金矿是越南目前最大的金矿，储量约10吨。这个矿区已经开采了很久。越南其他的金矿规模都很小，且开采缺乏统一的组织，导致了不少环境和社会问题。

此外，越南还有银、铂、锑、稀土等矿产。

（三）非金属矿产

非金属矿有91种，主要为金刚石、石墨、自然硫、硫铁矿、水晶、刚玉、蓝晶石、夕线石、红柱石、硅灰石、钠硝石、滑石、石棉、蓝石棉、云母、长石、石榴子石、叶蜡石、透辉石、透闪石、蛭石、沸石、明矾石、芒硝、石膏、重晶石、毒重石、天然碱、方解石、冰洲石、菱镁矿、萤石、宝石、玉石、玛瑙、石灰岩、白垩、白云岩、石英岩、砂岩、天然石英砂、脉石英、硅藻土、页岩、高岭土、陶瓷土、耐火粘土、凹凸棒石、海泡石、伊利石、累托石、膨润土、辉长岩、大理岩、花岗岩、盐矿、钾盐、镁盐、碘、溴、砷、硼矿、磷矿等。

磷灰石：磷灰石有4种，主要指氟磷石灰。磷灰石是一系列磷酸盐矿物的总称，它们有很多种，如黄绿磷灰石、氟磷灰石、氧硅磷灰石、氯磷灰石、锶磷灰石等等。磷酸盐包括磷酸正盐和酸式盐。磷灰石是提炼磷的重要矿物，其中氟磷灰石是商业上最主要的矿物。

磷灰石是生产磷肥的主要原料。越南的磷灰石总储量约15亿吨，主要分布在从老街省到安沛省90公里长的地带。老街省的柑塘（Cam Đường）露天磷灰石矿储量约2亿吨。此外，谅山、青冒、如春、永静也有分布。

磷钙土：主要由碳氟磷灰石、氯磷灰石、羟磷灰石和氟磷灰石等磷灰石类矿

① http://www.bbwdm.cn/show_info.asp?id=101 800

物组成，一般二氧化磷（P_2O_5）> 18%。常呈结核状或粒状产出，断面多呈鲕状或层状构造，多分布在水深小于1 000米的岸外浅滩、浅大陆架上，海陆架、陆坡上部，边缘台地和海山或海台上。磷钙土在越南很少，只有谅山省右陇（Hữu Lũng）的磷钙土具有工业价值。

宝石：越南的宝石主要分布在老街、安沛、清化、乂安、河静和林同等省。现在已经开始和泰国合作开采了安沛省陆安地区的宝石。

水晶砂：水晶是一种无色透明的大型石英结晶体矿物。它的主要化学成分是二氧化硅。水晶呈无色、紫色、黄色、绿色及烟色等。水晶跟普通砂子是“同出娘胎”的一种物质。当二氧化硅结晶完美时就是水晶；二氧化硅胶化脱水后就是玛瑙；二氧化硅含水的胶体凝固后就成为蛋白石；二氧化硅晶粒小于几微米时，就组成玉髓、燧石、次生石英岩。

越南的水晶砂主要分布在中部沿海地区，约11亿吨。在越南中部沿海地区有戈从（广治）、广义、绥和、芽庄、潘朗、潘切等六个大矿区。金兰湾的砂生产玻璃质量非常好。在越南北部只有一些小矿，储量约600万吨。其中广宁的云海砂以质量好而闻名于世。

黏土：粘土是一种含水铝硅酸盐产物，是由地壳中含长石类岩石经过长期风化和地质的作用而生成的，种类繁多，藏量丰富，是一种宝贵的天然资源。

黏土具有颗粒细、可塑性强、结合性好、触变性过度、收缩适宜、耐火度高等工艺性能，因而黏土是制瓷胎的最基本的原料。越南黏土总储量约30亿吨，主要分布在谅山、广宁、太原和海阳等省。另外在中部北区也有分布。

高岭土：质纯的高岭土具有白度高、质软、易分散悬浮于水中、良好的可塑性和高的粘结性、优良的电绝缘性能；具有良好的抗酸溶性、很低的阳离子交换量、较好的耐火性等理化性质。因此高岭土是造纸、陶瓷、橡胶、化工、涂料、医药和国防等几十个行业所必需的矿物原料。高岭土在越南许多地方都有，主要用于生产高级瓷器和艺术瓷器，总储量约5 000万吨。

石灰石：又称碳酸钙，是用途极广的宝贵资源。石灰石是生产生石灰的主要原料，也是许多工业的重要原料。石灰石是石灰岩作为矿物原料的商品名称。石灰岩在人类文明史上，以其在自然界中分布广、易于获取的特点而被广泛应用。作为重要的建筑材料有着悠久的开采历史，在现代工业中，石灰石是制造水泥、石灰、电石的主要原料，是冶金工业中不可缺少的熔剂灰岩，优质石灰石经超细粉磨后，被广泛应用于造纸、橡胶、油漆、涂料、医药、化妆品、饲料、密封、粘结、抛光等产品的制造中。越南的石灰石非常丰富，集中于顺化以北地区。另外在广南、岘港、河仙也有。石灰石是冶炼生铁、生产水泥的原料，同时石灰石及其带来的自然景观有很大的旅游价值。

除了上述主要矿产，在越南还有丰富的矿泉水资源。

矿泉水：越南的矿泉水非常丰富。全国约有400个矿泉水水源，其中已勘探287个，取样分析了理化性质。在287个已勘探的矿泉水中有34个温度低于30℃，还有253个温度高于30℃。有164个既是矿泉水又是温泉水。越南的矿泉水—温泉水是旅游休假的宝贵资源。许多矿泉水—温泉水都有治病的作用，目前已经开发的有：宣光的美林（Mỹ Lâm）、和平的金杯（Kim Bôi）、广宁的光亨（Quang Hanh）、广平的邦（Bang）、广义的石碧（Thạch Bích）、平顺的永好（Vĩnh Hảo）等等。

第二章　居民地理

第一节　越南民族

越南的民族是随着经济社会形态的转变而不断变迁的。

越南位于中南半岛东部，北与中国接壤，西与老挝、柬埔寨交界，东面和南面临南海。海岸线长3 260多公里。越南地处北回归线以南，属热带季风气候，高温多雨。年平均气温24℃左右。年平均降雨量为1 500～2 000毫米。北方分春、夏、秋、冬四季。南方雨旱两季分明，大部分地区5月～10月为雨季，11月至次年4月为旱季。

越南由于其地理位置特殊，较早地成为人类生活聚集的地方，较早地开始与不同人种、语言和文化的部落、部族接触。正是这个原因形成了越南这个国家民族的多元性。

越南民族学家认为民族是人们在一定的历史发展阶段形成的有共同语言、共同地域、共同经济生活以及表现于共同的民族文化特点上的共同心理素质的稳定的共同体。

就越南而言，民族学家认为语言、文化生活特点和民族自觉意识是明确越南各民族成分的主要标准。

一、越南54个民族

越南共有54个民族，人口约8 590万[①]，男性占49.1%，女性占50.9%。其中，京族占总人口近90%，大量聚集在冲积三角洲和沿海平原地区。京族作为一个最大的同系社会群体，控制国家的政治经济，主导文化事业，对社会生活施加巨大影响。少数民族中汉族（华族）、岱依族、傣族、芒族、高棉族、依族人口均超过50万。少数民族（除汉族之外）多居住在占越南国土面积2/3的山区高地。汉族

① Vương Quân Hoàng: Kinh tế Việt Nam 2009 và một vài suy nghĩ về nhận thức luận chuyển đổi TCCS Số 3-2010 http://www.tapchicongsan.org.vn.

约100万，其中半数集中在胡志明市。越南自1954年抗法战争胜利，恢复和平以来，先后出版了不少有关民族的书籍。乐文芦（Lã Văn Lô）、阮友透（Nguyễn Hữu Thấu）、梅文智（Mai Văn Trí）、玉英（Ngọc Anh）、莫如唐（Mạc Như Đương）等学者的《越南少数民族》（1959）一书首次完整地提出了越南的民族构成。他们认为越南有64个民族，其中有63个少数民族分别属于三个不同的语系：汉藏语系、南亚语系和阿尔泰语系。

到了1974年，越南认为自己有59个民族，分别属于三个语系：南亚语系、汉藏语系和阿尔泰语系。1979年为了准备全国人口普查，根据越南社会科学委员会和中央民族委员会的研究结果，统计总局正式颁布了越南民族构成的分类目录。根据这个目录，越南有54个民族。

（一）南亚语系

南亚语系又称澳斯特罗—亚细亚语系。分布于中国云南的西南部及南亚和东南亚，约包括150种语言，其中多数语言各有许多方言，使用人口约4 000万。南亚语系通常分为4个语族：蒙—高棉语族、蒙（扪）达语族、马六甲语族和尼科巴语族。语音方面，南亚语系诸语言的主要特点是辅音系统比较整齐。塞音清浊的对立比较普遍，有独立的清音送气系列。元音系统比较丰富，元音常区分为高、前、中、后4级。除越南语等少数语言有声调外，南亚语系诸语言通常都不是声调语言。语法方面，句子的一般语序为主语—动词—宾语；形容词通常跟在它所修饰的名词后面。词汇方面，词的结构通常是一个主要音节，有时前面可再加上一个次要音节。大多数词根都是单音节的。南亚语系诸语言常常从邻近的或有影响的大语种借词。文字方面，蒙高棉语的文字传统最古老，字母形状和书写原则都来自印度文字。但该语系大多数语言只是近百年来才有文字。

越南的南亚语系又有以下分支：

越—芒语语系：越（京）族（Kinh）、芒族（Mường）、族（Thổ）、哲族（Chứt）。

孟—高棉语系：高棉族（Khơme）、巴拿族（Ba Na）、色登族（Xơ Đăng）、仡呼族（Cơ Ho）、赫列族（Hrê）、莫侬族（Mnông）、斯丁族（Xtiêng）、布鲁云乔族（Bru-Vân Kiều）、仡都族（Cơ Tu）、叶坚族（Giê - Triêng）、麻族（Mạ）、克木族（Khơ mú）、戈族（Co）、达维族（Tà Ôi）、遮罗族（Chơ Ro）、康族（Kháng）、兴门族（Xinh Mun）、莽族（Mảng）、布娄族（Brâu）、尔都族（Ô Đu）、勒曼族（Rơ Măn）。

岱依—泰语系：岱依族（Tày）、傣族（Thái）、侬族（Nùng）、山泽族（Sán

Chay)、热依族(Giáy)、佬族(Lào)、勒族(Lự)、布依族(Bố Y)。

赫蒙(苗)—瑶族语系：赫蒙(苗)族(HMông(Mèo)、瑶族(Dao)、巴天族(Pà Thẻn)。

卡代语系：拉基族(La Chí)、拉哈族(La Ha)、仡佬族(Cơ Lão)、布标族(Pu Péo)。

(二)南岛语系

马来—玻里尼西亚(Malayô - Pôlinêdiêng)语系：嘉莱族(Gia Lai)、埃地族(Êđê)、占族(Chăm(Chàm)、拉格莱族(Raglai)、朱鲁族(Chu Ru)。

(三)汉藏语系

汉语系：华族(Hoa(Hán)、艾族(Ngái)、山由族(Sán Dìu)。

藏缅语系：哈尼族(Hà Nhì)、拉牯族(La Hủ)、普拉族(Phù Lá)、倮倮族(Lô Lô)、贡族(Cống)、席拉族(Si La)。

二、越南民族分布

在现在越南的54个民族中，有4个民族(越族、华族、高棉族和占族)主要居住在平原、沿海和丘陵地区，定居生活，除华族人外，主要种植水稻。其他50个民族主要生活在山区，其中许多民族还处在刀耕火种的时代。

在整个历史过程中，许多大的变动如战争、天灾、疫病、穷困等等使越南各地居民经常迁移。因此，民族居民的分布经常变化。但是，山区的民族，尤其是少数民族有相对独立居住地。各民族之间通常被分开，居住在不同的区域。

越南少数民族的分布区域如下：

北部山区集中了54个民族中的31个，三个语系中的两个。在越南北部的民族区域分布版图上，红河是一条分界线：左岸主要是属于岱依族—侬族，右岸是傣族和孟—高棉语系的民族。沿着中越边界是藏—缅居民，而越老边界是孟—高棉居民。如果按居住海拔高度来区分，那么在低处有岱依族、侬族、山泽族、山由族，在中部高度有瑶族、克木族等等，在高处是赫蒙(苗)族。

长山山脉及西原地区包括广平(Quảng Bình)、广治(Quảng Trị)、承天—顺化(THừa Thiên – Huế)、广南(Quảng Nam)、岘港(Đà Nẵng)、广义(Quảng Ngãi)、平定(Bình Định)、富安(Phú Yên)、庆和(Khánh Hòa)、宁顺(Ninh Thuận)、平顺(Bình Thuận)、同奈(Đồng Nai)、平福(Bình Phước)、平阳(Bình Dương)和西原4

省。在这一大片土地上，除了说越—芒族语的越族、哲族和华族等民族的居民外，加上一些在近几个世纪从北部山区迁徙过来的少数民族，现在已有19个民族被视为当地民族。在民族分布的版图上，说孟—高棉语的各民族居住在两头，南岛语系各民族居住在中部地区，大部分集中在与沿海东部接壤的东部。

孟—高棉语系北长山部分主要是布鲁族、达维族和戈都族等少数民族。中长山部分主要是叶坚族、色登族、戈族、赫列族、巴拿族、勒墁族、布娄族等少数民族。穿插在中长山和南长山部分孟—高棉语系民族中的南岛语系民族主要是拉格莱族、埃地族、占族、朱鲁族等民族。南长山部分主要是莫侬族、乞呼族、麻族、斯丁族和遮罗族等民族。

相比较北部山区的少数民族而言，在长山—西原地区居住的民族相对较集中。距今三四百年前，各少数民族及其居住的地域界限还是非常清晰的。近几个世纪以来，由于社会的发展，各民族间的界限逐渐模糊，民族之间的融合日益明显。

中部南区和南部沿海地区有占族人、高棉人独立或混合居住，文化与越族人相融合。华族人则主要居住在大的城市，尤其是胡志明市。

(一)越族(京族)

越族人占全国人口的近90%，遍布于全国61个省、市，只有高平、河江、宣光、安沛、北干、谅山、山萝、莱洲、和平、老街和昆嵩等11个省的越族人的比例低于50%。

越族人擅长耕种和手工技术；将农业经济与小手工业结合起来是越族人的生产习惯。越族人很早就懂得治理江河，开发海上岛屿。越族人能很好地接受新的技术。

越族人讲越语。越族的语言属于越—芒语系，南岛语系，其人种属于南方蒙格利(Môngôlôit)人种。根据考古学、史学、民族学以及越南民间文化材料，北部和北中部平原很早就已经有人类居住。

在开垦红河平原、征服热带潮湿气候、发展水稻种植的过程中，越族人创造出了红河文明。经过历史变迁，越族人将自己创造的文明从红河平原扩展到周边地区：北部山区和丘陵地区，往南伸展的沿海平原，包括长山—西原地区。越族人将自己的家乡习惯带到了新的地方，与这些地方其他兄弟民族相融合。

（二）北部山区的少数民族

1. 越—芒语系各少数民族：

芒族，113.7万多人，居住范围广，从西北的安沛省到北部的乂安省（主要集中在和平省和清化省的六个县），东部与越族居住区相邻，西部与傣族居住区接壤。部分芒族人定居在南部的同奈等省份和西原地区。

芒族人以耕种和养殖为生，同时也从事制作，如锻造、纺织等手工业。打猎和打鱼是芒族人最主要的日常活动。

土族，6.8万多人，主要居住在乂安、清化一带。以耕种和养殖为生，同时从事制作，如锻造、纺织等手工业。打猎和打鱼是芒族人最主要的日常活动。

哲族，近4 000人，生活在广平省西北部和河静省南部。

2. 岱依—傣族语系各少数民族：

岱依族，约147.7万人，是越南历史比较悠久的一个少数民族。现在岱依族人遍布越南全国各省市，但主要还是集中在高平、谅山、北泮、太原、宣光、安沛、老街等省。现在有约8万多岱依族人生活在西原。

岱依族住在高脚屋，通常集中建在山脚下或者河边的平地上，或者广阔的田野上。岱依族人种植水稻、杂粮（玉米、豆类、花生）和经济作物（茶、八角、桂、桐树、茶果树等）。他们还擅长编织、织锦、织布等手工业。

傣族，约132.8万人。傣族人在9世纪左右进入越南。现在分散居住在红河右岸至乂安上游地区，主要集中在山萝、乂安、清化、莱洲、老街、安沛和和平等省。约有3.3万傣族人生活在东南部地区，西原地区也有2.5万多傣族人。白傣人主要分布在莱洲省和山萝木州、扶安等县，黑傣人则主要在老街、山萝以及莱洲省的部分地区。

傣族人住的高脚屋，一般集中建在肥沃的盆地和江河沿岸地区。傣族人很早就开始种植水稻，在疏通沟渠、制作水车和引水灌田等方面经验丰富；同时还擅长织布、织锦。傣族人有自己的文字，傣族文化丰富多彩而且独具特色。

侬族，约85.6万人。除了部分很早就在越南居住已经与傣族融合的侬族人，其他大部分侬族人是约两三个世纪前才迁徙来越南的。如今侬族人几乎遍布越南各省市，但主要还是在从红河流域到广宁沿海的北部山区和丘陵地区，最集中的是在谅山和高平两省。

侬族人与越族人和傣族人一样以种植和养殖为生。但由于居住在低洼地区与高地之间，因此水田很少，主要是坡地。侬族人在养殖方面经验丰富，培养出了很多优良品种如芒康猪(lợn Mường Khương)、谅山猪(lợn Lạng Sơn)，高平的娜黑马(ngựa Nước Hai)。家庭副业也十分丰富，是家庭收入的主要来源之一。

属于岱侬—傣族语系的民族还有山泽族(14.7万人)，热依族(4.9万人)，佬族(将近1.2万人)，勒族(5 000人)，布依族(1 800多人)。

3. 赫蒙(苗)—瑶族语系各少数民族：

赫蒙(苗)族，787 000人。赫蒙(苗)族最早到越南是在距今300多年前的明末清初时期，但主要是在距今100～150年间来到越南的。赫蒙(苗)族居住在高度约在海拔700～1 500米的地方，从北部的中越边界到乂安，中越集中在河江、莱洲、老街、山萝、安沛、高平等省。赫蒙(苗)族人现在在许多地方还是游耕游居，他们沿着山或江河游耕游居。

赫蒙(苗)族人以种植和打猎为生。他们擅长造梯田，种水稻、玉米、烟叶，也擅长织布，打造农具，还会造铳，擅长打猎。

瑶族，62万人。现在越南的瑶族有30多个分支。瑶族分散居住在北部的丘陵地区和山区，分布最多的是在河江、高平、宣光、老街、安沛、广宁、北泮、太原、莱州、谅山等省。另外宁平、清化等地也有分布。最近十多年来又有大量瑶族人移居到西原和东南部地区。

瑶族是居住在山顶和半山的民族，以前主要靠游耕生活，现在逐渐开始定居耕种。因为居住在山上，瑶族很少种植水稻。但瑶族在种植果木林业方面有丰富的经验。

属于赫蒙(苗)—瑶语系的少数民族还有巴天族，5 500余人，居住在河江、宣光等地区。

4. 孟—高棉语系各少数民族：

孟—高棉语系民族被确认为最早在印支半岛地区繁衍的民族。很早以前孟—高棉居民就已经遍布西部山区，从沱江和马江流域到中部南区高原地带。由于当时印支地区的国家有的被同化，有的被消灭，有的被拆分成许多部族，孟—高棉语系民族逐渐开始与其他居民混居在一起。

孟—高棉居民在北部各省有克木族(5.6万余人)、兴门族(1.8万人)、康族(1万余人)、拉哈族(5 700人)和莽族(近3 000人)。克木族大部分居住在印支半岛山区。克木族进入越南的时间很晚，约在200年前。现在克木族主要集中在乂安省祁山（Kì Sơn）和襄阳（Tương Dương）两县，其他的分散居住在西北山区。部分克木族现在还是游牧民族。

属于南岛语系的其他民族有拉基族（近1.1万人）、布标族（700余人）和乞佬族（近2 000人）。

5. 藏—缅语系各少数民族：

藏—缅居民古时生活在中国西北部地区，在公元前2世纪开始南迁到云南。藏—缅居民进入越南分几个时间段，最高峰在三四百年前。目前越南有哈尼族（1.7万余人）、普拉族（9 000人）、拉古族（近7 000人）、倮倮族（3 300人）、沽贡族（近1 700人）、席拉族（近900人）等。这些民族独立居住，分布在中越边境和越老边境的河江、老街、莱洲、山萝等省。

藏—缅居民几个世纪以来一直不停地成批迁徙，或进入越南，或返回中国、老挝。这取决于区域内的安全和生活的便利与否，取决于游耕游居的需要，同时也取决于他们在边境地区有无亲戚朋友。

6. 汉语系各少数民族：

华族，86.2万余人（不包括华侨），大部分是从中国南部的江西、福建、广东、广西、云南等省份过来的。现在华族人主要集中在南部的胡志明市、芹苴市以及同奈、朔庄、薄辽、建江等省。

山由族，12.6万多人，大约在300年前来到越南。山由族人集中生活在红河左岸的丘陵地区和山区。

艾族，将近5 000人，大约在300年前来到越南。艾族人主要分布在北江、高平、谅山和广宁等省的丘陵地区和山区。

（三）南部各省的少数民族

1. 孟—高棉语系少数民族

高棉族，105.5万余人，在越南，高棉族主要集中在九龙江平原，尤其是朔庄、茶荣、建江、安江、薄辽等省。高棉族主要从事农业。大部分高棉族信奉佛教（小乘佛教），有许多特色庙会，民间文化宝库非常丰富。

巴拿族，17.4万余人，是西原地区排在嘉莱族和埃地族之后的第三大少数民族。巴拿居民主要居住在嘉莱、昆嵩两省，在平定、富安等省也有少量分布。

色登族，人口12.7万，主要居住于昆嵩省和广南省的西南部，广义省的西部。另外还有几千色登族人居住在多乐省的克容巴县（Krông Pắc）。

乞呼族，将近12.9万人，主要集中在林同省。

赫列族，9.45万人，主要分布在广义省西部的山区和平定省的西北部。

莫侬族，9.2万人，主要生活在多乐省，另外还有将近1.7万人生活在林同省和平福省。

达维族，近3.5万人，主要居住在承天—顺化和广治两省。

麻族，3.3万人，主要分布在林同省西南的同奈河流域。

叶坚族，约3万人，主要集中于昆嵩省的达垫依县（Đắc Giây）和广南省的南江县（Nam Giang）。

戈族，约2.9万人，分布在广义省茶蓬县（Trà Bồng）和广南省茶果树县（Trà Mi）。

2. 南岛语系（马来—玻里尼西亚语系）少数民族：

南岛语系各民族源自中国东南部，从海上往南迁徙至越南。几千年前，埃地人和嘉莱人的祖先从沿海地区来到多乐高原和波莱古高原，将巴拿族分成南北两个部分。南岛语系各民族很久以前就与孟—高棉人杂居在一起。因此，在血脉上和语言上都已经相互融合。

嘉莱族，约32万人，是西原地区人数最多的少数民族，生活在昆嵩、嘉莱和多乐等省。北部与属于色登族和巴拿族的地区接壤，东部与京族人居住的地区相邻，南部是埃地人的居住地，西部是越南和柬埔寨的边界。

埃地族，约28万人，主要集聚在多乐省。埃地人主要以农业为生。现在，埃地人仍然居住在长屋中。埃地人长屋的长度一般从几十米到几百米不等，居住着一个大家族的几代人。

占族，约13.3万人。占族原本生活在越南中部，它在历史上创造了辉煌的文化。占族人有两个部分：一部分在中部南区的宁顺、平顺两省，一部分在南部，主要是在安江省。南部的占族人崇尚伊斯兰教。中部南区的占族擅长种植业、花果园林业和养殖业。南部的占族人主要靠打鱼、手工业和做小买卖，农业是次要的。

拉格莱族，约10万人，主要居住在海拔500米以上的地方，分布在清化、宁顺、平顺、林同等省。

朱鲁族，约1.5万人，主要居住在林同省的单阳（Đơn Dương）和德重（Đức Trọng）两县。

第二节 人口及其结构

一、人口变化

越南目前人口约8 590万。越南领土面积在世界上排第58位，但是越南人口却排到了世界第14位。1999年，越南的人口为7 630万。根据从1999年到2024年的人口预测，到2020年越南的人口将达9 580万，到2024年是9 890万。按照最高估计，到2024年越南人口将达到10 180万，最低估计也有9 610万人。

据越南《经济时报》2009年8月14日报道，8月13日越南中央人口和住房总调查指导委员会公布了2009年越南人口调查结果。截至2009年4月1日零时越南总人口为85 789 573人。其中，城市人口25 374 262人，占人口总数的29.6%，增长3.4%；农村人口60 415 311人，占70.4%，增长0.4%。越南人口主要分布：红河平原，19 577 944人；中部沿海和中北部地区，18 835 485人；九龙江平原人口，17 178 871人。西原5省仅5 107 437人。男女人口比例为98.1/100。目前，越南人口总数在东南亚排第3，在世界排第14位。

1921年，越南的人口仅有1 560万。40年后的1961年人口也仅增加了一倍。与其他发展中国家相同，越南人口的爆炸现象开始于20世纪的50年代，在20世纪70年代末和80年代初达到高峰，之后开始减少，2000年到2005年之后逐渐稳定。

越南在20世纪80年代开始实行计划生育政策，现在已经转向人口超负荷过程的最后阶段：出生率相对低且还在慢慢减少；死亡率也相对较低而稳定。现在越南人口增长的幅度已经低于世界平均水平。可以肯定计划生育政策做出了很大贡献。

虽然近年来越南人口增长率已经降低很多，但每年增加的人数还在120万以上。河江、高平、谅山、莱洲、老街、北浒、广治、昆嵩、宁顺等省的人口增长了一倍。

二、出生率动态分析

从1945年到1975年这长达30年的时间里，越南先后经历了抗法战争和抗美救国战争两次残酷战争，造成了巨大的人员伤亡。越南在20世纪50年代后期和20世纪60年代初期人口出生率达到了最高峰。20世纪80年代后，越南开始实行计划生育政策。减少出生率的目标很大程度上是取决于占总人口80%且出生率还是很高的农村地区的计划生育工作情况。

越南目前总出生率为平均一个育龄妇女生育2.3个孩子。由于计划生育工作在越南的开展，总出生率相对稳定。农村总出生率为2.6%，城市总出生率为1.7%。出生率在红河平原、东南部地区和九龙江平原较低。在农村，人们对人口压力的认识及其实际生育行为都还有一定距离。总出生率在南中部和北中部沿海都还很高。西原地区的出生率位居越南全国最高。据最新报道，目前越南出生率已降为1.647%。

三、死亡率动态分析

在过去，越南的自然死亡率受到社会变动的影响。抗法和抗美救国两场战争给越南造成了巨大的人员伤亡。不仅上百万的人，主要是青壮年在战争中死去，还有成千上万的人因为战争而受伤。严重的战争创伤对后代也造成了一定的影响。

另一方面，随着社会经济的稳定和发展，医学的迅速发展，医疗服务条件的不断改善，人民群众尤其是妇女儿童的身体健康水平日益提高，死亡率大大降低。越南人口现在的自然死亡率为5.6%。

越南男性平均寿命为66.5岁，女性平均寿命70.1岁。随着人类寿命的增加，将来男女之间寿命上的差距会更大。

越南各地区的死亡率不完全均衡。死亡率因地区不同而不同。死亡率最高的仍然是西原地区，最低的是东南部地区和红河平原地区。

在导致死亡的各种原因之中，比例最高的仍然是传染病、寄生虫、营养不良和贫血。其次是呼吸道和消化系统的疾病和各种癌症、心脏病等等。交通事故也成为造成死亡的一个重要因素。艾滋病也是一个高危原因，越南共有3 817人已经死于艾滋病，且还有18万人携带有艾滋病病毒。

第三节 年龄、性别结构

一、年龄结构

越南人口的年龄结构总体看是一个年轻的群体。但目前越南人口已经开始趋向“老龄化”，主要体现在0～14岁之间的人口减少，中间年龄人口的相对增加(中间年龄指15～65岁之间的劳动力)。中间年龄人口占总人口的比例从1979年的18.3%到1989年的20.2%，增长到现在的69.7%。

人口抚养比是指非劳动年龄的人口(0～14岁和65岁以上)和劳动年龄人口(15～64岁)之间的比例。在越南，1979年的这一比例是89.9%。其中，儿童81%，老人9%；到1989年的这一比例是77.7%，其中，儿童69.3%，老人8.4%。现在各相应的数据是儿童24.9%，劳动力(中间年龄人口)69.7%，老人5.5%。由于社会劳动力的比例还很低，非劳动力的比例高，一方面给劳动者带来了压力，另一方面也使很多孩子较早就要开始劳动，尤其是在农村。

二、性别结构

在越南，男女性别比例反映了战争的危害。越南男女性别比例1979年为94.2%，是世界上男女性别比例最低的国家之一。和平年代比例逐渐趋于平衡：1989年为94.7%，1994年为95.3%，1999年为96.4%。2009年，男女人口比例为98.1%。2013年，男女人口比例为98%。

男女性别比例还受到移民政策现象的影响：这个比例在迁出的居住地很低而在迁入的居住地很高。在20世纪80和90年代，由于移民政策趋势有了一定的变化，因而性别比例也有了相应的变化。性别比例在红河平原是最低的，这里连续很多年有农民移民到北部丘陵地带、山区、西原和东南部地区。性别比例最低的省是太平省(1999年是91%)。性别比例较高的是西原四省(尤其是多乐省，103.4%)和广宁省(104.2%)、平福省(为104.4%)。这些省份是迁入居民比例较高的地区。广宁的性别比例较高，因为大部分石油工人是男性，他们来自太平、海阳、兴安、南定等省，而他们的妻儿仍在家乡。

第四节　宗教信仰结构

越南80%多的人口是没有宗教信仰的，其中北部各省没有宗教信仰的人较多，在东南部各省、九龙江平原和西原地区较少。剩下约有19%的越南人信仰宗教。在越南主要的宗教有佛教、天主教、基督教、伊斯兰教、高台教和和好教，另外在民间还有一些民间信仰如母教等。越南也受儒教和道教的影响。

一、佛教

佛教是在2世纪进入越南。北部信仰从中国传来的大乘佛教；南部则信仰从泰国、老挝、柬埔寨传来的小乘佛教。在丁、黎、李、陈等朝（10—14世纪），佛教是越南的国教。在村舍生活中，寺庙在全村中的文化和精神生活中有着重要作用。全国佛教徒有710万人，其中胡志明市和安江省是两个拥有佛教徒最多的省市。胡志明市有佛教徒100多万人，安江省有佛教徒86万人。另外茶荣、建江、同塔、同奈、承天—顺化等省也有众多的佛教徒。信仰佛教人口比例最高的是茶荣省，为43.2%，安江省42.1%。朔庄、建江、同塔、胡志明市等省市也拥有较高的比例。

10—14世纪越南佛教兴盛，佛教成为维护封建制度的重要精神支柱。从939年吴权称王，经过丁朝（968—979年）和前黎朝（980—1009年），越南封建国家政权主要掌握在僧侣和武将手中。国王重用僧人，赋予特权；僧人参与朝政，制定律令文书。李公蕴建立李朝（1010—1224年）后，以佛教为国教。李朝各代国王大力推崇佛教，传播禅宗佛学，各地广造寺宇，度民为僧，出现了百姓大半为僧，国内到处皆寺庙的局面。陈朝（1225—1399年）建立后，继续推崇佛教，弘扬禅宗。

14世纪以后，由于儒学的发展，儒士阶层势力上升，僧侣集团开始失去在国家政治生活中的巨大作用。后黎朝（1423—1526年）建立后，独尊儒学，执行抑佛重儒政策，道教日益兴起，佛教由此日趋衰落。

至15世纪后半叶，僧侣人数大减，通达佛教教义者寥寥无几。从1500年起，黎氏朝廷下令只许庶民信奉佛教。从此，越南佛教便由皇室庇护的贵族化宗教转化为以平民信仰为主的民间宗教。

二、天主教

16—17世纪，天主教开始传入越南。越南佛教虽不似以前兴盛，但仍绵延不绝。当时，封建中央政权衰落，形成南北朝分裂割据局面，佛教有所振兴。北方郑氏王府和南方阮氏王府都曾请中国高僧讲解佛经，修建寺院。1665年，郑主选拔国内有名佛师，为御用寺宇塑造几百尊佛像，禅宗再度复兴。此外，在越南北方有中国和尚拙公创立的拙公派，这一派以临济宗为主，并受净土宗影响，亦称竹林新派。同时，还有曹洞宗的水月派。南方阮主府于1604年在顺化修建了大乘佛教的寺院——天姥寺。

1858年，法国殖民者入侵越南，越南佛教徒参加了爱国抗法运动。进入近代时期，越南兴起儒释道三教合一运动。19世纪末，随着天主教的传播，又出现“四数一源说”。这一时期建立的高台教则是把佛、道、儒和天主教及民间信仰糅合起来的一种新宗教。

天主教于16到17世纪由葡萄牙和西班牙的传教士传入越南，随后由法国传教士传教。越南是亚洲国家中天主教徒人数最多的国家之一。天主教是越南的第二大宗教。越南的天主教在法国统治时期取得合法地位。1980年，越南天主教委员会成立。全国有约710万教徒，集中天主教教徒最多的两个地方是同奈（69万余人）和胡志明市（约63万人），然后是南定、林同、多乐、乂安、宁平等省。教徒比例最高的是同奈省（34.9%）、昆嵩省（30.6%），其次是林同、南定和宁平等省。

三、福音教

福音教，又称新教，是改良的基督教，于1911年传入越南。现在全国有约41万人信奉福音教，最多的是在西原地区（22.4万人），另多乐省有11.3万福音教信徒。其他有较多福音教信徒的是平福省和胡志明市。

四、伊斯兰教

伊斯兰教，越南称回教，进入越南时间较早。现在全国有6.3万人是伊斯兰教徒，主要是占族人和高棉族人。伊斯兰教徒较多的省是宁顺省（约2.2万人）、平顺省（约1.5万人）和安江省（约1.2万人）。越南伊斯兰教徒没有每年斋戒日到胜地朝拜的习俗，只是每天或每星期读一遍经文。

五、高台教

高台教是1926年在越南南部正式成立的新宗教，教主为黎文召（Lê Văn Chiêu）。高台教又名三期普渡大道，崇拜三个最高人物分别是佛祖、耶稣和高台。高台表示“最高的存在”，高台是宇宙的心脏，是世间万物的主宰。其教主是一个虚幻的神，名为高台仙翁大菩萨摩柯萨。释迦牟尼、耶稣、老子、孔子、观世音，甚至李白、关公、姜太公、牛顿、维克多·雨果、莎士比亚、丘吉尔、克里孟梭、孙中山等历代东西方圣贤都被列为该教所供奉的对象。其教义具有佛教、基督教、道教以及儒学等各种思想成分。越南全国有85.6万人信仰高台教，仅西宁省就有39.4万人，占全省人口的40.8%。其他高台教信徒较多的省是安江、同塔、隆安、前江、槟枝、胡志明市。在西宁的高台圣庭是著名的宗教建筑。

六、和好教

和好教是越南的一个新宗教，源自佛教。教主黄富楚(Huỳnh Phú Sở)，安江省新洲县和好村人，于21岁(1939年)创立此教，以其家乡的村名为教名。“和好”二字指出了该教的宗旨和目的，那就是向往和顺。与佛教一样，该教也讲慈悲、博爱、大同和因果报应，信徒多为农民，又被称为“农民佛教”。和好教虽自称为佛教，但实质上是佛教与充满儒教伦理的民族传统观念相结合的产物。与佛教不同的是，和好教并不兴建寺庙，而是用一块红布代替神像，供品为鲜花和清水。鲜花代表坚贞，清水代表纯洁。和好教的产生和发展反映了当时的社会现实与人们的心理需求。对和好教的探讨，有助于我们了解越南人民的宗教信仰乃至了解越南民族的传统文化。越南全国有约120万信徒，主要分布在九龙江平原的各省。其中安江省就有79.2万信徒，占全省人口的39%。集中了较多信徒的其他省市还有芹苴市(18.7万人)、同塔省(约16万人)和永隆省(约2.6万人)。

第五节　居民分布

一、人口分布特点

越南人口分布的突出特点是人口分布非常不均。平原地区占全国总面积的38%，但拥有80%的人口。总的来说，红河平原和九龙江平原地区人口密度最高，城市居民的人口密度则更高。

越南平均人口密度为232人/平方公里，是东南亚地区人口密度较高的国家之一。越南地域上划分为8个大区，即：红河平原地区、东北地区、西北地区、中部北区、中部南沿海地区、西原地区、南部东区、九龙江平原地区。

河内人口密度为2 913人/平方公里，胡志明市2 405人/平方公里。红河平原的一些农村地区人口密度达到了1 000人/平方公里，如兴安省1 202人/平方公里，太平省1 165人/平方公里，南定省1 128人/平方公里。九龙江平原如永隆省686人/平方公里，前江省690人/平方公里，芹苴市611人/平方公里。

到2009年，8个大区中，人口密度最大的地区是红河平原，平均1 217人/平方公里；人口密度最小的是西北地区，平均69人/平方公里；人口密度最大的省是北宁省，平均1 227人/平方公里；人口密度最小的省是莱州省，平均仅34人/平方公里。

而北部山区、丘陵地区和西原地区占全国总面积的1/2，但人口只占20%。北部山区和西原地区人口密度在100人/平方公里以下，有一些省份的人口密度仅为35人/平方公里，如莱州省和昆嵩省。但沿海地区的人口密度为100～200人/平方公里。但也没有人口密度极小的地区。

造成人口分布不均的原因主要是：

（1）人口分布取决于资源的分布。在当今农、林、渔和工业开发占重要位置的经济社会里，生产力的发展还很低，自给自足的经济仍占主要部分。

（2）开发国土、移民的历史。在越南，红河平原已经开发了很久；历史上的迁移是从北到南。因而可以清楚地看到从北到南人口密度的区别。

（3）生产分布、经济类型、经济结构的不同。

（4）服务条件、基础设施的不同。

二、移民

越南居民重新分配与生产分布和资源均衡分布相联系。

每个地区人口的比例是自然人口增长率变动的结果。过去，红河平原和南中部沿海地区是越南主张减少人口的地区，降低人口的压力，迁入的人口要少于迁出的人口。西原和东南部地区是两个主要的人口迁入的地区，尤其是在20世纪70年代后期和20世纪 80年代初期建立新经济区时期。

近30年来，越南人口分布有所变化。西原地区人口明显增加。北部东南部地区、山区和丘陵地区增加了一部分人口。红河平原、九龙江平原、北中部和南中部沿海地区减少了一部分人口。

从1984年到1989年西原地区多乐省的人口由于移民政策增加了11.6万人，同奈省的人口也由于移民政策增加了9.1万人。移民到多乐省的居民主要来自海兴（今海阳和兴安）、太平、河南宁（今河南、南定和宁平）、乂静（今乂安和河静）、平治天（今广平、广治和承天—顺化）、清化、义平（今广义和平定）和高平等省。移民到同奈省的居民主要来自河南宁（今河南、南定和宁平）、乂静（今乂安和河静）、平治天（今广平、广治和承天—顺化）、顺海（今宁顺和平顺）、高平、海兴（今海阳和兴安）、清化和义平（今广义和平定）等省。1999年人口和家庭情况的调查结果可以看到，这些省仍在大量迁入居民和外省劳动力。新居民的到来也给社会带来了新的活力，促进了社会发展，但同时也给社会带来了一些不稳定因素。

新迁入的居民主要是农民，以耕种和养殖为生，依靠土地而生存。越南是世界上人均土地面积最少的国家之一，人均只有0.1公顷，是全世界平均水平的1/4。随着新经济区的建设，越南农业土地的面积明显扩大，尤其是在东南部、西原和九龙江平原等地区。然而越南各地人均土地占有面积很不均衡。

现在各地区之间的农业移民正在逐渐减少。取代农业移民的是工业移民。工业移民区别于农业移民。工业移民需从农业生产向非农业生产转变，随之就是逐步改变居民的生活方式。城市和农村之间居民分布的改变和各城市之间居民从农业生产向非农业生产的转变都需要加强各省市的工业发展、服务行业及一些城市职能的转变。从1975年到现在，尽管各大城市增加了很多就业机会，但由于城市人口自然增长率大大低于农村地区，因此城市居民占总人口的比例没有增加。在人口总数中城市居民比例之低反映了越南工业发展的程度还很低，服务业的发展也很缓慢。

第六节　移民潮

一、历史上的几次移民潮

移民是人类社会发展进程中不可避免的，其中既有自发的移民（自由移民），也有组织移民（由国家组织）。造成移民的原因有很多，包括经济、战争、疫病等等，经济原因是最主要的。

（一）封建社会时期

在封建社会，移民与开荒紧密相关。最早的移民始于越南民族的发源地——北部丘陵地区，然后逐渐扩展到东部和南部。越南历史上第一次有组织的大型移民发生在李—陈时期，人们移民到丘陵地区和山区建立村舍，开荒垦地。主要移民是战俘和罪犯。到了黎朝，尤其是在黎朝圣宗时期，垦荒屯田的工作继续推进，主要集中在北部地区。

郑阮纷争时期（越南南北朝时期），清—乂平原遭到严重破坏，大量土地被丢荒，人们流散到各地。这时出现了一股从北部转移到顺—广地区的移民潮，主要是贫穷的农民，在当时还很荒芜的地方建立村社。越南人最早开垦同奈—嘉定地区是在16世纪末、17世纪初。

移民垦荒的工作在阮朝尤其得到重视，特别是嗣德（Tự Đức）年间。在北部，典型的是有阮公著（Nguyễn Công Trứ）领导的移民垦荒事业。他组织了多次移民，其中两次大移民在历史上都有记载。第一次是他组织士兵开荒，然后号召流散的越南人到当地定居，形成了现在广宁省的广安地区。第二次是他召集流散的农民垦荒建立了太平省的前海（Tiền Hải）、金山（Kim Sơn）两个县以及现属南定省海后（Hải Hậu）、胶水（Giao Thủy）两县管辖的一些乡村。

在九龙江平原，开荒垦田建村的工作还与戍边相结合。安江、河仙、金瓯半岛的垦荒工作很受重视。许多水渠就是当时修建的，如朱笃地区的舌话河渠（kinh Sập Thoại Hà）、永济渠（kinh Vĩnh Tế）等。这一时期在九龙江平原组织垦荒的名人有阮知芳（Nguyễn Tri Phương）、潘清简（Phan Thanh Giản）等。还有其他很多有名的组织者都被用于命名渠道。

（二）法属时期

在法属时期，多数移民潮与法国殖民者加强对越南的殖民统治相关。法属时期的越南，移民潮更加复杂、更加多样。这时期的移民既有国内移民也有国际移民，既有农业移民也有工业移民，还有城乡之间的移民。

法国侵占越南后，殖民者对越南南部地区，尤其是九龙江平原进行疯狂掠夺。法国殖民者将“南圻六省”变为其农业殖民地。在1880—1930年这50年间，在这里修建了近1 800公里的重要渠道，其中包括用于发展同塔和后江西南地区的渠道。

这个时期最大的移民潮与招募壮丁屯田相关。东南部的农民移民到后江、西南部的土地上。北圻平原（现在的南定、太平、海阳、兴安、清化、乂安）的农民到东南部地区屯田耕种。中中部和南中部的农民到西原地区垦荒屯田。由于殖民者的高压移民政策，南部的人口迅速增加。从1861年不到200万人增加到1901年的300万人，从1936年的460万人增加到1943年的560万人。在约80年的时间里，南部的人口增加了2.8倍，而当时北部人口只增加了2倍，中部增加了1.5倍。

第二类移民是招募劳动力进行各项公共工程建设，如招募工人进工厂做工，修建铁路、公路、港口等等。从19世纪末开始，法国殖民者就已经修建了西贡—美萩（1881），河内—海防（1893）的铁路。在20世纪20年代又修建了越南南北铁路。法国人在越南开发了如煤、铁、磷灰石、锌等各种矿产。其中招募劳动力最多的是东北部的矿厂。这些工厂虽然很小，但是在20世纪20年代招募了越南全国上万的工人。从20世纪30年代开始，越南逐渐形成了如河内、海防、南定、岘港、西贡等大的城市。这样就形成了与工业发展和城市形成相联系的第二类移民。

在第一类移民中，农民没有转变自己的职业，虽然有一部分从农民转向了农业工人，但绝大多数农民仍然从事耕种。在第二类移民中农民的职业发生了转变：从农业生产向工业生产或其他非农业生产转换。

法国殖民时期还产生了国际移民潮，如很多苦力被送到其他法属殖民地或直接去法国劳动。19世纪末、20世纪初的勤王运动失败后，很多义军及其家属都被迫移民到周边国家以逃避追捕、镇压，尤其以逃往泰国者为多。

（三）20世纪中后期

20世纪中后期越南的移民主要是由于军事或政治变动。这个时期的移民在成分和迁移方向上都非常复杂，对社会经济发展产生了重要影响。

在抗法时期从敌占区移民到解放区的移民在解放区形成了城镇和临时居住区，对解放区的经济发展及抗战事业做出了重大贡献。

抗美救国战争时期，1964—1972年间，为了对抗美国空军对北部地区的轰炸，各机关、工厂、学校以及城镇居民都疏散到农村地区，特别是山区。不少当时疏散到农村的部门都留在了当地，为农村经济社会发展做出了贡献。

在南北分割时期，南部由于战争的影响，移民潮主要是从农村到城市，尤其是如西贡、岘港等一些大城市。仅1965、1966、1967这3年里就有200万人移居城市。截止到1972年，有约相当于当时南方1/3人口的480万南部人从农村涌向城市。

为了与革命政权争夺民众，西贡政权在南方，尤其是在军事上的战略重点地区，加大力度集中人口建立战略村。他们毁坏村舍，迫使农民迁移。

战争结束时期也就是大移民时期。如1954年的抗法战争结束时期和1975年的抗美救国战争结束时期。

（1）1954年抗法战争结束，日内瓦协议签订，在越南恢复和平之后越南展开了一次移民大浪潮：抗法战争胜利后很多的干部、战士、工人、学生和群众从解放区、抗战区返回到了平原地区的城镇。

《日内瓦协议》签订后，越南的“集结”活动使几十万干部、战士以及革命家庭从南方集结到北方。几十万法国殖民政权工作人员、伪军、伪政权工作人员及其家属，还有很多天主教教徒被强制集结到南方。这是越南20世纪一次较大的移民浪潮，时间之短，速度之快，为历史上所罕见。

（2）1975年南方解放、国土统一后又出现了一次大的移民浪潮：南方解放后，南方大量的“难民”移居国外，主要在香港。20世纪90年代初开始，在国际社会的帮助下，越南难民开始大量从中国香港、泰国、印度尼西亚和马来西亚等地返乡。

在南方，战争结束后移民主要是战争中涌入城市的农民从城市回到农村，这使城市人口的压力大大减少。同时集中到战略村的群众也部分回到自己原来的村庄。还有几十万的干部、工人和大学生在全国统一后从北方到南方工作。

二、和平时期的移民

和平时期越南的移民主要与重新分配劳动力、转变经济结构相关。从1960年到1974年的14年间，在北部有38.4万人到山区工作，其中因调动的有18.8万人，支援偏远地区经济发展的有16.4万人（这部分人主要从事开荒和农业生产）。20世纪70年代后期至20世纪80年代，越南建设新经济区，建设农场、林场、合作社等是一次大的移民潮。新经济区几乎全都在丘陵地区、山区、边境地区、沿海地区和海岛上。

从1976年到1988年13年间共有360万人被调去建设新经济区：

表2-1　新经济区的移民规模（1976—1988）（单位：人）[①]

序号	地区	区内	区外	
			迁出	迁入
1	北部平原、山区	224 000	6 000	207 000
2	红河平原	95 000	610 000	

① ［越］阮曰盛、杜氏明德：《越南社会经济地理》，河内：教育出版社，2003年，第75页。

续表

序号	地区	区内	区外	
			迁出	迁入
3	中部北区	362 000	231 000	
4	中部沿海地区	329 000	210 000	34 000
5	西原地区	231 000	400	616 000
6	东南部	595 000	200 000	163 000
7	九龙江平原	507 000		237 000
	总计	2 343 000	1 257 400	1 257 000

迁出人口规模较大的地区主要有红河平原、中部北区和中部南区沿海地区。迁入人口较多的是西原地区、东南部地区、九龙江平原、北部山区和丘陵地区。红河平原和中部北区只有人口迁出而没有迁入。相反，九龙江平原只有人口迁入而没有迁出。与跨区域移民相比，距离近的同地区内的移民比例较大。

表2-2　1976—1990年移居新经济区的人数（单位：千人）[①]

	1976—1980		1981—1985		1986—1990	
	数量	%	数量	%	数量	%
总数	1 547	100	1 260	100	1 100	100
区内	852	54	840	66	930	84.5
区外	695	46	420	34	170	15.5
南南	294		83		336	
北南	206		323		1 261	
北北	195		14		17	

北部山区和丘陵地区到了20世纪80年代初还是人口迁入地区，20世纪80年代中期以后则迁出多于迁入。此外，西原和东南部地区也是大量居民迁入的地区。

红河平原是越南迁出居民最多的地方。从红河平原迁出的居民在历史上是从北往南迁移，现在则主要是移民到西原和东南部地区。1994到1999年间有15万多人从红河平原移民到东南部地区，其中8万多人移民到东南部各城市。另一方面应该看到的是，红河平原是经济发达地区，又有首都河内市，而且集中了许多

① ［越］阮曰盛、杜氏明德:《越南社会经济地理》，河内：教育出版社，2003年，第76页。

大型工业，因而吸引了越南国内其他地方的许多居民和劳动力。

中部北区是越南迁出居民第二多的地方，主要也是移民到西原和东南部地区。从1994年到1999年，约有14.6万人从中部北区移民到东南部。

表2-3　区外移民人数（单位：千人）[①]

区域	1984—1989		1994—1999	
	迁入	迁出	迁入	迁出
北部丘陵和山区	91	194	77	154
红河平原	148	320	131	324
中部北区	73	218	40	310
中部沿海地区	67	126	81	176
西原地区	316	32	316	61
东南部	315	66	666	103
九龙江平原	48	103	56	236

中部南区沿海地区的移民情况比较均衡，主要移民到西原和东南部地区。从1984年到1999年，西原地区是越南吸收移民最多的地区之一，约迁入31.62万人。移民到西原地区的居民主要种植经济作物，尤其是咖啡。

东南部多年来一直是吸收移民最多的地区。70%以上的外地移民主要移民到了东南部的各大城市，使东南部城市人口迅速增加。

九龙江平原在人口变动上是最小的（该地区占总移民比例最小），但从九龙江平原迁出人口正在快速增长，主要是移民到东南部。

从农村到城市的移民主要是工业化的影响。建立工业城市、成立集中的工业区、建立大型工业工程以及加快城市化都要吸收大量人口到城市，集中更多的劳动能手和科技工作人员到大城市。

越南在革新的过程中，移民自由进入城市成为一个棘手的问题，因为这威胁到了城市的环境和城市管理。根据越南劳动、伤残和社会保障部的“1996年工作调查结果”显示，在1996年12个月内，从农村自由进入到城市找工作的劳动力占了农村劳动力的7.14%，因为农村剩余劳动力比例很高，农民收入过低。

① ［越］阮曰盛、杜氏明德：《越南社会经济地理》，河内：教育出版社，2003年，第77页。

红河平原是移民自由涌向城市最多的，占农村劳动力的12.94%，其次是中部北区占8.43%。移民主要涌向了如河内、胡志明市等大城市。想要减少涌向城市的移民，使城市人口增长与工业化进程相符，就必须加强城市经济基础、完善城市基础设施，从长远看，主要就是减少农村贫困的现象、缩小农村与城市的差别，使农村城市化、工业化、现代化。

这些移民潮造成越南国内很大的社会骚动，给经济社会发展产生了多方面、多样化且持久的影响。

第七节　劳动力资源及其使用状况

一、劳动力资源

人是最宝贵的财富。劳动力是一个国家最宝贵的资源之一。越南有丰富的劳动力资源，这是经济社会发展的重要潜力。劳动力包括那些处于劳动年龄内（在越南规定，男性劳动年龄为16岁到60岁，女性劳动年龄为16岁到55岁）、有能力劳动、有劳动义务的人，还有那些超过劳动年龄但仍然参加劳动的人（分别称为低龄劳动力和超龄劳动力），但不包括军人和在校学生。

经济活动人数（又称为劳动力量）包括：有工作的人和没有工作（失业）但正在找工作的人。非经济活动人数包括：15岁以上的在校学生、家庭妇女、失去劳动能力的人（由于身体条件而不能工作养活自己的人）、有劳动力但不想工作的人以及退休人员。

越南的劳动力在1990年为3 290万，1999年为4 100万。劳动力增加的速度高于人口增长率。1960—1975年增长3.2%；1975—1980年增长3.37%；1985—1990年增长3.55%；现在约每年增长2.5%。越南平均每年增加约110万劳动力。

越南的劳动力尽管主要仍是手工劳动者，但与人均收入跟越南相当的国家相比，越南的劳动力在文化和技术程度上都要高一点。同时，工资低也是吸引外国投资的一大优势。

2006年，越南全国人口总数约8 411万人，年均增长1.2%～1.3%，其中男性4 133万人，占49.1%，女性4 278万人，占50.9%；城镇人口2 282万人，占人口总数的27.1%，农村人口6 129万人，占人口总数的72.9%。全国15岁以上劳动力约4 344万人，其中农林渔业2 419万人，占55.7%，工业和建筑业829万人，占19.08%，服务业1 096万人，占25.22%。城镇失业率4.4%，其中男性失业率4.8%，女性失业率3.9%。

2006年，国内生产总值（GDP）573亿美元，同比增长8.17%，人均GDP约681美元，较前明显增加，但老百姓收入水平仍较低。据越方统计，全国人均月收入65万盾（折合约40.6美元），其中城镇居民人均月收入98.1万盾（折合约61.3美元），农村居民人均月收入54.4万盾（折合约34美元）。企业员工收入相对较高，河内市国内企业员工人均月收入138.5万盾（折合约86.5美元），外资企业员工人均月收入282.8万盾（折合约176.7美元）；胡志明市国内企业员工人均月收入186.3万盾（折合约116.4美元），外资企业员工人均月收入426.6万盾（折合约266.6美元），其他省市企业员工收入相对较少。老百姓收入水平低，国内购买力有限，不利于越南经济的稳定发展。

掌握专业技术的劳动力非常宝贵，但这支队伍在越南还十分薄弱。掌握高技术的劳动力队伍则更小。全国有86.1%的劳动力没有掌握专业技术，只有13.9%的劳动力掌握专业技术，其中中专文化程度的劳动力占10.4%，专科、大学或大学以上文化水平的劳动力占3.5%。但是专业技术人才的分布在城市和农村的差距非常之大。

如果劳动力每年增加3%，那么社会生产每年必须增加7%～8%才能完全吸纳这些增加的劳动力。在生产发展缓慢，粮食、食品和消费品供应不足、劳动者的生活条件改善缓慢、失业人数上涨的情况下，越南劳动力迅速增长，给越南社会经济的发展带来巨大压力。

2009年越南城市有4.66%的人待业。农村剩余劳动力比例更高。越南全国2009年共创造151万个就业机会。其中，国内就业机会及赴国外就业机会分别为143.7万个和7.3万个。

二、劳动力的使用

越南劳动力总量约为4 340万，城市劳动力为1 050万，农村劳动力为3 290万。其中农、林、渔业仍然是吸收劳动力最多的地方（占社会总劳动力的74%）。工业和建筑业吸收了13%的劳动力，与从事服务业（交通运输、邮电、商贸以及不生产物质资料的其他服务业）的劳动力相当。经济结构调整造成了在各行业劳动力分布趋势的不稳定性。随着革新开放的深入，越南社会劳动力的使用也在逐渐改变，但劳动力分布的转变还是非常之慢。手工劳动仍然很普遍，劳动效率偏低。

1989年是经济革新路上的一座里程碑。多样化所有制形式和生产组织形式对形成、存在和发展多种成分经济创造了必要条件。国营经济中的劳动力比重降低，转移到了私营、集体经济中去。各种经济成分中劳动力的转移在工业、商业和物资供应领域尤其突出。在农业领域，将土地长期使用权交给了农民，实行土地承包到户，家庭经济占据了更重要的地位，出现了生产经营农产品的庄园。这些转变使农村劳动力再次分工，同时也给越南农村带来了深远的影响。

经济区除国营企业吸收了绝大部分的农林业的劳动力外，工业、建筑业和服务业也开始日益吸收更多的劳动力。

0.7%的劳动力在混合经济成分中工作，88.6%在非国营企业工作，10.1%在国营企业工作，0.5%在国外工作。

越南城市劳动力占23.2%，农村劳动力占72.8%。在文化程度上：31.9%达到初中文化水平，17.1%达到高中文化水平，小学未毕业以及文盲占22.1%。红河平原是达到初、高中文化水平的劳动力比例最高的地区（73.5%），九龙江平原则是劳动力小学未毕业和文盲比例最高的地区（41%）。

尽管劳动力充足，但越南的劳动力素质偏低。劳动力素质可以通过劳动力教育水平与培训水平反映出来，越南未接受学校教育与学前教育的劳动力分别为780万和750万。其中，未接受学校教育与学前教育的劳动力大都为女性，农村低教育水平劳动力的比例比城市高得多，而非熟练工在农村与城市的劳动力总数中占的比例都很大。

三、就业

就业问题是越南社会经济发展中一个迫切需要解决的问题，尤其是在大城市。越南全国失业率达7.4%，失业人口中大部分是30岁以下的青年人。失业率最高的都是在大城市，这个比例在不同地区区别很大。在东南部，胡志明市的失业率是最高的。近几年，就业问题发生了很大变化。由于农业的季节性特点和农村商业发展的局限性，农村剩余劳动力问题十分突出。全国农村剩余劳动力为46.4%，这个比例在中部北区和红河平原还要更高些。而女性劳动力和无专业技术劳动力的使用问题更是突出。

第八节 居住形式

一、概况

居民居住点的分布取决于天然条件和自然资源（水源、土地资源、水产等）的分布，以及经济社会条件、基础设施结构和各民族的居住习惯。

居民点是居民组织居住空间、生产空间以及交际空间的地方。居民点可以分成两类：城市居民点和农村居民点。城市居民点主要与居民的非农业生产活动（工业、服务业）相联系，人数集中密度高、规模大。农村的居民点自然与农业相结合，人口密度较低，人口规模也较小。由于规划特点的不同，城市和农村的居民点区别非常明显。

在越南，随着生产力的发展，以及历史的推进，人们的居住形式在不断改变、转化、发展。这一点在各地区农村群居模式的改变、城市的发展以及更大范围乃至全国范围内居民点的形成与发展上有很明显的体现，逐步形成了统一的群居体系。

二、农村居住模式

由于自然环境和资源的差异，以及居民主要经济活动、民族文化特点、历史、城市化影响的不同，各地的农村群居形式都不一样，具有自己的特色。为了便于分析比较，可以将越南农村的群居模式分成山区、丘陵地区、高原地区的居民点和平原、沿海地区的居民点两类。

（一）山区、丘陵地区和高原的农村居民点

在越南，山区的农村居民点根据民族的不同有不同的称谓，如bản、làng、buôn、plây等，我们叫做村，或自然村。这些居民点都比较小，相对分散，只有少数居住在海拔较低的山坡上的民族才形成几十户人家比较集中的村庄。山区的居民点一般分布在靠近水源的背风小盆地上，便于开荒种植和养殖。由于地形条件（很少平坦之地可以建村庄）以及农业用地的限制，大部分村庄小且分散。居民以从事农业为主，同时少量种植林木、开发林产品。只有少数靠近交通枢纽的

村庄，为了便于商品交流，才形成地方集市及商品交换中心。在自给自足的农业经济条件下，商品数量少，因此集市不仅是商品交换中心，还是各村庄青年男女进行文化生活和交流的地方。比如沙巴(Sa Pa)就以情市(chợ tình)而闻名。

村社的形成因民族的不同而有着自身的特色。同样是居住在低矮山上的居民，芒族人和傣族人居住的是高脚屋，但是傣族人和芒族人的高脚楼在布置上是不一样的。傣族人和侬族人也住在传统的高脚屋里，但在许多地方尤其是沿海地区，他们通常住土质平房。

在山的中高部地区居住的民族常住平房，也有少数民族住的是高脚屋。瑶族和赫蒙(苗)族住木质结构的平房，房顶用茅草覆盖。但现在传统的高脚屋日益减少。在很多地方，高脚屋都被砖瓦结构的平房代替。

在西原地区巴拿人、嘉莱人、色登人等的村社大部分都有公共活动房。公共活动房相当于平原地区越族人的乡亭。公共活动房象征着村社的力量和繁荣，因此其建设非常严谨认真。公共活动房高15～20米，长达五间房。公共活动房是供拜祖先、组织祭礼、活动、会议、老人商量决定村社重大事情、接待客人和未婚青年(民兵力量)集中以保卫村舍的地方。

在莫侬族、埃地族、麻族、达维族等民族中还保留有长屋。有的村子全村就是一整座长房。莫侬族的长房通常是平房，长20到30米，有的达到40米。麻族人的传统房屋是长高脚屋。在20世纪初有的房子长达百米。现在的长房一般长20米到30米。埃地族的长房从几十米到上百米，是大家庭几代人一起居住的地方。近几十年来随着社会经济的转变，大家庭逐渐解散，长房被小的房子取代。

在山区、丘陵地区和高原地区，随着农场、林场的建立，出现了许多新的居民点：如工人村、农场镇等等。

(二)平原、沿海的农村居民点

平原、沿海地区的村社居住的大部分是越族人，他们的生产活动是种植水稻，同时少量从事其他经济活动如畜牧养殖、出海捕渔、从事小手工业或小买卖等。

在红河平原，村庄一般建在低洼处，有些大的村子有几千人口，有时整个乡就是一个大的居民点。村庄的分布很大程度上取决于地形条件。村庄所在的位置一般相对周围要高，尤其是在红河平原，这里有很多凹地，在20世纪中期还常常被水淹。

红河平原的村庄青竹环绕、榕树挺立、井水清澈，令人陶醉。在新的冲积平原和低洼地带大村附近一般会有几户人家组成的小村子，由于人口增加而逐渐跨越出青竹环绕的范围。在新的冲积平原和低洼地带，村子小，居住分散，居住密度也十分低。居住在这的人们挖渠排水，修建房屋，耕种田园。人们沿着大大小小的池塘、凹地修筑小路通往各家各户。

红河、太平河等沿岸有天然的高地。大的村子一般分布在这些河的两岸，房子周围绿树环绕。在河堤旁、河流之间有大的村子沿河岸一字排开。各村都有羊肠小道通向河流。这些村子不种植水稻，而是种植花草、短期经济作物、果树，并从事渔业生产，尤其是捕捞小鱼。

沿海的各县的沙滩上（如前海、太平地区）有许多典型的居民，记载了这里沧海桑田的历史变迁。

主要生产活动的不同使各个村庄的“生产方式”也有所不同，有种水稻的村子、种青菜的村子、种花草的村子；传统小手工业村子、农副业村等。河内、海防等大城市市郊的农村开始城市化，逐渐成为城市的一部分。一些农村开始发展旅游业。

在九龙江平原，在适应和开发冲积平原的过程中，人们不是修堤而是挖渠避开汛期进行农业生产。在汛期，路上交通被中断，水上交通几乎成为唯一的通道，村庄常常依渠道两岸而建，一面挨着渠，一面向着路。但是人文生态不同的地区，居住方式也有所区别。在东部沿海地区，从隆安到朔庄，人们在冲积土的高处建房，道路从村中穿过，在低处种稻和杂粮。

前江、后江两岸的淡水冲积区人居稠密，形成了许多区域大城市。这里的农村以种植花草、水稻和养殖水产为生。而江中的小岛群土地肥沃，生产方式也多种多样。

在同塔地区的酸碱土地带，居民区沿渠而建。在汛期，建在沙丘上的渔村就像一个个绿树环绕的小岛。

在龙川地区，雨季洪水泛滥，常常发生水灾。旱季则又常发生旱灾。各家各户的房子都是独立而建，位置分散。近年来，得益于水利工程的修建，这个地区除了大量出产鱼虾之外，是越南著名的粮仓。

由于基础设施的大量修建，道路交通日渐便利，防洪河堤得到加固，九龙江平原的农村正发生着巨大的变化，出现了许多新的居民区。

沿海有许多渔村。这些渔村村民没有土地，以打鱼为生。渔村通常不大，建立在适宜停靠船只的地方。在有些小岛上，随着季风的不同，停船的位置也跟随之改变。因此，渔村的位置也跟着发生变化。在大河沿岸，尤其是在承天—顺化地区，有很多水上渔村，船即是全部：是一个家庭居住、生产劳动的地方，是家庭的所有财产。

越南农村的房子从北到南有一些共同的特点。房子一般是3到5间，中间的房子供奉祖先，厢房是生产劳作的地方。正房和厢房成曲尺状，正房前有庭院。在南部，正房和厢房则成丁字状，门朝同一个方向。总的说来，尽管各地农村房子为了适应环境、气候条件、生产习惯等出现了很多种变体，但仍然保持着同样的主体结构。

三、城市居住模式

（一）越南城市化特点

根据历史学和考古学资料，越南现存最早的古代城市是古螺城（Cổ Loa），即传说中公元前3世纪瓯雒国（Âu Lạc）的京城，在今河内市东英县境内。

在10世纪以前，越南已经形成了如宋平（Tống Bình）（今河内龙编）、来场（Lạch Trường）（今清化）等城市和昭港（Chiêu Cảng）（今会安）等一些与外国通商的港口城市。

在封建自主时期，越南京都几经搬迁。但即使是升龙、东都等在当时最大的城市，一直到18、19世纪，仍然只是带有大集市性质的城市，很多村子穿插其中，分成县、寨、村、坊。各城市、驿站不断形成，献街、云屯、会安等当时十分兴盛的港口城市，也只是昙花一现。越南封建朝代的“重农抑商”和闭关锁国政策以及小农经济性质无法为城市的发展创造条件。政治—行政中心职能压过了经济中心职能。那些以商业、手工业为生的农村最终也无法发展成为城市。

在法属时期，法国殖民者实行“分而治之”政策，建立了很多小规模的省、县，城市遍布全国，但是由于没有经济活动的推动，发展很慢。殖民地工业规模小，主要是矿产开发、粮食食品加工、机械修理等等。直到20世纪30年代才形成了如河内、海防、南定、西贡、岘港等一些中型城市。当时的城市化程度还很低，但每个城市都有较合理的规划，修建了一些既有艺术价值又有技术价值的法式风格建筑，如河内的大剧院、主席府，西贡的圣母教堂，顺化、海防、岘港、芽庄、头顿、白马、涂山、大叻、沙巴等地的休闲胜地。

从1945年的八月革命成功到现在，越南的城市化过程复杂而缓慢。南北分割时期，北方和南方的城市化进程在速度和发展方向上都有很大的不同。在北方，20世纪60年代的社会主义工业化改革推进了城市化进程。一些重要的工业区（河内、海防、南定、越池、太原）吸引了大批居民和劳动力，形成了很多城镇。但是连年的战争严重破坏了经济建设和人民生活；工业企业和城市人口向农村的转移使城市化的进程减慢。到1976年，城市人口只占全国人口的11.6%。

1975年以前，越南南方城市化得到了很大发展。在西贡、边和、岘港等大城市，由于农村人口大量涌向城市，再加上服务业、轻工业基础设施的发展以及美军及其雇佣军的进驻，在1965—1975年的10年里越南南方城市人口增加很快。南方解放以后，由于很多人从城市回到农村或者移民到新经济区，城市人口迅速减少。

越南现在城市化的程度还较低，城镇人口只占全国人口总数的23.5%。

越南的城市分布较为均匀，但大部分都是中小城市。这些城市为经济社会的发展作出了积极的贡献，是各县、省，甚至全国的发展中心。

但城市化进程在各地区发展不均衡。山区和高原地区的城市化进程存在很大困难。全国城市分布最密集的红河平原，大部分都只是小城镇，城市人口比例还很低。东南部地区有全国城镇人口比例最高的胡志明市。九龙江平原主要是一些小型乡镇。唯一的大城市就是芹苴（现为中央直辖市）。中部沿海地区有很多城镇，其中岘港是大城市（中央直辖市），顺化则是古都。

（二）越南的城市体系

越南城市分成四个等级，其划分标准是：城市的人口规模；城市人口密度；非农业人口的比例；城市基础设施和技术设施水平。其他标志是：行政管理级别，城市的影响力等。

现在越南全国有2个城市属于第一类，8个城市属于第二类，11个城市属于第三类，65个城市属于第四类，537个城市属于第五类。如果按照管理级别来分，全国有5个中央直辖市、82个省属城市、537个镇。

根据越南建设部的《至2020年越南城市总体规划》规定，全国城市系统主要分成以下五类：

国家级城市：主要是第一类的城市，直属中央管辖，是全国的主导增长动力，推动着全国的经济社会发展的经济结构调整。这些城市是：首都河内、胡志明市、海防市、岘港市和芹苴市。

地区中心城市：主要是第二类城市和部分第三类城市，具有重要的地理位置，对周边大范围内的城市起着巨大的拉动作用。既是国家级中心城市也是省级中心城市，包括边和市、头顿市、芽庄市、荣市、南定市、太原市、越池市、下龙市、和平市。

省级重要城市(省会)。此外，各省还有一些规模适中的城镇，是省级重要中心城市。

各县级中心城市。各县的一些以工业、农业、服务业为主的城镇，或者卫星城镇，推进农村城镇化，促进城市规模的发展。

新兴城镇和工业区。

第三章　农业地理

农业属于第一产业。农业是通过培育动植物生产食品及工业原料的产业。农业的劳动对象是有生命的动植物，获得的产品是动植物本身。我们把利用动植物等生物的生长发育规律，通过人工培育来获得产品的各部门，统称为农业。农业是支撑国民经济建设与发展的基础产品。

农业是人们利用动植物的生理机能，把自然界的物质和能转化为人类需要的产品的生产部门。现阶段的农业分为植物栽培和动物饲养两大类。土地是农业中不可替代的最基本生产资料，劳动对象主要是有生命的动植物，生产时间与劳动时间不一致，受自然条件影响大，有明显的区域性和季节性。农业生产周期长，资金周转慢；产品大多具有鲜活性，不便运输和储藏，单位产品的价值较低。农业是人类衣食之源、生存之本，是一切生产的首要条件。它为国民经济其他部门提供粮食、副食品、工业原料、资金和出口物资。农村又是工业品的最大市场和劳动力的来源。

由于各国的国情不同，农业包括的范围也不同。狭义的农业仅指种植业或农作物栽培业；广义的农业包括种植业、林业、畜牧业、副业和渔业。根据生产力的性质和状况，农业可分为原始农业、古代农业、近代农业和现代农业；近代农业指手工工具和畜力农具向机械化农具转变、由劳动者直接经验向近代科学技术转变、由自给自足的生产向商品化生产转变的农业；现代农业指广泛应用现代科学技术、现代工业提供的生产资料和现代生产管理方法的社会化农业。农业是人类社会赖以生存的基本生活资料的来源，是社会分工和国民经济其他部门成为独立的生产部门的前提和进一步发展的基础，也是一切非生产部门存在和发展的基础。国民经济其他部门发展的规模和速度，都要受到农业生产力发展水平和农业劳动生产率高低的制约。

第一节　农业发展的源动力

一、自然资源

（一）土地

耕地是农林业生产中的主要生产资料。农业用地有三个指标：坡度、厚层和土地的营养比例。

土地坡度在25°以下的可以用做农业用地，25°以上的适宜发展林业。坡度具体的标准如下：0～3°种植一年生林木，部分一年生林木可以种植在坡度3°～8°的地方；在8°～25°的地区可种植多年生林木。

耕地指种植农作物的土地，包括熟地，新开发、复垦、整理地，休闲地（含轮歇地、轮作地）；以种植农作物（含蔬菜）为主，间有零星果树、桑树或其他树木的土地；平均每年能保证收获一季的已垦滩地和海涂。

耕地中又分出灌溉水田、水浇地、旱地3个二级地类。

水田指用于种植水稻、莲藕等水生农作物的耕地。包括实行水生、旱生农作物轮种的耕地。

水浇地指有水源保证和灌溉设施，在一般年景能正常灌溉，种植旱生农作物的耕地。包括种植蔬菜等的非工厂化的大棚用地。

旱地指无灌溉设施，主要靠天然降水种植旱生农作物的耕地，包括没有灌溉设施，仅靠引洪淤灌的耕地。

农业用地要求土层厚度上在30厘米以上，还要有必须的营养物质使农作物生长。越南的人均拥有农业土地面积在世界上排名是倒数的。越南土地面积居世界第58位，人均0.6公顷，居世界第159位[①]。另一方面，在工业化的过程中，不可避免要将一些农业用地，包括一些城市郊区交通便利且十分肥沃的农业用地转为其他使用目的。

近年来，由于种植经济作物有较高的经济效益，因此农业用地面积在西原、东南部和中部南区沿海地区不断扩大。各地区的农业用地的结构也发生了很大的

① 刘稚、沈静芳、孔建勋、毛朝忠：《当代越南经济》，昆明：云南大学出版社，2000年，第8页。

变化。

现在越南全国自然用地面积3 290万公顷，其中农业用地2 482万公顷、非农业用地323万公顷，其余为未利用土地。越南是传统的农业国，农业种植以水稻为主。全国水稻面积732万公顷，其中杂交稻面积约60万公顷。北部的红河三角洲平原和南部的九龙江平原是主要粮食产区。1989年，越南摆脱粮食依赖进口的局面，实现自给并首次出口大米，当年出口量140万吨。1999年，越南大米年出口量增至460万吨，成为世界第二大米出口国并延续至今。

（二）气候

越南是热带季风气候，炎热潮湿。这个特点决定了越南的农业是热带农业，越南各地一年中可以种植好几季，常采用套种方式耕种，作物连茬。但是，由于旱季、雨季区分明显，全年的湿度分布不均，对开发热能资源具有很大影响。因此，越南水利工程在调整分配湿度、增加开发气候资源的效果上占据首要位置。

从北到南，从东到西，季节性气候和气候时节在空间上的分化，再加上地形的影响要求不同的农业生态区需要有不同的种植结构和合适的品种。种植品种的改变，新品种的引进使种植结构发生变化，一方面适应社会对农产品的需求，一方面又能避免自然灾害。

对于越南的农业来说，气候上的不利之处主要在于：自然灾害时常来犯，时而洪灾，时而旱灾，有的地区被洪水包围，而另外的地区又严重缺水；其次是虫灾。这些都造成了热带农业的一系列的不稳定性，这就要求应该要有有效的方法和适当的投资以减少自然灾害的影响。

（三）水资源

水对农业发展是最主要的。农业对水的需求量占全国水需求量的92%。越南的水资源非常丰富，包括地表水和地下水。

越南拥有纵横交错的江河流域，有16条江河，流域的宽度达2 000平方公里，其中有10条大河的流域面积达10 000平方公里，最大的是红河—太平江流域和湄公河流域。越南长度在10公里以上的河流有2 360条。在各流域修建了不少的综合水利系统。到目前为止，越南全国共有140个用于蓄水的大、中型湖泊或水库，调节雨季和旱季水资源分配，服务民生、服务生产和保护环境。但问题是由于季节差别太大，旱季流量太小，冬春季节缺水的情况仍会使许多江河断水。

地下水对农业发展也至关重要，但是对农民来说取用地下水来浇灌还十分困难，因而只有15%的地下水得到了开发。在西原和东南部地区已经实现了对部分经济作物用地下水进行灌溉。

旱季，海水侵入沿海地区的现象对水利工程和农村生活有着重大影响。这个问题在九龙江平原尤其严重。旱季大的水潮使沿海地区被海水浸泡的土地纵深达70公里。人们预测，如果没有很好的解决办法，碱化的土地将从现在的170万公顷增加到220万公顷。

二、经济社会资源

（一）市场

随着越南国内市场的增长和国外市场的扩大，加上越南人口多且增长很快，越南的经济正在快速发展。人民的购买力不断上升，非工业领域也增加得非常快，城市化进程不断推进。因此国内市场的发展已经成为推动农业发展的一大源泉。在跨越粮食关口，保证了全国的粮食安全后，农业正日益适应着市场的高要求和多样化。

在革新开放、面向出口的经济模式下，越南的农产品在主要出口产品中有着重要地位。一些农产品已经打入美国、西欧和日本市场。这对农业专业化的发展有着巨大的影响。

（二）农村居民和农村劳动力

现在越南仍有77%的农村人口，有63%的社会劳动力从事农业生产。在将来，随着经济结构向工业化的方向调整，农村人口比例和农业劳动力将大大减少。

越南的农民与土地是紧密相连的。他们很清楚各地区的农业生态条件，在应对热带季风气候的不利条件上有着丰富的经验。当生产优惠政策出台时，农村的生产力得到了解放，农民就会发挥自身的能力和创造性。但是为了发展生产，越南的农民还需要许多其他条件，比如农业生产优惠工作、农村信贷、农产品保护政策、农民与基础设施和农产品出口的关系等等。

（三）农村基础设施和农产品加工业

粮食、食品加工业仍然处于越南工业生产总值的领先地位。但农产品加工业活动效率低和技术水平限制对农业原材料的生产有不利的影响。

尽管农村的基础设施还很匮乏并且质量水平较低，但已经为农村的经济发展创造了必要条件。几乎所有的乡镇依靠农村交通网络都可以通过路上交通相互联系；各县的国道将全国的经济区、山区和平原、农村和中心城市联系在一起。农村电气化的发展对逐步缩小农村和城市之间的差距，向农村推广新技术、解放农村劳动力和实现农村工业化方面都有重要的意义。

越南全国有20 644个大、小水利工程，其中有20 502个农业水利工程，650万公顷水稻种植面积中的540万公顷水稻田实现了水利化，阻隔海水浸地70万公顷、抗洪涝200万公顷，还有约110万公顷的水稻没有水利工程保障。排灌工程的数量已经并且正在快速增加。加快水利工程检查、淤泥排解和洪水防护的基础工程等工作正在不断继续展开。

第二节　种植业

过去的几十年里，越南的种植业正逐步转变为具有独耕性质的自给自足发展模式，种植结构和产值结构出现了一些重要变化，粮食产业的比重减少而经济作物的比重在增加。

在种植业的产值结构中，粮食产品的比重从66%降到61%，而经济作物的比重从15%上升到24%。青菜、豆类作物比重改变不大。

一、粮食作物

越南人口多，人均粮食少，粮食产量不稳定，自然灾害频繁。因此在越南，粮食安全问题具有重要的战略意义。革新开放以来，越南政府不断调整粮食政策，农民种粮积极性大大提高。

20年间越南的水稻产量就从1980年的1 440万吨增长到1999年的3 420万吨。一方面是由于水稻面积产量增加，另一方面是由于水稻种植面积的扩大(从1980年的560万公顷到1999年的7 653万公顷)。人均粮食产量也在不断增长，1999年达到了每人432.7公斤，其中仅仅水稻产量就达到人均410公斤。杂粮的面积多年来一直保持在120万公顷左右，杂粮产量只占全部粮食产量的10%。

2008年，越南粮食总产量达4 316万吨。其中，稻谷全年种植面积达740万公顷，比2007年增加20万公顷；稻谷产量达到有史以来产量最高3 863万吨，比2007年增加270万吨。夏秋季稻谷产量达1 080万吨，主要产区为九龙江平原，比2007年增加133万吨。由于国际市场大米价格较高，农民种粮积极性大大提高。

2008年秋冬季水稻种植面积达47万公顷。同时为了能卖好价钱，越南农民开始重视种植优质稻。2008—2009年冬春稻，九龙江平原农民用70%～80%大规模的面积种植优质稻谷和优质香稻。

2009年，全年稻谷产量达3 930万吨，是历史上产量最高的一年，比2008年增加了67万吨。玉米种植面积继续扩大，产量比2008年增长40万吨。

（一）水稻

越南是水稻的发源地。越南共有水稻品种1 500种。主要有以下3类水稻：

（1）糯米，包括水田种植和旱地种植两种，主要种植在山区的盆地，有人称其为泰—岱依水稻。

（2）南部平原种植的粳米，有人称之为越—高棉水稻。

（3）北部平原深耕种植的糯米、粳米，有人称其为越族水稻。

水稻在水量充足和湿度相对大的地方生长得很好。最适宜的是温度25℃～32℃，空气湿度在80%以上的地区。水稻在越南全国各个地都可以种植。

根据气候条件、水利设施和水稻生长期，在越南已经形成3个主要的农务生产时段，即冬春季、夏秋季和晚季。农务季节已经发生了很大变化。冬春水稻的面积在不断扩大，目前已达到300万公顷。夏秋季种植茶叶，上千公顷的晚稻转向夏秋，尤其是在九龙江平原。全年水稻单位面积产量连年增高，每季产量超过每公顷42公担，尤其是冬春和夏秋两级的产量高且稳定。

越南两个主要的重点水稻种植地区是九龙江平原和红河平原。九龙江平原占据了湄公河冲积平原的最大一部分，平均海拔3～5米，每年还有上亿吨冲积土，土地十分肥沃。这些冲积平原的生态条件丰富多样。前江、后江和其他灌溉水源区之间及其周边的淡水冲积区多年来一直种植两季水稻。而其他大部分地区的稻田，尤其是金瓯半岛上全靠雨水灌溉，每年只能种植一季水稻。那些被咸水侵入的土地，水利工程难以实施的地区，水稻的单位面积产量就比较低。近几年来，由于在同塔、龙川、后江省西部地区和金瓯半岛加大了水利工程的建设力度，改造了盐碱土，水稻的单位面积产量大大提高。人均水稻产量已经达到1 020公斤，建江省人均近1 500公斤，朔庄省人均1 364公斤，隆安、同塔和薄辽都是人均1 200公斤。

目前，九龙江平原的粮食生产开始与稻田耕作系统发展同步推进，以达到农业多样化和有效使用农业资源的目的。面向出口的水稻生产要求尽快解决品种和加工方面的问题。发展大规模的商品水稻要求有相应的农产品保护政策、及时收购以保障农民的利益、促进农业发展的活动和其他社会经济政策。

红河平原面积为九龙江平原的1/3，是由红河和太平河的淤沙冲积而成的肥沃而广阔的平原，千年来不断开发，修建了许多的防洪堤坝。目前，基本的农业用地已经水利化。

作为粮食生产重点地区，红河平原只占越南全国面积的15.8%，全国粮食产量的20.2%。作为全国人口最多的平原，红河平原的人均粮食产量排在九龙江平原之后，位居第二。红河平原现在已经形成了一些高质量的商品水稻生产地区，满足了大城市的粮食供应和对外出口的需求。

除了上述两大重点粮食产区，其他地区的粮食生产能够满足当地的需求，为推进社会经济的稳定发展，发挥每个地区的优势提供了粮食保障。

在中部北区和中部南区的沿海各省，平原很小而且不连贯，如清—乂—静平原、马江（sông Mã）、朱江（sông Chu）、大河（sông Cả）流域），秋盆（sông Thu Bồn）、茶曲（Trà Khúc）、茶蓬（Trà Bồng）、卫河（sông Vệ）以及沱瀼（Đà Rằng）等河流的冲积平原。但粮食生产可以满足当地人民的生活需求。

在山区、丘陵地区和高原地区的省份，人们造梯田种植水稻。著名的梯田水稻种植地区有西北部地区的孟清（Mường Thanh）、孟泸（Mường Lò），东北部地区的和安（Hòa An）、禄平（Lộc Bình）、大慈（Đại Từ）、广安（Quảng Yên），西原地区的昆嵩（Kon Tum）、达威（Đắc Uy）、安溪（An Khê）、奔哲（Buôn Triết）、克容布（Krông Pách）等。在这里，人们修建水渠灌溉稻田。

在东南部地区，由于旱季时水资源持续匮乏，水利工程优先保障经济作物。粮食作物的面积不大。但是由于靠近九龙江平原，该地区粮食问题很容易解决。

（二）杂粮

越南有许多杂粮种类，最普遍的是玉米、红薯和木薯。此外不同地区还有其他不同的杂粮品种。杂粮主要种植在土质松软，土地的湿度在60%～70%的地方。由于生长期短，可以与别的作物套种。以前杂粮是人们口粮的重要组成部分，现在主要用于畜牧业。

玉米是越南种植最多的杂粮，种植面积达73万公顷，产量达200多万吨。玉米在一年中的冬春、春、夏秋、冬各季都可以种植。玉米喜欢炎热潮湿、雨量适宜的天气。在越南，农业科技研究者根据不同地区的地质、气候特点研制了不同的玉米品种。但是越南玉米的单位面积产量只有世界平均产量的2/3，与发达国家相差很远。因此产量高的杂交玉米品种正在各省大范围推广，尤其是红河平原、九龙江平原、东南部和西原地区。这些省玉米的单位面积产量是每公顷40公担。

玉米一般在江边和高原地区实行专耕，此外还可以在稻子和经济作物中套种。山区和北部丘陵地区玉米种植的面积是最大的，占全国玉米种植面积的43%，河江、高平、山萝、莱洲等地区的玉米都是在高原磷灰石上的土层上种植，富寿、北江等地则主要在河边和高地上种植。另外，红河平原、九龙江平原、东南部、北中部和南中部沿海地区的江边和淤沙地上也种植有大量玉米。

红薯是短期作物，喜欢炎热潮湿的气候，要求充足的阳光，对土质没有特别要求，比较适宜在沙土上种植。红薯在各省都有种植，最多的是在红河平原和清—乂—静平原。

木薯是抗旱作物，对土质要求不高，只要是松软干燥的土质都可以种植。木薯的生长期将近一年，一般无法与其他作物轮种。木薯的单位面积产量约是每公顷90公担。

20世纪70年代末80年代初，为了解决当时的粮食问题，木薯在山区、北部和西原丘陵地区广泛种植。但由于在斜坡地上种植木薯容易使土地遭侵蚀，经济效益低，此后，全国木薯的种植面积大大减少。现在在东南部地区（主要集中在西宁省和同奈省）种植着产量高的优质木薯，用于生产木薯粉或者精致加工之后向外出口。木薯种植专区正在形成，通过引进外国技术，建设加工区，木薯种植专区的发展前景非常明朗。

越南其他的杂粮作物也十分丰富。中部南区的沿海各省、西宁、槟椥等地种植了许多小米、高粱。高平、河江、山萝、莱洲等地种有麦子。红河平原在冬季种植土豆。芋头、红薯则由各家各户（尤其是在丘陵地区）在地里种植。

二、蔬菜、豆类作物

蔬菜、豆类是重要的食品。蔬菜、豆类一般占种植面积的4%～5%，占种植业产值的6%～7%。

越南多样的气候条件使其常年可以种植多类蔬菜、豆类。冬春时节有萝卜、番茄、大豆、土豆等，夏秋时节有空心菜、葫芦瓜、丝瓜、辣椒、蒜、黄瓜等。

蔬菜是短期生长植物，劳动力要求量大。蔬菜一般都种植在土地宽广、劳动力资源丰富、靠近城市的地区。蔬菜、鲜花、水果一般都在河内、胡志明市、海防、岘港、芹苴等大城市的周边地区种植。在北部丘陵地区、红河平原、九龙江平原套种的蔬菜主要用于工业加工。蔬菜出口的主要市场有俄罗斯、日本、中国香港、新加坡等等。目前，越南规划了一些蔬菜种类的生产区：老街省的北河（Bắc Hà）种植洋白菜，老街省的沙巴（Sa Pa）、河江省的同文（Đồng Văn）、苗旺（Mèo Vạc）种植苤蓝，永福省的安朗（Yên Lãng）种植洋白菜，多乐种植胡萝卜。

在越南豆类的种植面积达22.1万公顷，产量达14.4万吨。豆类从山区、丘陵地区到平原地区都可以种植。最多的是在东南部、西原地区和九龙江平原。越南最大的豆类种植地在安江、同奈和多乐。

豆类也是短期生长植物，可以专耕也可以与玉米、红薯等杂粮套种。豆类有很多品种如绿豆、黑豆、白眉豆等等，可以用作味精、各类面点的原材料。豆类一年可以种植很多季，但主要是春夏季。

三、经济作物

（一）经济意义

经济作物的经济收益常常高于粮食作物。经济作物的产品有出口价值。发展经济作物有利于充分利用资源，打破农业的独耕现象。经济作物多种植在丘陵地区和山区，在山区按照农林结合的方式种植经济作物给高原地区各民族居民增加了收入。

（二）经济作物的发展和分布

越南的自然条件适宜发展经济作物。炎热潮湿的热带气候，多种土质适宜种植经济作物，使越南可以集中发展经济作物区；同时越南劳动力丰富，且有着较为完整的经济作物加工业。

在自给自足的小农经济时期越南就开始种植经济作物。一些多年生经济作物只在自然条件适宜的庄园种植，规模小，多种植在同奈。1960年以后北方各省在发展农场的过程中开始注重种植经济作物。不过当时由于战争的影响，南方的经济作物种植面积不断减少。

全国统一以后，北方经济作物的种植面积不断扩大，且开始在西原和东南部地区建立大规模经济作物种植区。经济作物的面积尤其是常年生经济作物的面积不断增加。

1. 一年生经济作物

越南的一年生经济作物主要有：花生、大豆、甘蔗、烟叶、桑树、棉花、蒲草、黄麻等。一年生经济作物种植面积在20世纪七八十年代迅猛增加。目前一年生经济作物面积约89万公顷，主要是扩大了甘蔗、花生、大豆的种植面积。

（1）花生：花生适宜生长在高温（25℃～30℃）地区，有很强的抗旱能力，适宜在沙地上种植。因此花生主要分布在中部沿海平原、高地和冲积原。2000年花生的种植面积是24.5万公顷，平均单位面积产量每公顷14.5公担，总产量是35.5万吨。在北方丘陵地区和东南部的冲积原人们也种植花生。

花生的重点种植地区在中部北区（7.1万公顷）和东南部（4.1万公顷）。由于采用深耕的方式，东南部和九龙江平原花生的单位面积产量相比其他地方高很多。花生产量最多的省份是西宁、乂安、河静、清化、隆安、多乐等。

（2）大豆：大豆主要用于提取植物蛋白质和植物油，主要有两类，一类是适宜北部气候的亚热带大豆，另一类是适宜南部气候的热带大豆。大豆适宜种植在各种类型的土地上，尤其是磷灰石土、石灰质土、冲积土等。现在全国大豆种植面积保持在13万公顷左右，产量15万吨，单位面积产量为每公顷11.5公担。大豆在北部各省的山区和丘陵地区普遍种植，尤其在北江、高平、山萝，但单位面积产量低。在九龙江平原，大豆近几年才开始发展。现在大豆种植面积最大的是多乐（1.5万公顷）。

（3）甘蔗：甘蔗是生产糖和味精的原料。随着生活水平的提高，人们对糖的需求也逐渐提高。现在越南糖的生产还不能满足全国的需求。从长远来看，越南国内糖的生产前景非常看好。

甘蔗有很多品种，一般每年种植两季：在北部，种植时间为9月～10月和12月至翌年2月，在南部，种植时间为4月～5月的雨季初和10月～11月的雨季末。及时收割甘蔗对保证含糖量非常重要。

越南的蔗糖生产在不断增长。甘蔗的种植面积为34.4万公顷，生产蔗糖1 776万吨。九龙江平原是越南种植甘蔗面积最大的地区（占全国种植面积的33%，全国总产量的40%），最多的是在芹苴、隆安、槟椥、朔庄等省。种植甘蔗面积第二大地区是中部南区的沿海地区（占全国甘蔗种植面积的21%，集中于广义、富安和庆和等省），种植甘蔗面积第三大地区是东南部地区（占全国甘蔗种植面积的18%，最多的在西宁省）。为了使糖产量能够满足国内需求和出口需要，中部各省近几年也大力发展甘蔗种植，在清化省的寿春（Thọ Xuân）、乂安省的新圻（Tân Kỳ）和义坛（Nghĩa Đàn）、广义省的慕德（Mộ Đức）、富安省的富本（Phú Bổn）、庆和省的宁庆（Ninh Khánh）等地建立了大型甘蔗种植区。

棉花：棉花、黄麻、桑树是纺织业的主要原料。这些作物的种植和加工都需要大量劳动力。每种植物的生态特点各不相同：棉花需要干燥、炎热的气候，土地要有一定的湿度；桑树适宜炎热的气候，土壤和空气的湿度都要很高；黄麻需要炎热潮湿的气候。

（4）棉花：棉花适宜种植在中部南区沿海各省，多乐和同奈等地。西北地区的各省也有种植棉花的传统，给傣族同胞的纺织手工业提供原料。由于经济收益低，棉花种植的面积还不稳定。全国棉花种植面积约有2.02万公顷，多乐的种植面积增加很快，达1.45万公顷，占全国棉花种植总面积的1/2以上。

（5）黄麻：黄麻纤维用以生产包装袋、毯子、麻绳等等。黄麻在红河平原普遍种植，主要种植在红河、露江（sông Luộc）和太平江的冲积平原。1975年后，黄麻开始在九龙江平原大面积种植。黄麻的种植面积约2.2万公顷。现在，黄麻的重点种植地区有隆安、兴安、太平和河南等省。

（6）桑树：桑树与越南传统纺织业有着紧密联系。在红河平原有很多著名的蚕丝出产地：河西、北宁、太平、南定。在中部地区，广南的桑树种植历史悠久。从20世纪80年代初开始，桑树在西原地区得到发展。现在，西原地区是越南桑树种植面积最大的地方，约1.3万公顷，占全国桑树种植面积的58%。

（7）蒲草：蒲草是很多小手工业品如草席、毯子、麻袋和一些出口国外的生活用品的原材料。蒲草还可以作为造纸的原材料。蒲草一般种植在咸土上，它可以溶解盐份。土地在种植蒲草几年后可以用来种植水稻。在北部以种植蒲草闻名的有清化省的俄山、宁平省的金山和太平省的前海等地。近年来，北方各省的蒲草种植面积有所减少，但在九龙江平原地区得到了发展，尤其是在同塔、永隆、金瓯、薄辽等省，现在越南全国蒲草的种植面积维持在1.1万公顷左右。

（8）烟草：烟草在谅山、北江、广南、富安、嘉莱、宁顺都是专耕种植，但最多的是在同奈省，烟草种植面积达1.33万公顷，产量9 000吨，占越南全国烟叶种植面积的41%，占全国烟叶产量的 25.3%。

表3-1　2008年主要一年生经济作物的种植面积、单位产量和总产量[1]

	2007	2008	2008年相比2007年（%）
棉花			
面积（千公顷）	12.1	5.8	47.9
单产（吨/公顷）	1.33	1.38	103.8
产量（千吨）	16	8.0	49.7
黄麻			
面积（千公顷）	11.8	3.3	28.0
单产（吨/公顷）	2.62	2.36	90.1
产量（千吨）	30.9	7.8	25.2
蒲草			
面积（千公顷）	13.8	11.7	84.8
单产（吨/公顷）	7.16	7.30	102.0
产量（千吨）	98.8	85.4	86.4
甘蔗			
面积（千公顷）	293.4	270.6	92.2
单产（吨/公顷）	59.29	59.56	100.5
产量（千吨）	17 396.7	16 117.2	92.6
花生			
面积（千公顷）	254.5	255.4	100.4
单产（吨/公顷）	2.0	2.08	104.0
产量（千吨）	510.0	530.5	104.0
大豆			
面积（千公顷）	187.4	191.7	102.3
单产（吨/公顷）	1.47	1.40	95.2
产量（千吨）	275.2	267.9	97.3
烟叶			
面积（千公顷）	19.2	16.4	85.4
单产（吨/公顷）	1.67	1.76	105.4
产量（千吨）	32.0	28.8	90.0

2. 多年生经济作物

越南多年生经济作物主要是茶叶、咖啡、橡胶、椰子、胡椒、腰果等。

（1）橡胶：橡胶是多年生的经济作物，适宜种植在温度25℃～30℃、湿度

① 古小松:《越南国情报告（2009）》，北京：社会科学文献出版社，2009年7月，第86～87页。

60%～70%，且土质养分充足、海拔在600米以下的地区。越南最早的橡胶园出现在20世纪初。具体说，越南橡胶种植始于1923年，在1960—1962年大力发展。到1994年，越南的橡胶种植面积达到了10.84万公顷。目前橡胶已经成为越南重要的经济作物。抗法和抗美救国战争时期，橡胶种植面积减少，到20世纪70年代，越南橡胶种植面积仅为7万多公顷，产量仅4万吨。

南方解放以后，为了满足越南国内工业和对外出口对橡胶原料的需求，橡胶种植面积扩大了很多。20世纪80年代中期，越南橡胶种植面积扩大到20万公顷。橡胶在西原地区采用专耕方式种植，在嘉莱和多乐省发展迅速（占全国种植面积的22.1%、产量的9.8%）。中部北区的橡胶种植面积也得到了恢复和扩大，1998年增长到22.2万公顷，集中在广治、广平和义安等省。2000年，全国种植橡胶的面积达41.2万公顷。橡胶树脂的产量达29.08万吨。仅东南部地区就集中了全国67%的种植面积和86.4%的橡胶树脂产量。2005年则扩大到51万公顷。2008年，越南橡胶种植面积为61.86万公顷，干橡胶产量66.29万吨。种植区主要集中在东南部和中部高原地区，同奈、林同两省的橡胶种植面积最大，其次是西宁、多乐、广平、广治等省。河静省南部有橡胶种植试点，一方面是为了绿化土地，一方面也可以提高一些贫困地区居民的经济收入。

橡胶在越南主要用于出口，中国是越南最大的橡胶出口市场。目前越南出口的橡胶产品主要包括标准胶（95.4%）、浓缩胶乳（3%）、烟片胶（1.4%）和绉片胶（0.2%）。如今越南政府非常重视橡胶业的发展。2010年越南橡胶种植面积扩增到70万公顷。其中，在中南部地区扩大到30万公顷，中部扩大到33万公顷，中南沿海地区发展到2.8万公顷，中北部沿海地区发展到4.2万公顷。规划到2015年将越南橡胶面积扩增到100万公顷。计划于2 015～2020年期间，使越南天然橡胶产量达到100万吨，橡胶树木材达到100万～200万立方米。

（2）咖啡：咖啡是越南用于出口的经济作物。世界上对咖啡的需求非常大，尤其是在欧洲和北美市场。

咖啡主要有三种：厚叶咖啡、大叶咖啡和小叶咖啡。前两者适宜种植在温度20℃～23℃的地区，后者适宜温度稍低一点，为16℃～20℃。越南咖啡60%是厚叶咖啡，30%的是小叶咖啡，10%的是大叶咖啡。咖啡需要阳光，但咖啡园必须要有遮荫作物来保证咖啡的单位面积产量，减少病虫害。

越南生产咖啡的历史长达百年。咖啡是由法国传教士于1857年传到越南的，

1888年法国殖民者提倡大面积种植，主要集中在北部和中部北区。直到1920—1925年，咖啡种植区转移到了西原地区。现在，咖啡主要种植在南部西原地区的林同、德农、多乐等省。咖啡生产迅速增长是从20世纪80年代中期开始的。越南咖啡90%以上是对外出口的，是主要出口产品中的一种。2008年越南咖啡出口创汇19.5亿美元。德国是越南咖啡的最大出口市场，其次是美国和西班牙。因此咖啡种植得到重视和发展，在面积和产量上都增长迅猛。1980—2008年间，越南的咖啡种植面积由2.2万公顷增加到52.5万公顷，咖啡产量达99.6万吨，成为仅次于巴西的全球第二大咖啡生产国和第二大咖啡出口国。

西原被规划为越南全国集中种植咖啡面积最大的地区。西原的咖啡面积达16.42万公顷，占全国种植咖啡面积的79%，产量是36 100吨，占全国的89%。多乐是生产咖啡最多的省份，林同、嘉莱和昆嵩各省也有生产咖啡。但近年来，咖啡种植面积的扩大对森林造成了严重破坏，自由移民到西原的现象对社会经济的发展和环境保护造成了不良影响，尤其是在多乐和林同。

除此之外，咖啡在乂安、广治、承天—顺化也有小规模的种植。小叶咖啡在北方山区和丘陵地区得到了发展，尤其是在山萝省。现在越南不主张扩大厚叶咖啡的种植面积，而注重发展小叶咖啡的种植面积。

（3）茶叶：茶是世界上最普遍的饮料之一。茶叶可加工成红茶或绿茶等。国际上红茶的市场需求大于绿茶。越南有35个省种植茶叶，主要在越南中部和中北部地区的太原、山萝、安沛、莱州、奠边府、高平、老街、清化、河静等9个省，其中5个省主要生产红茶，4个省生产绿茶。2008年，越南有茶园13万公顷，鲜茶叶产量达76万吨，平均单产为每公顷6吨，高产每公顷可达12吨。

茶叶适宜种植在温度温和的地区（15℃～25℃），需要每年总热度达8 000℃，雨量在1 500～2 000毫米，空气和土壤的湿度大部分时间持续在70%～80%。茶树可以经得起霜冻。

越南有4种茶：谅山的中国小叶茶；富寿、安沛、太原等省山上种植的中国大叶茶；河江、义露、山萝省的木州（Mộc Châu）、林同省的保禄（Bảo Lộc）的雪茶（trè Tuyết）；嘉莱省苞件（Bào Cạn）地区种植的印度茶。

现在越南已经发展起集中的茶叶种植区，主要在北部山区和丘陵地区，尤其是在富寿、安沛、宣光、太原和河江。茶叶种植也向附近的山萝、和平、广宁等省份发展。在南方，茶叶集中在林同省的夷灵（Di Linh）—保禄（Bảo Lộc）高原种植。此外茶叶在嘉莱省的苞件、扁湖(Biển Hồ)、多答(Đắc Đoa)、义安省的义坛(Nghĩa Đàn)、清化省的拜占(Bãi Trành)等其他地方也有种植。

现在，越南正与外国合资开发茶叶加工业。印度、中国台湾、日本在越南投资建设了很多红茶、绿茶加工厂，对茶叶的生产和加工起到了巨大的推动作用，尤其是在北部各省的山区、丘陵地区。现在，越南茶叶产量的40%在国内消费，60%出口国外。

2008年，越南出口干茶叶10.4万吨，占茶叶总产量的75%，创汇1.5亿美元，同比增长12.4%。越南茶叶出口的世界排名已由2007年的第七位上升到2008年的第五位。茶叶出口均价也由每公斤1.15美元上升至每公斤1.31美元。

(4)椰子：椰子主要分两大类：高椰树的椰子和矮椰树的椰子。前者的椰瓤可用于工业炼油；后者则可用来榨取美味的椰子汁。目前，越南有20多个椰子品种，其中介于高椰树和低椰树之间的品种是经济效益最好的，它结合了这两种主要品种的优点。椰子适宜种植在平均温度25℃～30℃、土壤含盐的热带气候地区。因此，椰子主要种植在沿海各省，尤其是九龙江平原。越南全国种植面积是17.29万公顷，仅九龙江平原就有13.9万公顷，占全国的80%。种植椰子较多的省市有槟椥、薄辽、金瓯、永隆、茶荣、芹苴和朔庄等。

(5)红木：由于世界上对红木的需求量增加，再加上红木的绿化效果好，因此它是一种发展前景良好的多年生经济作物。1997年，越南出口红木3.33万吨，价值1.333亿美元。如今越南全国红木种植面积约19.6万公顷，红木的产量约5.33万吨。红木是热带经济作物，耐旱且对土壤没有特别的要求。因此，红木可以广泛种植在越南东南部、中部南区沿海地带和西原地区的旱地。仅东南部红木种植面积就达14.02万公顷，产量3.87万吨。平福和同奈两个省是越南生产红木最多的省份。

(6)胡椒：胡椒主要种植在越南南方、西原地区各省份和东南部、富国岛及广平、广治等地区。越南胡椒种植总面积为5万公顷，胡椒产量为10.45万吨，出口8.97万吨。其中，欧洲占越南总出口市场的39.7%，亚洲占38.6%，美国占15%。

(7)腰果：腰果是越南特色的热带经济作物，主要产地在越南南方。越南腰果种植面积40.49万公顷，总产量31.34万吨。越南腰果主要以出口为主。

越南除了上述主要多年生经济作物之外，还有以下几种多年生经济作物：

——八角，约1 500公顷，主要在谅山、高平等省种植。

——桂树，约1万公顷，主要在安沛、广宁、广南等地区种植。

——漆树、桐树、茶果树主要在富寿、安沛、和平等地区种植。

——油松主要在沿海山区和从广南到林同的东长山种植。其中，种植最多的是在多乐省。

四、果木

越南水果种类很多，营养成分都很高，富含维生素。由于越南从北到南气候条件差别大，因此每个季节都有瓜果出产。越南有很多深受人们喜爱的水果，如柑橘、柠檬、香蕉、龙眼、荔枝、芒果、红毛丹果、菠萝蜜、菠萝、葡萄等等。发展大规模水果种植不仅能满足人们尤其是城市居民对新鲜水果的需求，更为水果罐头加工业提供了原材料。越南最大的水果种植地区是九龙江平原和东南部地区。这两个地区占全国水果种植面积的50%。越南全国果木面积约49.6万公顷，其中九龙江平原为19.13万公顷，占全国水果种植面积的38.6%，东南部地区为5.92万公顷，占全国水果种植面积的12%。

（一）越南主要水果

（1）香蕉：在越南有一些地区专门种植香蕉，主要在红河平原和九龙江平原，最多的是在茶荣、安江、朔庄、金瓯。北部丘陵地区也有专门种植香蕉的地区，如富寿，但规模相对较小。现在越南每年香蕉的产量约为140万吨。

（2）菠萝：菠萝是热带水果，对土壤没有特别要求，可以种植在土层较薄的丘陵地带或与多年生作物套种。种植菠萝投资少收益快，新技术的应用可以实现菠萝的反季节种植，满足水果加工业的原料需求。由于菠萝加工业还不发达，现在菠萝种植面积还不稳定。九龙江平原是种植菠萝最多的地区，占全国菠萝种植面积的68%，占全国菠萝产量的47%。菠萝种植主要集中在建江、薄辽、金瓯、芹苴、前江、永隆、茶荣等省。全国的第二大菠萝种植地区是中部北区（占全国种植面积的13.4%）。

（3）柑、橘、柚子：柑、橘、柚子是营养价值极高的水果。越南有著名的柑橘品种，如乂安省的社兑（Xã Đoài）柑、北江省的布下（Bố Hạ）柑、太平省的顺位（Thuận Vị）蜜柑、海防市川（Xuyên）地区的薄皮柠檬橙、槟椥的甜橘、福寿省的端雄（Đoan Hùng）柚子、边和柚子、河静福泽（Phúc Trạch）柚子等等。

越南已经形成了一些专门种植柑橘的地方。九龙江平原的柑橘种植面积占越南全国柑橘种植面积的68.8%，其中最多的是在芹苴、永隆、前江、同塔的冲积平原。中部北区主要在新圻、义坛、石城、寿春的山区和丘陵地区种植。在北方山区，最有名的是河江省北光(Bắc Qaung)的柑橘种植区。

(4)芒果：芒果是喜热植物，热度以24℃～27℃最适宜，可以承受低至4℃～10℃、高至46℃的温度。越南全国现在有约1.5万公顷芒果种植地，其中1.1万公顷在九龙江平原，最多的是同奈、前江、永隆、茶荣、安江等省。中部有庆和芒果，在西北山区有山萝省的安州(Yên Châu)芒果。

除了上述比较普遍的水果，越南还有一些特色水果，如海阳省的清河(Thanh Hà)荔枝、北江省的陆岸(Lục Ngạn)荔枝、兴安龙眼、红毛丹果、榴莲、桃子、李子、杏等。

第三节　畜牧业

一、发展畜牧业的条件

(一)畜牧业的养料基础

畜牧业和种植业的发展有着密切的联系，以保证经济效益的提高和资源的合理使用。畜牧业的养料基础是保证畜牧业稳定发展的先决条件。

越南有约34.2万公顷的草地用于畜牧业，主要集中在北部山区和丘陵地区，约22.2万公顷；中部北区约5万公顷；西原约3.45万公顷。热带季风气候使草地常年都生长良好，但越南缺少大片的草地，且草地上有各种杂草，很难改善。近几年来，人们通过进口草种、改造原有草地，草地单位面积产量得以大大提高。

由于很好地解决了人口的粮食问题，农业朝着多样化的趋势发展。一部分农业用地让给了畜牧业，面积比例也较稳定。很多粗粮都进行加工以供家禽家畜作为饲料。同时水产业的发展每年能够提供1.3万～1.4万吨的鱼粉用以畜牧业，各种家禽、家畜饲料加工厂陆续建立。

(二)家禽家畜的品种

在越南有很多家禽家畜：鸡、鸭、黄牛、水牛、猪、马等等。各地家禽家畜的共同优点是抗热能力强，尽管气候变化频繁但很少生病，但也存在共同的缺点就是产量低，尤其是相对出口要求而言，而且质量还不高。这些家禽家畜适宜自给自足的自然经济，充分利用农产品的附属产品，很少投资大规模养殖。在商品经济条件下，尤其是随着畜牧养殖工业的发展，通过引进外来品种和杂交形成了很多高质量的优良品种。

（三）畜牧服务

品种、饲料、兽医等相关服务行业日益得到发展且颇有成效。农业鼓励政策从中央到地方普遍展开，帮助农民找到各种适宜的畜牧业组织形式，普及了畜牧业技术，实现了每个村子都有兽医。但是总的说来畜牧业的物质基础还是没有达到生产发展的要求。

（四）畜牧业产品市场

畜牧业产品消费市场有很重要的意义。随着人民生活水平的提高以及城市的发展，人们对畜牧业产品的购买力大大增强。工业的发展也促进了畜牧业产品的稳定和市场的扩大。市场购买力结构的改变，尤其是各大城市和出口市场的需求大大影响了畜牧业的发展方向。但是农村市场购买力还很有限，对远离城市的乡镇畜牧业发展还有明显的影响。畜牧业的经济效益总的来说还是很低。

（五）畜牧业的组织形式和发展政策

越南目前最普遍的畜牧业发展形式就是在各家独立饲养。现在在各大城市的郊区以及红河平原和九龙江平原都出现了使用工业加工饲料进行大规模畜牧养殖的牧场。

二、畜牧业的分布

（一）畜牧业的比重

畜牧业在农业中的比重正逐步增加。在自给自足的小农经济条件下，种植业的产量和效益都较低，因此畜牧业的规模也很小。

多年来，越南的畜牧业一直在不稳定的状态中发展。在北方，合作社时期，牛被作为主要的生产资料，既能耕耘田地、驮运东西又能提供农作物所需的肥料。过去，由于是合作社管理模式，因而水牛数量增加而黄牛减少。在南方，战争年代，水牛和黄牛都大量减少。1975年以后，家庭养牛得到了鼓励。尤其是1989年以来，通过将土地承包给农民，承认农民对机械、牛、农具等生产资料的所有权等政策使农业得到了转折性的发展，畜牧业也飞速发展。

农业总产量中畜牧业在1976年占19.4%，到1985年占23.4%，1992年上升到27.4%。近年来，由于种植业的增长速度非常快，畜牧业基本上保持农业总产量的26%。

（二）牛

在34.2万公顷用于畜牧业的草地上，高原地带可以形成连续的草地用以养牛。水牛、黄牛是饲养最普遍的大家畜。水牛、黄牛（尤其是水牛）都是农业劳动的主要力量。也正因为这样，以前越南的水牛多于黄牛。从20世纪80年代开始，牛的养殖逐渐趋向于供给牛肉、牛奶，很多地方的牛原来作为主要劳动力，但现在已经被机器取代。因此黄牛的养殖大大增加，到1985年在规模上超过了水牛。2000年，全国共有水牛290万头，黄牛410万头。2007年，水牛299.6万头，黄牛672.5万头。2008年，水牛289.8万头，黄牛633.8万头。

在北方各省，水牛的养殖量大大超过黄牛，在南方各省则黄牛的数量超过水牛。这既符合水牛和黄牛的生活特点也符合各地的养殖习惯。

水牛、黄牛养殖最多的在北部山区和丘陵地区，占越南全国水牛黄牛总数的32.6%。水牛养殖最多的主要在谅山、太原、高平、北江、宣光、河江、和平、山萝、莱洲等省。

虽然北部山区和丘陵地区的黄牛养殖没有南方那么顺利，但由于靠近红河平原的牛肉、牛奶消费市场，所以黄牛养殖发展很快，尤其是在丘陵地区和山萝、高平等高原地区。奶牛则主要在草质新鲜的山萝省的木州（Mộc Châu）高原养殖，当地建有许多牛奶加工厂。

在中部北区和中部南区沿海地带，草地被充分利用，用于水牛和黄牛养殖，其中中部北区，尤其是清化、乂安两省既养殖水牛又养殖黄牛，中部南区沿海地带，尤其是在平定、广南、广义和富安几个省则主要养殖黄牛。

西原地区有辽阔的草原，但黄牛养殖业却没有得到发展，2000年黄牛养殖量只占全国黄牛总数的13%。从1978年起，西原地区开始养殖奶牛，其中以林同省德重县飞黄（Phi Vàng）农场的奶牛最为著名。

在红河平原和九龙江平原，养牛一方面是为了服务农业生产，另一方面是为了增加食品资源。现在，小型家庭牛养殖开始在河内和胡志明市等大城市的周边地区发展。仅胡志明市就有奶牛2万多头，生产新鲜牛奶每年超过2万吨。与世界上其他国家相比，越南的牛奶生产率还很低，但随着专业奶牛养殖的发展以及大型养殖场的建立，将来产量肯定会增加。

（三）猪

猪是人们日常生活中肉类的主要来源，其养殖与粮食生产密切相关。为了解决粮食稳定问题，猪的产量迅猛增加。1980年有1 000万头，2000年达2 020万头，占各类肉产量的3/4。猪的养殖量在红河平原和中部北区的清化、乂安等省最多，一方面满足内地的肉类市场的需求，另一方面给种植业提供了肥料。1985年以来，猪的数量在北方山区和丘陵地区各省迅猛增长，其原因主要是该地区各种杂粮主要都用于畜牧业。猪的数量在九龙江平原增长得尤其快，主要是因为充分利用了当地价格低廉的粮食和水产品的附属品。

猪的品种不断得到改良，经济效益高的瘦肉型杂交品种迅速增长。这种猪出圈重量平均增加了80～90公斤，有的甚至超过100公斤。有的山区出产有名的品种，如芒街猪（lợn Nóng Cái）、孟康猪（lợn Mường Khương），它们抗病的能力非常强。在山区，猪的养殖普遍采用放牧形式，但在平原地区，各大城市周边地区则主要采用大规模圈养方式养殖。

2007年，越南共养殖生猪2 656.1万只；2008年，生猪共有2 670.2万只。2008年水牛和黄牛的饲养量都有所下降，生猪饲养量稍有增长。2008年畜牧业产值增长6%，2009年为7.5%。

（四）其他家畜

马：越南全国马的数量在13万～14万匹。养马主要为了取得劳力，同时在山区还可以作为交通工具。马在北部山区普遍饲养。

羊：越南拥有广阔的草原、山地、丘陵等良好的自然条件，适宜牧羊。羊繁衍能力强，易饲养，可以成为重要的肉类和奶类的供给源。现在全国羊的数量不多，主要在和平、清化、乂安。越南现在正在试验养殖奶羊。

绵羊的饲养规模较小，主要在宁顺、平顺地区。

鹿：鹿的饲养主要是为了提取鹿茸，这在一些地区如河静省的香山（Hương Sơn）、乂安省的琼琉（Quỳnh Lưu）是一项传统的技术。越南全国共有鹿1.5万只，主要集中在河静和乂安这两个省。

象：西原地区的人们擅长饲养、驯服大象。大象主要是用于运输货物。多乐的邦敦象（voi Bản Đôn）最出名。

（五）家禽

越南目前饲养肉类、蛋类家禽的行业发展得非常快。每年家禽的肉产量占总鲜肉产量的15%。家禽饲养周期比牛和猪都要短，经济效益也更高。尽管目前家庭饲养仍然是主要形式，但周到的兽医服务、广泛的品种选择、优质的饲料喂养保证了家禽的大规模饲养。在各大城市的周边地区有大型的禽类饲养基地，家庭规模饲养也已经取得了一定成果。

九龙江平原是越南全国家禽数量最多的地区，1998年达3 720万只，占全国家禽总数的22.4%，最多的是鸭子。家禽饲养较多的省份还有前江、槟椥、永隆、隆安、同塔等。红河平原家禽数量约3 660万只，占全国的22%。家禽饲养业在北方丘陵地区各省也得到了迅猛发展。其他省份的家禽饲养规模则相对较小。

2007年，家禽22 602.7万只。2008年，家禽24 732.0万只。2008年家禽饲养量发展最快，增长9.4%。

（六）其他养殖业

现在，越南许多地方蜜蜂养殖业日益发展。每年全国收获约800吨蜂蜜。蜂蜜的质量主要取决于天然花粉，尤其是各种野花花粉的质量。为了获取更好的蜂蜜，蜂蜜公司的蜂箱经常根据花的季节而在各地区间移动。

养蚕业在红河平原、林同等地区得到了恢复和发展。越南每年生产3 000余吨蚕茧，为纺织业提供原料，满足了越南国内及出口的需求。

兽类养殖业由于有特别的开发目的也得到了发展。在北部湾的岛屿，尤其是在广宁省的柔岛（Đảo Rều）上养殖了很多猴子，其目的主要为了加工药品。红脸猴主要在庆和省养殖。越南的各种特色的养殖业如蛤蚧、蛇、蟒等也有很快的发展，另外还养殖并保护一些珍稀动物。

第四节　渔业和水产养殖业

一、水产业发展的条件

（一）水产资源

越南的水产资源非常丰富。越南海岸线长达3 260公里，海产品相当丰富。越南沿海有很多河流汇入大海。江河入海口是鱼虾集中的地方。越南海域鱼的品种有2 000多种，其中约100种具有较高经济价值。浅海区、中海区、深海区的鱼类都很丰富，但最多的还是在浅海区，占越南全国海鱼总储量的63%。越南海域有1 647种甲壳动物，其中虾有70多个种类，软体动物有2 500种。越南的热带渔业很多样化。因此，出海打鱼时，渔民要根据它们的质量、价值和消费市场的需求进行分类。另一方面，在炎热潮湿的热带条件下，水产品很容易腐烂变质。市场需求的多样化使越南的渔业生产也多样化。因此，渔民每次出海都要携带多种渔具以捕捞不同的海产品。这也使渔民对船的投资加大，效益降低，同时还有可能对渔业的统计管理造成一定的困难。

越南的海产品的总储量约390万吨到400万吨，每年可以开采约190万吨，其中近海只有50万吨，大部分都在远海。在海产的储量结构中，各种海鱼约占95.5%，墨鱼、虾类占4.5%。目前，鱼的开发产量，特别是近海的开发量已经超过了允许开发量的5倍。

越南有很多渔场，其中有3个大型的重点渔场，即明海—建江渔场、宁顺—平顺—头顿渔场、海防—广宁渔场。北部湾海域的鱼储量占越南全国的16.9%，其中浅海鱼占61%，深海鱼占39%。中部地区的海域占全国储量的16.8%，其中浅海鱼占79%，深海鱼占21%。东南部海域海产量占全国总储量的39.8%，其中浅海区占35%，深海区占65%。西南部海域海产量占全国总储量的13.5%，其中浅海鱼占62%，深海鱼占38%。大洋浅海鱼类占越南全部海域鱼储量的11%。

越南海岸线沿岸分布有许多带盐分的潮水、深潭，这些地方非常利于发展水产业。有些海岛附近有暗礁，是石斑鱼、鳂鱼、墨鱼、龙虾等经济价值较高的水产品集中的地方。沿岸很多海岛、港湾适宜鱼类养殖。越南有很多河流、水渠、池塘和平原地区的凹塘可以养殖淡水鱼、虾。全国有170万公顷的水域面积，有103万公顷的水域可以养殖水产，其中可以养殖淡水水产的有61.7万公顷。九龙江平原拥有可以养殖水产品的水域面积最大，达55.2万公顷，其中有27万公顷的淡水，28.2万公顷的海水。

（二）社会经济条件

越南人有捕鱼和养殖水产的传统和经验。船只、渔具等各种工具不断更新。大部分的船只都是有机械动力的。一些大的船只还有冷冻设备，可以到深海区打鱼。由于水产服务业的发展以及水产加工业的扩大，水产开发、水产养殖发展顺利。在各大鱼港都有水产品包装和冷冻厂。

近些年，越南国内外对各种海产品的需求量日益增加。越南的各种海产品出口到了欧洲、日本、美国等国外市场。

越南现行的政策已经对水产业的发展起到积极作用。越南加强了渔业鼓励工作，提供贷款让渔民发展生产、改进设备和技术，越南的渔业生产日益得到重视。

二、水产业分布

（一）水产品产量

2000年，越南水产品产量为200万吨，是1990年的2.5倍。水产品的产量相当于各种肉类产量的总和。人均海产品产量约30公斤。由于更加注重开发和养殖各类有较高经济效益的水产品，因而水产品的收益增加了很多。2000年以前，水产的开发比重较高，但随着水产品养殖的增多，水产养殖业的比重在逐渐增大。

2001年，水产养殖面积约140万公顷，水产养殖业产量85万吨，海洋及内河捕捞产量约135万吨。总产量220万吨。近年来，越南水产养殖业十分兴旺。2009年越南全年水产产量达490万吨，比2008年增长4.5%，其中养殖产量达260万吨，捕捞产量230万吨，均比2008年高。水产品生产不仅满足了国内消费需求，而且增加了出口量。2009年全年出口水产品金额达43亿美元，比2008年有所增长，创历史新高。

（二）海产捕捞

越南每年的捕鱼量约为100万吨，此外还有9万吨虾、10万吨墨鱼。沿海的各省都大力推进海产捕捞，尤其是中部南区和南部各省，捕鱼业占据主要的位置。水产业的兴旺，使越南各地出现了诸多的鱼业生产中心，如建江、金瓯、巴地—头顿、藩切、庆和等城市及白龙尾、姑苏、昆仑、富国等岛屿。全国各地水产加工与出口企业也迅速增加。

随着捕鱼时节的不同，船只移动于不同的渔场之间。这样一方面可以避免暴雨台风的恶劣天气，一方面可以提供更多的就业机会、提高产量，增加收入。各渔场如宁顺—平顺—头顿和明海—建江常年都熙熙攘攘集中了很多打鱼船。海产捕捞产量较多的省有建江、金瓯、薄辽、头顿和平顺等省。

（三）水产养殖

20世纪90年代以来，水产养殖面积快速增长。现在很多种水产品都可以人工养殖，但最重要的是虾的养殖。淡水虾的养殖发展很快，淡水虾的养殖面积约

25.3万公顷，仅九龙江平原虾的养殖面积就达22万公顷。养殖种虾、虾类食品加工及虾病防治工作日益普遍。全国收获虾9.4万吨，其中3/4产自金瓯、薄辽、槟椥、茶荣、朔庄和建江等省。虾养殖在广宁、海防、太平、南定和中部沿海各省也得到了很好的发展。

蟹、甲鱼、田鸡、蚌珠、蛤蜊等各种特产的养殖越来越受重视。内河养鱼也在发展，很多平原地区的水潭被规划改造用于养鱼和其他水特产。越南全国养鱼产量为39.1万吨。九龙江平原是鱼类生产重点地区（占全国的60%），其中安江、同塔、金瓯、前江和茶荣各省位居前列。

水产养殖的发展促使很多地区的农业生产结构不断调整优化，资源得到更合理的使用，农民收入大幅度增加。

越南政府鼓励和扶持渔民发展水产养殖和出海捕捞。自2005年给渔民发放补贴金以来，各省市的渔民都能够还清债务并填制渔具出海捕捞。到2008年底，全国向76 517艘渔船提供了1.173万亿越盾的补贴金，占渔民补贴总资金的71%。

2012年，越南水产出口额达61.3亿美元，同比增长0.3%。美国超过欧洲成为越南水产品出口的最大市场，对美出口额达11.9亿美元，同比增长1.2%。

第五节　农业分布

越南目前分为7个农业区和农产品加工区。各个地区有不同的农业生态条件和社会经济条件，耕作方式和生产的专业化程度也不一样。天然条件和自然资源是农业分布的基础。农业的不同区域分布有利于实现各项社会发展目标及经济社会的可持续发展。

一、九龙江平原

（一）主要优势

九龙江平原是越南最大的平原，多年形成的冲积平原土壤肥沃，前江和后江的冲积平原最适宜发展农业。同时通过改造碱土，九龙江平原的农业耕地面积不断得到扩大。

九龙江平原靠近赤道，热能资源丰富，年平均温度为25℃～27℃，降雨量大，平均每年1 800毫米。有雨季、旱季，洪水期、枯水期之分，台风、热带风暴较少。

越南最好的盐碱地森林在九龙江平原的沿海地区，尤其是金瓯半岛，拥有单位面积产量极高的生态系统，经济效益高，尤其是在水产养殖方面。

九龙江平原拥有适宜发展热带农业的优越条件。水产已经成为该地区的一大特色。但由于入海口的形态特点和潮汐规律，九龙江平原受盐分侵入的影响极大。溶解盐碱土、防止盐碱侵入对该地区的农业发展有着重要意义。

九龙江平原自17世纪开始开发。在长期的开发过程中，九龙江平原已经形成较为完善的灌溉系统和交通运输网络。在社会条件方面，九龙江平原也有很大优势。这里的农民有种植水稻花果、蓄养牲畜和养殖开发水产的经验，他们很早就开始商品生产，市场经济意识极高。九龙江平原位于东南部商品市场消费的枢纽地区，交通运输尤其是水上运输条件便利。该地区以芹苴市为发展中心，已经形成了中小型的城市网络，拥有农业加工业基础。

（二）特色农产品

在粮食生产方面，九龙江平原是越南最大的水稻种植区。水稻种植面积为394.5万公顷，占全国水稻种植面积的51.5%，产量1 670万吨，占全国总产量的51.3%，每年人均粮食产量1 025公斤，是全国人均粮食产量的2～3倍。该地区拥有70多个大型碾米厂，是越南最大的大米加工出口地区。

在食品生产方面，九龙江平原是全国最大的水产品海产品生产区。该地区水产产值现在占全国的60%，而且该地区拥有优越条件适宜养殖备受市场欢迎的虾。

九龙江平原大量养殖生猪，还是越南大型家禽饲养区。该地区的家禽达3 720万只，占全国家禽总数的22.4%。

九龙江平原也是越南全国最大的水果种植地区，椰子、芒果种植面积占全国的74%、香蕉种植面积占全国的41%、菠萝种植面积占全国的69%、柑橘种植面积占全国的60%以上，产量占全国的75%，此外这里还种植了大量龙眼等水果。

九龙江平原还是越南全国种植甘蔗最多的地区，占全国甘蔗种植面积的35%。九龙江平原的糖、椰瓢、椰糖等食品加工业也得到了较快发展。

二、红河平原

（一）主要优势

红河平原由红河和太平江的淤沙冲积而成。这里是连绵的冲积平原，规模为九龙江平原的1/3。地形从西北向东南倾斜。由于很早就得到了开发，现在红河平原基本上实现了水利化，农业用地程度较高。堤坝系统抗洪能力强，但同时也影响了淤沙的堆积、形成了很多水塘凹地。红河平原有春夏秋冬四季，冬季的平均温度在20℃以下，气候条件适宜种植多种作物，因此该地区可种植热带的作物也可种植亚热带和温带的作物。

红河平原是全国人口密度最高的地区。红河平原的农民非常勤劳，有深耕的传统，重视“寸土寸金”。除了农业还发展了很多传统的手工业、农产品加工业。

这里同样是全国城市网络最密集的地方，河内、海防等各大城市正在经受着城市化和工业化过程（尤其是北部重点经济区）的强烈影响。

（二）特色农产品

作为全国第二大的重点粮食产区，红河平原全年的水稻种植面积是120.2万公顷，占全国水稻种植面积的16%。水稻产量占全国的19.5%。人均产量20年来大幅增加，但仍然还比较低（约每人每年400公斤），相当于全国的平均水平。

红河平原多养殖家禽家畜。该地区猪的养殖数量占全国总数的27%，家禽养殖量（尤其是鸡、鸭）占全国总数的27%左右。

冬春蔬菜是这个地区的特产，销往越南国内各地并出口其他国家和地区。

红河平原还是棉花、黄麻、蒲草等植物的专耕地区。黄麻的种植面积为1 400万公顷，占全国黄麻种植面积的63.5%；蒲草种植面积是6 435公顷，占全国蒲草种植面积的42%。

三、中部北区

（一）主要优势

清化的西部属于西北山脉的延长部分，随后与清化西、乂安西和越（南）老（挝）边界的北长山山脉相连接。丘陵地区和沿海平原从北往南逐渐狭小。中部北区最大的是清—乂—静平原，从河静到承天—顺化的平原都比较小，东边是一些高的丘陵和沿海高地。丘陵地区农业用地主要由冲积瘀沙形成。

气候特点带有从北到南的过渡性质，冬季较冷但很短（大约90天），因此这里仍有各种适宜在平均温度20℃以下生长的农作物和动物。从5月到7月，西南季风引起干燥炎热的大风。老挝风造成的旱灾对农作物造成非常恶劣的影响。中部北区河流很多，但由于地形倾斜，河流都很短，在洪水期和枯水期水资源差别很大。水利工程建设困难重重，投资大但成效不明显。这里也是越南受台风暴雨影响较多的地区。

中部北区有一些中小城市，主要分布在沿海地区和一些农产品加工业地区。

（二）特色农产品

中部北区的农产品主要是为食品加工业提供原料，主要有花生、甘蔗、柑橘，另外还有胡椒（广平、广治）、咖啡（乂安、广治）等。畜牧业则主要是水牛和黄牛的放养，此外还有鹿、羊等。

花生是适宜在中部北区种植的短期经济作物。专门耕种花生的地区主要是从清化省的广昌（Quảng Xương）、静嘉（Tĩnh Gia）到乂安、河静的沿海沿江冲积平原。目前，花生的种植面积有扩大的趋势，单位面积产量不断提高。2000年，中部地区花生的种植面积是7万公顷，占全国花生种植面积的29%。甘蔗种植近年来得到恢复并更加受重视，主要是为制糖业提供原料。清化省的寿春，乂安省的义坛、新圻、兴元（Hưng Nguyên）、南坛（Nam Đàn）和河静省的得寿（Đức Thọ）等丘陵地区各县以种植甘蔗为主。2000年，该地区的甘蔗种植面积约占越南全国甘蔗种植面积的17.6%。

各类柑橘的种植面积约7 700公顷。主要集中在义坛、新圻一带。现在，柑橘开始在江河沿岸的丘陵地带种植。

中部北区有广阔的荆棘地带，灌木丛生。气候适宜养殖水牛和黄牛。该地区有水牛约67.9万头（占越南全国水牛总数的23.4%），黄牛约89万头（占全国总数的21.5%）。另外还畜养鹿，但规模较小，主要是用于药物制造。畜养鹿较多的地方是香溪、琼琉。羊则在清化、乂安地区蓄养较多。

中部北区大量养殖生猪，数量达330万头，占越南全国生猪总数的15.5%。家禽约有2 100万只。

此外中部北区还养殖各类水产、海产品，海产产量约9.6万吨，占越南全国水产、海产品产量的9%。近几年，水产养殖发展势头很好，尤其是在清化和乂安等省。

作为日用品生产工业原料的有橡胶、蒲草、桑树。中部北区的橡胶主要种植在清化、乂安、广平、广治等地，经济效益虽不如东南部和西原地区，但对丘陵地区而言已经很高。蒲草（占越南全国蒲草种植面积的25.8%）主要种植在清化省的俄山等沿海地带。

四、中部南区沿海地带

（一）主要优势

长山山脉南部入海。大海沿岸有很多沙丘，尤其是在宁顺、平顺地区。中部南区的河流短且坡度大，平原狭小，农业用地很有限。

中部南区沿海地带常年气候炎热，温度平均在25℃～27℃。降雨量从北到南逐渐减少，最少的是宁顺、平顺，降雨量每年只有1 000毫米左右，旱情时有发生。

（二）特色农产品

中部南区的农产品主要用于食品工业加工。首先是水产品、海产品。中部南区海产品产量达44.3万吨，其中海鱼33万吨，占越南全国海鱼产量的31%。水产品、海产品产量最多的依次是平顺、平定、广义、庆和等省。

中部南区还专业畜养肉牛。这里的黄牛大约有120万头，占全国黄牛总数的28.4%。此外还有广南、平定、富安和庆和等省所属岛屿特产——燕巢。

椰子和甘蔗是中部南区重要的农作物。椰子产量位居全国第二，仅次于九龙江平原。甘蔗在广义、富安、庆和各省广泛种植，由于这里有适宜甘蔗生长的自然条件，甘蔗产量高，种植面积不断扩大。甘蔗面积达6.7万公顷，占全国的22%。

中部南区还种植一些为日用品生产工业提供原料的农作物，如棉花、橡胶等。中部南区沿海地带干燥、炎热的气候适宜种植棉花，主要集中种植在平顺省。近几年来，橡胶业也得到了发展，中部南区橡胶种植面积约4 700公顷，主要在平顺省。另外在广南、平定还种植桑树。

五、东南部地区

（一）主要优势

东南部地区属于长山山脉南部。平均海拔高度200～3 000米。农作物主要种植在石灰质土地上。此外该地区还有各种水塘凹地适宜开展水产养殖。

东南部地区靠近赤道，常年气候炎热，年平均温度23℃～25℃，降雨量大且主要集中在雨季。这里很早就得到开发，分布有很多大、中城市，是大型的农贸市场，又是各种加工业的集中地区。

（二）特色农产品

东南部是越南全国生产橡胶最多的地区。橡胶种植面积约26.1万公顷，约占全国橡胶种植面积的67%，生产胶乳17.2万吨，占越南全国胶乳产量的86%。这里也是咖啡的重点种植地区。咖啡种植面积约5.8万公顷，约占越南全国咖啡种植面积的15.7%。胡椒种植面积约3 800余公顷，约占越南全国胡椒种植面积的49%。

花生、大豆、甘蔗、烟叶、棉花等主要短期经济作物发展较好，是东南部地区出产的主要农产品。该地区的经济作物种植面积占越南全国经济作物种植面积的22%，仅烟叶种植面积就占越南全国烟叶种植面积的50%。

六、西原地区

（一）主要优势

西原地区（西部高原）包括多乐、多农、嘉莱、昆蒿和林同五省，这里物产丰富，是越南咖啡、橡胶、茶叶、胡椒、腰果和棉花等重要出口农产品的主要产区。西原还蕴藏着诸多矿产资源，如锌、铁、铅、金等。然而，由于遭受长期战争的破坏及其他因素的影响，西原地区经济发展严重滞后，贫困人口比例达14%～30%，远高于其他地区。

西原地区是广阔的石灰质土高原，海拔高度平均700～800米，地形东高西低。西原地区气候是山区热带气候，年平均温度19℃～20℃，温度全年平均，不像北部山区有霜冻。西原是很多江河的发源地。雨季和旱季的气候特点区分非常清楚。旱季缺水严重，地下水位降低，因此水利工程的修建非常困难。

西原是个多民族地区，有很多少数民族。1975年开始，特别是新经济区的开发运动，越南全国各地尤其是北部和中部沿海各省往这里迁入了大量的劳动力。

西原地区正逐步从自给自足的小农经济和简单的耕种方式向大规模专业农业耕种以及黄牛养殖转变。该地区的耕种方式以粗放型耕种为主，但一些农场和家庭规模的耕种已经逐步向深耕细作发展。

西原地区农业发展的瓶颈在于旱季严重缺水、加工业基础薄弱、交通运输不发达。近年来森林覆盖率的降低也对该地区水资源的有效管理造成了一定困难。

西原地区目前已初步形成多个集中的商品生产区，如咖啡、橡胶、甘蔗、茶叶、腰果、桑树和棉花等。

（二）特色农产品

咖啡是西原地区的主要农产品。咖啡种植面积约29.39万公顷，占越南全国咖啡种植面积的79.3%。咖啡产量达36.41万吨，占越南全国产量的89%。仅多乐省咖啡种植面积就达16.96万公顷，占西原地区咖啡种植面积的57.7%。多乐省的邦美蜀（Buôn Me Thuột）和多民（Đắc Min）地区的咖啡远近闻名。林同是越南咖啡种植第二大省，近几年正大力发展小叶咖啡。咖啡在波莱古和昆嵩也大量种植。2009年，由于天气失常，以及风暴的影响，造成西原地区咖啡产量大幅下降，仅90万吨，同比下降20%～35%。

橡胶在1980年以前只在多乐试验种植。1980年之后，橡胶在德基（Đức Cơ）、诸宜（Chư Nghé）等地也开始种植，随后扩大到嘉莱省的西南部和多乐省的西北部。西原地区的橡胶种植面积约12万公顷，约占越南全国橡胶种植面积的22%。

茶、桑树的种植要求土壤营养丰富，一年之中大部分时间的空气、土壤湿度大。因此，林同省的德重高原、夷灵高原、保禄高原西南部是适宜种植茶、桑树和草地的主要地区。西原地区的茶叶种植面积约2.3万公顷。其中夷灵、保禄的茶树种植面积占西原地区茶叶种植面积的88%。这里有保禄茶叶加工厂。嘉莱省也有部分地区的自然条件适宜种植茶叶，但规模较小。

桑树种植主要集中在保禄，种植面积为10 229公顷（1994年），占西原地区桑树面积的90%、占全国的42.5%。

西原地区的腰果种植面积约3.1万公顷，棉花种植面积约2.5万公顷。

家畜养殖是西原地区的一大优势，主要分布在林同地区各大高原的草地。之前黄牛只是在少数民族的家庭中畜养，近些年来，畜养量飞速增加。1978年，德重奶牛饲养基地开始建立，现在已经成为越南著名的奶牛饲养基地和牛奶加工厂。

除了上述主要农产品，西原地区的大叻还专门出产蔬菜、水果，主要服务于大城市或者向国外出口。

七、北部山区和丘陵地区

（一）主要优势

北部山区和丘陵地区的土地资源丰富。该地区地形区分明显，矮山、半高山、高山都有。

山区冬季较冷，有时有霜冻。降雨主要集中在雨季，但旱季也常有绵绵细雨，为少数地区种植短期农作物提供了有利条件。

此外，该地区还有一些连绵的草地和丘陵适宜发展畜牧业。

（二）特色农产品

茶叶在丘陵地区的富寿、太原、宣光等省和山区的安沛、河江、木州等地区广泛种植。鲜茶叶可以加工成绿茶、红茶，主要用于出口。该地区的茶叶种植面积占越南全国茶叶种植面积的65%。由于茶叶市场有限，因此茶叶生产的增长速度很慢。如今西北地区已经开始种植咖啡。

该地区种植有很多特色树木。桂树集中种植在安沛省、广宁省的广河县（huyện Quảng Hà）和谅山省等地，质量上乘。桂树的种植面积约为1万公顷。茴香主要集中种植在高平省和谅山省的定贯县（huyện Định Quán），种植面积约为2 000公顷。

北部山区和丘陵地区的三七等贵重药材的种植面积日益扩大。此外富寿、太原、安沛、北江地区还种植漆树、桐树、茶果树等，虽然都种植面积不大但很有名。

各种热带水果如桃、苹果、李子、梨、柿子等在谅山、高平、老街、安沛也有种植，且种植面积不断扩大。在植树造林活动中，北部山区、丘陵地区种植了很多果树，如番荔枝（广宁）、米脂荔枝（北江、和平）。有的地方甚至已经形成香蕉、甘蔗、椰子专业种植区，但在加工和销售上还有很多困难。

短期经济作物品种丰富多样。大豆、烟叶、棉花、花生在山区、盆地、冲积原和河江、高平、谅山、老街、北江、富寿、山萝、莱洲等省都有大规模种植。这里还是越南大豆种植最多的地区。

山区和北部丘陵地区畜养牛，主要是生产牛肉和牛奶。这里的水牛约有160余万头，占全国水牛总数的56%。黄牛约66.5万头，占全国黄牛总数的16%。奶牛饲养在山萝省发展迅速，主要为木州牛奶加工厂提供原料。

另外，山区和丘陵地区还牧羊。

北部山区和丘陵地区体现了农业的多样化和专业化，尤以茶叶、水果、热带食品最为突出。

第四章　工业地理

第一节　越南工业发展的动力

一、自然资源

自然资源对建设自主型工业来说是不可或缺的物质前提。越南的自然资源丰富多样。不仅矿产资源，而且森林资源、海洋资源都很丰富。可以说越南的资源非常有利于发展从加工工业（加工金属、非金属矿产）到农、林、渔业原料加工的多部门工业。

越南矿产有煤、铁、铬、钛、铜、铅、锌、锡、铝、镍、钨、汞、磷酸盐等，主要分布在北部山区。煤的储量达数十亿吨，以广宁省储量最大。目前已开采的有鸿基、锦普、汪秘、帽溪等煤矿。清化省的古定铬铁矿储量很大。高平省静宿的锡矿、老街的磷酸盐开采量都日益增加。铁主要分布在西北山区各省。中部乂静、广南、岘港、林同等省也蕴藏着锌、铁、铅、铜、煤等矿产。森林和耕地面积约占全国面积的60%，出产多种木材和竹子，有铁木、红木、柏木等贵重木材，还产紫梗、桂皮、松香、茴香等许多特产以及党参、三七、何首乌、砂仁、黄连等名贵药材。渔业资源丰富，沿海有许多渔场，最著名的是藩切和湄公河河口附近的渔场，盛产红鱼、鲐鱼、鳖鱼等多种鱼类，此外，还产珍珠、海带、虾等。

但是，由于领土较小，资源的多样化也就意味着各种资源数量的不足。另一方面，由于形成自然资源的条件比较复杂，加上这些资源的开采需要不同的技术，有的甚至需要最先进的技术才能开采，因此获得这些自然资源的难度较大。

各类资源的不同分布产生了资源接合地区，成为按优势发展区域经济的自然基础。例如，北部山区和红河丘陵地区有发展能源工业（煤炭、水电、火电）、金属开采和加工工业（有色和黑色金属）、矿产化工工业、基础化工工业、建材工业、林产品加工业（纸和纸浆）的明显优势。中部北区有生产建材（水泥）的优势。东南部有发展油气开采和加工、汽涡轮热电、海产开发和加工、经济作物产品的优势。

另一方面，越南的热带季风暖湿气候对各种工业活动造成不小的影响，尤其是开采业（矿物开采、林业开采、海产捕捞等）和一些农产品加工业。

二、人力资源

人力资源，又称劳动力资源或劳动力，是指能够推动整个经济和社会发展、具有劳动能力的人口总和。人力资源一般是指有能力并愿意为社会工作的经济活动人口。人力资源的最基本方面，包括体力和智力。如果从现实的应用形态来看，则包括体质、智力、知识和技能四个方面。

对人力资源概念的界定，各国不尽一致，主要是因为经济活动人口中涉及的两个时限不尽一致。一个是起点工作年龄，各国有16岁或18岁；二是退休年龄，各国有55岁或60 岁甚至是65岁或70岁等。当然，从更广义的角度上说，只要有工作能力或将会有工作能力的人都可以视为人力资源。这样，可以充分表明人力资源具有潜在的效应和可开发性。

人力资源是社会经济发展的重要动力，对工业发展有着特殊的意义。越南有着较为充足的人力资源，且劳动力廉价。

2007年的人力资源需求呈增长趋势。全国一到四季度招聘人数分别为10 550人、15 025人、15 964人和17 647人，应聘人数分别为8 864人、11 580人、10 719人和10 794人。在各行业中，生产行业对人力资源需求持续增长；零售业的人力资源供求增长均较大；房地产回暖，反映在人力资源市场上表现为四季度对人才的需求增长36%。

至于高层次人才，则供求关系差距得更远。数据显示，四季度对金融和会计人才的需求同比增长107%，供应增长15%，人才严重缺乏。营销、应用技术、行政文秘、软件等人才都是2007年需求增长快速的资源，也是供应量最大的资源。

胡志明市和河内市是越南吸引人才和劳动力最多的城市。2007年第四季度，这两个城市用工人数分别占到全国用工总人数的43%和35%，其他省市仅占22%。全年用工分布情况也和第四季度的差不多。

三、基础设施

基础设施对工业发展的推动作用日益突显。正是基础设施工程和基础设施相关部门（交通运输、通信联络、水电供应、银行系统等）的有效活动，才保障了各工业基地、各地区之间的经济联系和经济—技术联系顺利通畅。一个地区的基础设施集中发展会改变工业的分布。这一点在红河平原、东南部平原以及许多工业区、加工出口区中得到了充分的证明。

越南的基础设施还比较落后，而且不配套。在革新事业开始的头几年，越南在发展和改造基础设施方面付出了很大努力，尤其是电力部门、邮电部门、交通运输部门的大型工程（重要公路升级、海港与航空港的翻新与扩大、铁路系统提升等），为今后的经济腾飞创造了条件。

陆路交通：越南的交通道路和基础设施落后，近几年有了较快的发展。越南的陆路交通有铁路、公路干线贯通南北，并形成了以河内和胡志明市为中心和南北交通网。第1～29号公路为主干线，以两大城市为中心向四方伸展，各省之间均有公路相通，多数县和乡之间也有公路连接。

1A公路是越南最重要的经济运输大动脉，连接河内与胡志明市，全长1 725公里。除了境内公路外，越南通往邻国的国际公路较多，共30多条，包括通往中国、老挝、柬埔寨等国。越南政府近年大力吸引外国投资，改造扩建公路桥梁，提高公路等级。

越南铁路现有2 600公里连接城市和乡村（除了湄公河三角洲以外的地区），有3种轨距：1 000毫米，1 435毫米（标准轨距）以及1 000毫米与1 435毫米混合轨。越南政府计划提速现有的南北铁路，将其建为电气化铁路，同时拟利用日本提供的贷款新建一条与旧线平行的标准轨高速铁路。设计时速超过300公里，总投资约330亿美元。届时，河内到胡志明市的行程将缩减至10小时以内。

航空：1956年，越南开始建立航空运输业，创建之初仅有5架前苏联产小型客机，后来不断发展壮大。1995年，越南在整合原有20多家航空运输和服务公司的基础上成立越南航空总公司（VIETNAM AIRLINE），运输能力和服务质量得到明显提高。

目前，越南航空总公司拥有43架飞机，平均机龄不足10年；已开通联接国内16个城市的23条航线和联接国外26个城市的41条航线，并在各国设立28个办事处和1 000多个代理点；航班延误率为13%，远低于全球平均水平，信誉较好。近年来，越南航空业发展较快，乘客数量年均增长15%。2001—2005年，越航营业总收入737 840亿盾（折合约46.2亿美元），年均增长20.5%，税前利润总额31 560亿盾（折合约1.97亿美元），年均增长8.6%。

港口：1999年越南政府决定建立以三大港为中心、8组港口组成的海港体系，对原有港口进行扩建和翻新并兴建新港以满足经济发展的需求。现在越南在24个沿海省市共有266个港口。根据越南交通部海运局的统计，近十年来越南的集装箱吞吐量年均增长19%，越南全国港口货物吞吐量为1.8979亿万吨，集装箱吞吐量为115万标箱。全国主要港口43个，其中北部7个、中部17个、南部19个。主要港口有西贡港（Sài Gòn）、芹苴港（Cần Thơ）、锦普港（Cẩm Phả）、海防港（Hải Phòng）、广宁港（Quảng Ninh）、归仁港（Quy nhơn）、富美港（Phú Mỹ）、岘港（Đà Nẵng）等。其中，西贡港是越南南方最大的港口，海防港是越南北方最大的港口，岘港是越南最大的海产品输出港。

物流：物流业是越南新兴产业，也是重点发展行业。越南全国迄今有800～900 家企业提供物流服务，其中97家是越南储运协会（VIFFAS）会员。越南物流企业建立和运营时间普遍较短，平均仅5年，资金规模小，注册资金平均约9.4万美元，80%是私有企业。全国尚无专业物流园区和物流中心，无商品配送中心，港口、仓库、公路、铁路等基础设施较落后。

越南政府对发展物流产业较为重视，有关部委对此作了新的分工：交通运输部负责海运；邮电通讯部负责邮件发送；贸易部负责货物的储运和交接。同时，越南政府鼓励内外资企业投资铁路、公路、港口等基础设施建设，鼓励建立专业培训中心，逐步在大专院校开设物流专业，加强专业人才的培养。

水电供应：革新开放以来，为实现工业化现代化目标，满足经济迅速发展的需求，越南政府大力发展电力行业，努力投资于经济能源和可再生能源，并对已有的发电设施进行改造，采用新技术，采取先进的管理以提高发电的效率和稳定性。在政府的重视和大力投资下，近年来发电量年均增长超过10%。

越南总发电能力达1 134万千瓦，其中水电占36%，热电占11%，燃油发电占2%，柴油发电占3%，燃气轮机发电占26%，独立发电占22%。目前，越南的输电系统共有3种：550千伏、200千伏和110千伏。到2010年，越南新建或扩建近40座电站，总装机容量为1 240万千瓦。

目前，越南60%的城市有净水供应系统。在中小城镇的生活用水平均每人每天75～80升，大城市为100～150升，供水还是很有限。2004年，城市供水量为每天345万立方米。共有195个水库。只有40%～60%的农村每人每天可以供应50升水。在很多偏远农村，尤其是湄公河三角洲地带，居民们获得干净的水源还存在一定的困难。

邮电通讯：革新开放20多年来，越南邮电通讯业得到迅速发展，陆续加入万国邮政联盟（UPU）和国际电信联盟（ITU）等国际组织，逐步融入世界邮电通讯业的发展。越南现有越南邮电通讯总公司（VNPT）、军队通讯公司（VIETTEL）、西贡邮电通讯股份公司（SPT）、电力通讯公司（EVN TELECOM）、航海通讯公司（VISHIPEL）、河内通讯公司（HANOI TELECOM）、多媒体通讯总公司（VTC）等，其中，越南邮电通讯总公司（VNPT）发挥主导作用。

2007年，越南提前4年完成越共“十大”提出的每100人拥有35部电话的目标，实现乡乡通电话，成为电话普及速度最快的国家之一。越南全国邮电服务点达18 926个，各点间距为2.4 公里，服务密度明显提高。1997年，英特网开始进入越南，目前已拥有430万用户，服务于1 550万人，平均每100人中有18.6人使用英特网。目前，英特网广泛用于越南各大中城市，也已出现在边远地区和少数民族聚居区，发展势头强劲。

四、市场

市场因素（包括国内市场、国际市场和地区市场）对越南工业的发展、分布和重构起到“杠杆”作用。在建设开放型经济的过程中，国内产品与进口产品在市场上的激烈竞争使不少工业部门迷失方向，也迫使国内生产厂家实施有效的市场战略，包括改进样式、改变产品结构、改进技术等。与以前高度集中的计划经济不同的是，工业结构变得更加灵活，更好地适应了国内市场需求和变动。正是在市场竞争的压力之下，越南的工业基础在经历了数年的危机与迟滞之后得以重构，逐步有了起色并适应了市场机制。

越南与世界150多个国家和地区有贸易关系。近年来越南对外贸易保持高速增长，对拉动经济发展起到了重要作用。越南主要贸易伙伴为美国、欧盟、东盟、日本以及中国。越南商品进出口额达691亿美元，其中，出口额322亿美元，进口额369亿美元，逆差47亿美元。

出口额较大的商品主要有：原油、纺织品、鞋类、水产品、木制品、电子及电脑产品、大米等。出口增幅较大的产品有：大米、电子及电脑产品、塑料制品、电线及电缆、木制品、橡胶等。

进口额较大的商品主要有：机械及机器配件、汽油、布类、纺织原辅料、成品钢、电子及配件、塑胶原料等。进口增幅较大的产品有：奶制品、纸制品、橡胶制品、汽油、汽车成套配件等。

随着人民生活水平的提高，越南对时装及美容消费品的需求愈来愈强烈，市场前景广阔。目前时装及美容产品的消费投入占越南百姓日常开支数额的1/3，使用美容品的消费者占总人口的45%左右。而在药品方面，越南目前城乡专营药店紧缺，药品零售市场尚处在我国20世纪80年代的水平，药品价格昂贵。

越南全国纸厂生产的纸品目前仅能满足越南国内市场纸品消费需求的60%，其余均依赖进口，平均每年进口约25万～30万吨纸品。据了解，越南纸业外资的工业产值目前仅占越南纸业工业产值的4%，占越南全国纸品市场供应的2%，发展空间相当可观。

越南目前的机械设备应用于制造业领域的90%设备呈现落后态势，急需更新。如胡志明市工业企业中，建筑工业使用落后机械设备的占80%。与世界水平相比，越南工业生产领域的机械化系数只有50%，尚处于机械化的初期，而其经济发展又需要大量纺织机械、建材机械、矿山机械、轻工机械、特种机床和精密机床。为此越南政府最近提出工业化发展战略，计划投资260亿美元引进国外先进机械设备及技术，以提高国内生产力。

越南最希望外国投资的产业主要有：(1)高科技项目；(2)水产品加工项目；(3)有关工业产品、工业设备，如制鞋设备、成衣设备等；(4)基本建设及公交设备。

随着大米、咖啡、茶叶、橡胶等农产品出口的增加，预计越南每年需要5万～6万台小型发动机(20马力以下)，但其国内产量仅1.6万～1.7万台，其余的需要进口。此外，越南每年还需要进口约4万辆拖拉机、15万台水泵，以及数量颇多的脱谷机、收割机、烘干机等。越南农机市场潜力很大。

目前中国农药在越南市场所占份额为30%～40%。此外，越南还是中国联系东南亚国家的桥梁和纽带，每年有不少农药经越南运往老挝、柬埔寨等东南亚国家。这些国家都是传统农业国，农药工业发展滞后，主要依靠进口，市场潜力较大。据越方估计，每年越南市场需要氮肥180万吨、磷肥150万吨、钾肥10万吨。

其中50%的氮肥和磷肥、100%的NPK和钾肥都要依靠进口。

渔业、水产加工：越南水产资源丰富，年产量200多万吨，是渔用机具极大的市场。

工程机械：越南目前的基础设施建设、工程承包市场十分活跃，对工程机械需求量较大。越南需要进口的工程机械主要有推土机、压路机、液压机、筑路机、粉碎机等。

五、工业化政策

越南的工业政策经过了几个时期的转变，对越南的投资、建设和工业分布造成了长期和深远的影响。

1975年以前，北方的工业政策强调要优先发展重工业，轻工业得不到相应的发展，农业也逐渐衰退。另一方面，长期残酷的战争对刚取得的成果造成了严重破坏。工业增长要依靠社会主义国家的设备和原材料的援助。结果造成至今北方仍集中了许多重工业，主要建于20世纪60年代至20世纪70年代，设备已经陈旧、不配套，而且技术十分落后。

1975年以前，南方的工业政策突出服务于战争，满足当时美军、西贡政权和军队的后勤需求。轻工业和食品工业得到大力发展，在工业产值中占较大比例。这也为以后南方的轻工业和食品工业的发展打造了传统基础。

从1975年南方解放、国家统一至20世纪80年代中期，越南经济仍主要是集中的计划经济，但是宏观管理已经逐渐放开，轻工业也日益开始得到重视。

革新开放以后，工业发展开始得到进一步重视。在分析了国内实践经验以及世界各国工业化模式成败经验的基础上，确立了国家工业化、现代化道路。现阶段越南的工业化有以下几个特点：

——发展工业化，为下一阶段的工业化发展创造前提。

——工业化与经济结构转型紧密结合。

——工业化与社会主义定向的多种成分经济基础的发展紧密结合。

尽管国有经济仍居于主导地位，但要为其他经济成分发展创造条件，以便在市场经济中获得平等地位。这一观点鼓励了国内外投资，使工业发展中的人力和物力资源得到了更好地发挥。

革新经济管理机制，一方面为企业及自主经营产业在生产、财政、市场流通等方面创造了条件，另一方面加强了国家对各经济单位的行政、经济管理职能，出台了价格、工资、财政政策、货币政策等很多经济杠杆政策。

对外经济政策的革新、外交活动所取得的成就为越南的工业化进程作出了重要贡献。

第二节　工业结构

一、工业部门及其结构

越南工业主要有以下19类：(1)电能；(2)燃料；(3)黑色金属；(4)有色金属；(5)机器设备生产；(6)电子技术；(7)其他金属产品生产；(8)化肥橡胶；(9)建材；(10)林产品加工；(11)造纸；(12)陶瓷；(13)粮食；(14)食品；(15)纺织；(16)制衣；(17)皮革；(18)印刷；(19)其他。

在工业部门结构中有一些重点工业部门，在工业结构中占较大比例，具有长期优势，能够带来较高经济效益并对其他经济部门的发展造成巨大影响。所占比重最高的6个部门分别是：食品工业、燃料工业、化肥和橡胶化工工业、建筑材料工业、电力工业和纺织工业。有些传统工业部门一直在工业结构中占较高地位，具有长期的优势，如食品工业；有些部门刚在革新中取得跨越式发展，它们与有关资源发展的大型项目密切相关，如电力工业和燃料工业；然而，在发展过程中，有不少部门遇到困难或者迷失方向，如纺织工业、机械设备制造工业；有些部门得到关注和发展，如高技术部门(电子工业)，但这些部门的发展也遇到了不少困难。

重工业基础薄弱，严重依赖进口。越南工业产值占国内生产总值(GDP)的40%，主要是钢铁、纺织、皮革、电力和原油等。其中，钢铁工业主要是生产钢材，所需铁矿石几乎全部从国外进口。其实越南拥有丰富的矿产资源，因能力不足，大部分尚待开发。

原油方面，越南每年开采原油约1 500吨，由于没有石油炼制能力，所产原油全部出口换汇，然后进口成品油，每年需约1 800吨成品油。

电力方面，越南水电成本相对较低，一直处于优先发展地位，其次是燃煤发电和燃气发电。

此外，由于越南几乎没有机械制造工业生产，众多中小企业所需要的机械设备大多从国外进口。

成品油、铁矿石、电还有机械设备，这些生活生产必需品，仍然严重依赖进口，相关产品的价格只能随国际价格而波动。

在工业化的初始阶段，越南有许多优势，如：资源和原材料相当丰富、劳动力与东南亚各国相比量大价廉。但是另一方面，越南在资金、技术和熟练劳动力方面也还有许多局限。

在工业化的后期阶段，各种相对优势发生变化，消费型工业产品的供求关系也发生了变化。资金、技术和人力资源的困难逐渐得到克服，因此这一阶段主要是在投资发展部分具有较高的经济效益，对其他经济部门的技术物资基础设备产生影响的重点工业部门、尖端工业部门的基础上逐步优先发展重工业。

二、工业领域结构

工业部门结构的转变随工业领域结构而变化。越南全国工业结构中各地区的比重差别取决于许多的因素。革新开放以来，工业增长的不平衡使各地区的工业分布差异更加严重。20世纪80年代末至20世纪90年代初，北部各省的大部分工业基础都发生衰退，特别是重工业，使红河平原和北部山区等地在全国工业系统中的比重大幅度下降。同时，东南部地区的工业开始上升并取得优势。因为有着比较完整的工业结构，特别是高质量的消费品工业部门和较强的外资吸引力，东南部迅速成为全国工业分布最多的地区。九龙江平原成为全国最重要的粮食食品生产区后，开始集中发展粮食、食品加工业。未来，中部沿海各省将会取得明显进步。西原地区则一直以来都是工业发展落后地区。

越南全国共有654 968个工业生产企业，其中有1 633个国营企业（573个中央企业、1 060个地方企业）、652 272个非国营企业（合作社、私营企业和小手工业生产个体户）、1 063个外资企业。除了与各地方农、林、渔业原料生产，建设物资和采矿单位相关的小规模企业外，工业更集中在各种大型投资工程和重要部门，最明显的是电力、水泥和建筑物资、铁路、油气部门以及一些消费品生产部门。各重点经济区、集中工业区、加工出口区正迅速形成并成为今后几年越南工业领域结构变化的动力。

越南的出口加工区是由政府决定在能够生产出口产品，并且具备便利出口条件的地方建立的、为出口产品和出口活动提供服务的、专门生产出口产品的工业区。出口加工区有规定的地理界限，用围栏与外部隔离，有进出大门，内部设有海关。出口加工区生产的产品被视为进口产品或出口至国外的产品。

从1991年至1994年，越南政府为新顺（Tân Thuận）、灵中（Linh Trung）、涂山（Đồ Sơn）、岘港（Đà Nẵng）、芹苴（Cần Thơ）和内排（Nội Bài）等加工出口区颁发了许可证。新顺出口加工区最先成立，并产生了积极的经济社会效益。

新顺出口加工区，1991年成立，位于胡志明市芽皮县（Nhà Bè）北部新顺东区域，面积为300公顷。灵中出口加工区，1992年成立，位于胡志明市守德郡（Thủ Đức）灵中乡，面积为60公顷，还有扩展的空间。安屯（An Đồn）出口加工区，1993年成立，位于山茶半岛，距岘港市东南16公里，面积120公顷。芹苴出口加工区，1993年成立，位于芹苴市西北茶瑙镇附近，距芹苴市中心10公里。面积57公顷。涂山出口加工区，1993年成立，位于海防市涂山，面积300公顷。内排出口加工区，1994年成立，位于河南内排国际机场以北，面积100公顷。

工业区（集中工业区）：是越南从1991年形成至今仍采用的工业领域组织形式之一。工业区有几种不同的形式和名称，如“工业区”、“加工出口区”、“高新技术开发区”。各工业区建设有比较完善的基础设施，以便鼓励投资商特别是中小企业加入到工业领域。

各个工业区都在规划、建设有利于发展工业的地方，几乎所有工业区都位于各大城市、物资来源地附近，交通运输便利，基础设施较完善，有广阔的消费市场。

越南现在全国约有63个工业区、4个出口加工区和1个高新技术开发区。工业产品一直是越南出口创汇的主力军，在确保国际收支平衡方面发挥着举足轻重的作用。越南全国出口总额约为630亿美元，其中，重工业产品和矿产品占全国总出口的31%。越南全国共有8类产品出口创汇超过20亿美元，其中工业产品主要有原油、纺织品、鞋类、电子和计算机等4类，原油出口创汇105亿美元，纺织品出口创汇91亿美元，鞋类出口创汇47亿美元，电子和计算机出口创汇27亿美元。

北部重点经济区：有3个大型工业中心，分别为河内、海防和广宁。在升级地区基础设施，特别是第5号、18号国道、海防和广宁各海港、内排国际机场的同时，各个工业区将沿交通干道进行建设。特别是河内工业中心和附近50～100

公里区域将发展新工业区，与北部丘陵地区和红河平原其他省份的重要工业中心如越池—临洮、太原、北江、和平相连。已经或即将开工建设的工业区有：河内东北工业区、升龙北工业区、升龙南工业区、朔山—多福（Sóc Sơn – Đa Phước）工业区、和乐（Hòa Lạc）高新技术开发区；海防诺姆拉（Nomura）工业区、海防明德（Minh Đức）工业区、海防涂山工业区、广宁盖临（Cái Lân）工业区、广宁横蒲（Hoành Bồ）工业区。

南部重点经济区：随着胡志明市工业中心的进一步发展，平阳南、同奈、巴地—头顿等工业区打造了一个越南面积最大、工业密度和生产能力最高、部门结构最多样的工业地区。特别是51号公路沿线的边和至头顿建立了许多新工业区。优先投资发展的工业区有：胡志明市的新顺出口加工区、灵中出口加工区、协福（Hiệp phước）工业区、新平（Tân bình）工业区、新造（Tân Tạo）出口加工区；边和的第一工业区、第二工业区；同奈的霍奈（Hố Nai）工业区、梅江（Sông Mây）工业区、龙平（Long Bình）工业区、绥下（Tuy Hạ）工业区；西宁省的鹅油（Gò Dầu）工业区；巴地—头顿的美春—富美（Mỹ Xuân – Phú Mỹ）工业区；平阳省的神波（Sóng Thần）工业区、平塘（Bình Đường）工业区、平和（Bình Hòa）工业区、新定（Tân Định）工业区。

中部重点经济区：从顺化、岘港到广义，将在调动中部和西原发展缓慢地区的潜能过程中扮演越来越重要的角色。岘港市是中部经济区的中心，该市北部和西部分布有很多大型工业区。在20世纪90年代后期优先发展的有岘港市及附近的和庆（Hòa khánh）工业区、莲沼（Liên Chiểu）工业区、安屯（An Đồn）出口加工区、奠南（Điện Nam）—奠玉（Điện ngọc）工业区；广义省的容橘（Dung Quất）滤油、石油制品工业区；承天—顺化省的真梅（Chân Mây）工业区。特别是广义省的容橘滤油、石油制品工业区和重工业区以及该地修建的深水港将为中部所有工业和经济打造新的发展势头。

除了上述新兴工业区外，原有的工业得到了改造。在一些交通方便、基础设施较好的地区正在进一步开发工业园区，如2号公路沿线的越池及其附近地区；3号公路沿线的太原、鹅油—普安（Phổ Yên）；6号公路沿线的和平及其附近地区；九龙江平原工业区，特别是芹苴市。

在越南工业领域的分布过程中，除了各地经济社会发展目标外，人们关注的另一点是政策制定者如何减少工业排放和环境污染，避免废气废物的过度排放。

一方面要克服旧工业区对环境造成的影响，另一方面要避免新工业区设计、规划和运作中的不科学之处。

第三节　能源工业

一、煤炭工业

煤炭是越南的一个资源优势，主要产于越南北部的广宁省，以无烟煤为主。越南的煤炭储量约70亿吨，主要集中在北部，最大的是东北煤矿。

无烟煤类（高变质煤），包括瘦煤、无烟煤和半无烟煤，储量约66亿吨，其中广宁省煤矿储量在60亿吨以上（占越南煤炭储量的94.1%）。这些都属于能源煤，热量为7 000～7 500卡/公斤，灰少，燃烧时没有烟，含硫量少。另外从太原至北江一带还分布有一些小型的煤带。

烟煤类（中变质煤），包括各种结粘煤、焦煤、肥焦煤、肥煤、肥气煤和气煤。此种煤还称作工艺煤，主要分布在太原、山萝、义安等省的小型煤带，储量约为860万吨。

褐煤类（低变质煤），包括长火煤、各类褐煤。长火煤主要分布在谅山省平禄县的那阳（Na Dương），储量968万吨。此外还有位于红河平原的长火褐煤，估计储量为360亿吨，位于大约300米深度的底层，开采条件十分困难。

泥煤储量约10亿吨，分散分布在全国各地。

越南煤矿开采主要有露天开采和矿井开采两种形式。当土石剥除系数较小时采用露天开采。露天煤矿的开采率要高于矿产开采的煤矿，成本也较低。越南的露天煤矿主要集中在广宁煤矿区，约占全国露天煤矿产量的70%。大型露天煤矿有广宁省下龙市的河修（Hà Tu）、北淋省白通县的高山（Cao Sơn）、谅山省平禄县的那阳等。

矿井开采技术，主要是平井，也有一些深井，如广宁省锦普市的蒙阳（Mông Dương）、广宁省东潮县的帽溪（Mạo Khê）、广宁省下龙市的河林（Hà Lầm）。其中，蒙阳煤矿是竖井，帽溪煤矿和河林煤矿是斜井。矿井式开采每1 000吨煤要消耗50～60立方米的木材，因此在广宁煤矿区的矿用木材种植是煤矿开采的一项重要工作。矿井式采煤时，防止瓦斯爆炸非常重要，因为在广宁煤矿中贮藏有天然气，如甲烷、氮气、一氮化碳等。目前，矿井采煤的损耗还很大，为40%～50%。矿井煤矿主要有：旺名（Vàng Danh）、新立（Tân Lập）、蒙阳、河林、帽溪、统一（Thống Nhất）等。此外还有汪秘（Uông Bí）、帽溪、鸿基（Hòn Gai）、锦普（Cảm Phả）等地区的一些小型煤矿。

手工煤矿开采从封建时期就已经开始，已经历经了数个世纪。但是，煤矿的工业开采却是从19世纪末、20世纪初与法国殖民统治同时开始的。煤矿的大规模勘探和开采始于1955年。多年来越南的煤炭年产量只在500万吨上下。近年来，由于煤矿行业得到重组，煤矿产量有了迅速提高，产量为4 119万吨，其中出口3 200万吨。

到2008年，越南煤炭工业发展遇到了很大的困难。越南净煤总产量3 980万吨，比2007年减产6.1%。煤炭销售量为3 850万吨，比2007年下降11.2%。其中，内销1 850万吨，比2007年增长6%，出口约1 970万吨，约为2007年的62%，出口金额为14.5亿美元。与2007年相比，越南各大煤矿的开采量大幅下滑。其中，统一煤矿产量下降33.3%，河聚煤矿产量下降29.3%，麋鹿山煤矿产量下降29%，河龙煤矿产量下降24.5%，汪秘煤矿产量下降21%，河临煤矿产量下降17.3%，谷六煤矿产量下降16.9%，肥山煤矿产量下降10.4%。

到了2009年，前11个月越南煤矿工业集团生产清洁煤炭3 870万吨，超额完成年计划的4.3%，较去年同期增长7.7%。越南国内煤炭消费1 800万吨，同比增长8.5%。其中，电力行业消耗576万吨，同比增长1.8%；水泥行业消耗362万吨，同比增长12.5%；氮肥生产消耗50万吨，同比增长18.2%。越南出口煤炭2 167万吨，同比增长29.2%。

二、油气工业

石油天然气工业是越南经济的支柱产业，石油是越南出口创汇最多的拳头产品，为越南国家经济建设和社会发展作出了十分重要的贡献。自 1975年9月3日越南石油天然气行业正式投入运营以来，越南油气开采量已达 1 700万吨/年，目前在东南亚国家排第三位。进入20世纪90年代后，越南的油气业迅速发展，成为外国投资的热点和越南经济增长的支柱产业之一。

越南的石油、天然气主要集中在北部湾、湄公河三角洲和红河三角洲平原洼地、昆岛南凹区域等大陆架。至今已经探明的工业储量约10亿吨，其中3.1亿吨石油，天然气折合石油7.18亿吨，以上储量可以开采的产量达2 000万吨/年。在东南亚地区，越南的石油储量仅次于印度尼西亚、马来西亚，位居第三。在全世界则居第25位。较大的油田有“白虎”油田（储量2亿～3亿桶）、“大熊”油田（储量3亿～5亿桶）和“龙”油田（储量1亿～1.5亿桶）。1991～1995年，越南的石油开采累计达3 000万吨，1997年达1 100万吨，原油已成为越南第一大出口商品。1998年达1 260万吨，1999年达1 550万吨，2000年，越南的石油开采量达1 600万吨[①]。2006年越南油气集团开采油气2 430万吨，营业额为180万亿越盾（约合112.5亿美元），占全国国内生产总值（GDP）近18%，上缴财政80万亿越盾（约合50亿美元），约占全国财政收入的28.5%。2007年上半年，该行业累计开采油气1 170万吨，完成年度计划的47.3%。其中，开采原油800多万吨，开采燃气37亿立方米。

越南政府控制石油工业及天然气工业。越南油气集团（Petro Vietnam）是越南国内唯一可以管理和从事石油勘探和生产业务的公司。任何想在越南进行石油勘探和生产活动的外国投资者必须与越南油气集团进行合作。2008年，越南油气集团严格贯彻落实中央政府的各项指示精神，积极开拓进取，成为全国19个国家级集团、总公司最大的龙头老大。全年石油天然气集团营业额约为280.5万亿越盾，比2007年增长31.2%，约占全国国内生产总值（GDP）的20%。全年开采原油1 500万吨，天然气75亿立方米。向全国用户提供天然气69.8亿立方米和约36亿千瓦的电量，生产尿素75.6万吨。

2008年，越南油气集团新开钻35口油气井。全年共签署了18份新的油气合作合同，其中国内合同7份，国际合同11份。共有金鲐鱼油田、东方油田、黄狮子油田、督江油田和奔加·奥基德油田等5个新油田的商业开采。

2009年越南油气集团原油开采超额完成年计划（1 586万吨）的2.8%，天燃气开采超额完成年计划（80亿立方米）的0.1%，氮肥生产超额完成2%。全年生产总值43.22万亿盾，完成年计划的121%，增长24%；营业收入265.02万亿盾，完成年计划的125%，占国内生产总值（GDP）的16%；上缴国家财政91.05万亿盾，完成年计划148%，占国家财政总收入的24%；出口78.2亿美元，完成年计划的134%，占全国出口总额的14%。2010年越南油气集团总收入为478.4万亿越南盾

① 游明谦：迅速发展中的越南油气业，《东南亚纵横》，2002年第9期。

（1美元约合2.1万越南盾），约占当年越南国内生产总值的24%。

2011年8月，越南政府总理批准了越南油气集团2011—2015年发展计划，力争成为在国内外具有竞争力的龙头经济集团，年增长目标为18%～20%。力争年发现油气储存量达3 500万～4 500万吨，年开采油气量2 300万～3 400万吨。

关于油气勘探，越南油气集团鼓励国外油气公司开展该项业务，特别是在富庆（Phú Khánh）和资正（Tư Chính）海域的深海地区；且加强调查勘探那些已发现油气但商业价值不明确的区域，如九龙江油盆区、南昆山油盆区、红河油盆区、马来—土珠海域油盆区。此外，越南油气集团还计划增加投资形式的多样性，如购买现有油田的股份，在油气勘探、开采项目上同外国成立合资企业，并考虑选择有保障的油田进行对外投资。

1. 九龙江油盆区。包括九龙江平原和东南部沿海各省大陆架，面积6万平方公里，估计储量折合8亿立方米油。这里地质简单，地心热度与压强均正常，沉积层深仅6 000米，是极好的油气带，也是目前越南勘探、开采较集中的地区。已勘探井30口，16口发现油气，目前有白虎（Bạch Hổ）、青龙（Rồng）、黎明（Rạng Đông）、红玉（Hồng Ngọc）等4个油田正在开采，产量占越南油气总产量的96%。此外还有东方（Phương Đông）、东区（Vùng Đông）、金刚（Kim Cương）、碧玉（Bích Ngọc）、黑狮（Sư Tử đen）、金狮（Sư Tử vàng）等其他一些油田已经开始准备进行勘探或投入开采。到目前为止，九龙油气区是油气勘探密度最大，发现油田最高的油气区，是全国最大的油气供应地。

2. 昆仑岛南油盆区（南昆山油气区）。面积近10万平方公里，位于昆仑岛东南，勘探较早，现在是钻井最多的地区。估计储量为6.5亿～8.5亿立方米油。这里地质复杂，沉积层深达1.2万米，水深平均100～250米，有一定开采难度，但油气蕴藏丰富，是越南新一轮油气开采的重点地区之一。目前正在开采的只有大雄油田和西兰—红兰、西双龙、海石、木精等4个气田。总体而言，南昆山油气区的主要优势是天然气。现在南昆山油气区的大雄油田正在进行开采。

3. 西南大陆架油盆区（马来—土珠油气区）。面积为4万平方公里，位于暹罗湾东北部，越南西南部各省大陆架，估计储量折合油2.5亿～3.5亿立方米。1989年开始开发，在已签订的4个合同所打24口井中有18口发现油气，已产油百万吨以上，未来这里将成为越南重点天然气开采区。

4. 红河油盆区（红河油气区）。面积为16万平方公里，位置大致在红河三角洲到北部湾一带，目前处于勘探阶段。刚确定了前海C和太寿两个小型油气田，估计油气储量折合6亿立方米油。但红河油盆区地质复杂，沉积层埋藏很深，中心区达1.2万米，而且3 000米以下热度与压强均偏高，由于勘探难度大且缺乏系统性，估计储量的可信度还比较差。

5. 富庆油盆区。位于中部富安、庆和省沿海，面积约4万平方公里。越南估计储量折合3亿～7亿立方米油，但是由于大部分位于200米以下的深海，勘探开发技术要求与费用很高，又属争端地区，因此尚没有钻探开发。

越南最早开采的油田是白虎油田，1986年6月由越苏油气联营企业实施开采。该油田位于头顿东南方向，距头顿120公里。青龙油田是越苏油气联营企业开采的第二个油田，于1994年12月实施开采。该油田位于白虎油田西南33公里。黎明油田位于白虎油田东北60公里，从1998年8月起由越日油气公司实施开采。红玉油田位于头顿以东150公里，从1998年10月起由马来西亚国家油气公司实施开采。

大雄油田位于头顿东南250公里，是一个地质构造十分复杂的油田。澳大利亚一家公司从1994年10月开始在这里开采。1997年转让给马来西亚国家油气公司开采。后来马来西亚国家油气公司因为赔本，又转让给越苏油气联营企业。1999年，越苏油气联营企业开始开采大雄油田。

1987年以来，越南的原油产量不断增长。现在的开采量达每天35万桶原油，每年15亿立方米天然气。

天然气的开采始于太平省的前海C气田。该气田于1975年发现，1981年开始开采，产量为840万立方米天然气。到2001年前海C气田已开采4.775亿立方米天然气。

南昆山天然气项目旨在将兰红和兰西气田的天然气运送上岸，其输气管道长398公里，每年输送70亿立方米天然气。天然气运送至头顿—巴地省隆德县(Long Đất)营固(Dinh Cố)油气站，然后转送至巴地天然气分配中心，为巴地发电厂提供标准气。1997年巴地油气中心建成并开始运行，输送天然气由原来的每天200万立方米提升到每天300万立方米。1998年又提升到每天410万立方米。越南于2001年开始动工修建了富美第三天然气涡轮发电厂，主要能源是从兰红和兰西气田输送来的天然气。

2005年越南和苏丹合资企业在南昆山盆地04-3区勘探发现油气，油流量为

240立方米/天(相当于1 500桶/天),气流量为110万立方米/天,油气质量好,油的平均比重为0.82克/立方厘米。

在加强油气开采的同时,天然气涡轮发电、化工工业也得到发展。越南已经修建了美春—富美气电氮联合工程,并投入生产。2002年又开始建设金瓯(Cà Mau)气电氮组合工程。同一时间还修建了位于广义省容橘的功率为600万吨/年的1号滤油厂。

2008年越南共计出口原油约1 800万吨,进口成品油约1 500万吨,进口塑料约150万吨。此前越南建成该国第一座炼油厂容橘炼油厂花了整整25年时间,容橘炼油厂的设计原油加工能力为14万桶/天,2009年2月份刚刚正式投产,10月份达到满负荷生产状态。因此对于越南大规模的石化投资计划能否在短时间内完成,分析人士看法不一。

近年来,越南经济的快速增长刺激其对炼油和石化产品的需求猛增,越南国内炼油和石化项目的投资日趋活跃。2001—2008年,越南国内的石化产品消费需求年均增长速度达到10.1%,2008年的石化产品消费量达到约200万吨。市场分析人士预计,2009—2020年越南国内石化产品需求将以年均9.1%的速度快速增长,到2020年越南石化产品需求将达580万吨。

但越南当前拥有的石化产能却少得可怜,只有两套聚氯乙烯装置,合计产能20万吨/年;一套12.8万吨/年的聚苯乙烯装置;一套14.5万吨/年的聚对苯二甲酸乙二醇(PET)树脂装置;一套4万吨/年的邻苯二甲酸二辛酯(DOP)装置。在此情况下,有着巨大发展潜力的越南石化市场吸引国内外投资者纷纷介入。

三、电力工业

近年来,由于经济复苏发展,越南的电力需求量年均增长15%左右。电力发展明显滞后于经济增长,因此电力问题十分突出。电力工业属于优先发展的行业。越南电力资源丰富,主要由水能资源和热能资源构成。水能资源主要来自全国各大江河。热能资源包括煤和天然气。越南这两种资源的蕴藏量都很丰富,为火电发展提供了良好的条件。

自20世纪80年代以来,越南电力生产始终保持着快速增长的势头,稳步向前发展。越南利用水利资源和热能资源在全国修建了数百个大、中、小型水电站和火力发电厂,如治安(Trị An)水电站、和平(Hòa Bình)水电站、塔摩(Thác

Mơ)水电站、雅利(Yaly)水电站、塔婆(Thác Bà)水电站、永山(Vĩnh Sơn)水电站、普赖(Phả Lại)燃油电厂、汪秘热电厂、宁平(Ninh Bình)热电厂、巴地(Bà Rịa)燃气轮机发电厂、富美(Phú Mỹ)燃气轮机发电厂、守德(Thủ Đức)燃油发电厂、芹苴燃油发电厂等。

由于越南气候为热带季风气候，有雨季和旱季之分，因此在旱季的发电功率常常只有预计功率的70%。从2007年底开始，越南部分水电站的蓄水明显不足，部分在建水电站没有按时完成工程进度。2008年3月～4月间和6月～7月间曾出现了较大范围的电力短缺，对生产建设和人们的生活造成了很大的影响。由此，越南的热电得到了迅速发展，特别是气涡轮发电大大改变了越南的电能组成。2009年又开工建设4个电力工程项目，总功率380万～400万千瓦。

2013年，越南全国发电量为1 278.4亿千瓦时，比2012年增长8.47%，其中商品电1 150.6千瓦时，比2012年增长9.1%。其主要原因是金瓯一级工程(750兆瓦)、二级工程(750兆瓦)、仁石电厂一级工程(300兆瓦)、宣光电厂(340兆瓦)、阿王电厂(150兆瓦)等多家电站建成投产。预计到2020年，由煤、天然气、水力能源转化的发电总量为1 300亿度。

(一)水电

越南水电的理论总储量达装机容量2 800万千瓦，每年的发电量约为2 500亿度。其中沱江的水电能源最大，为500亿度/年，相当于全国发电量的20%。然后是同奈江(400亿度/年)和秋盆江(276亿度/年)。目前的水利技术可开发约600亿度/年(这也被称为技术储量)。随着和平、治安以及塔婆、多宁(Đa Ninh)水电工程建设的完成，越南的电能开发达到约110亿度，将近全国技术储量的17%。永山、塔摩、雅利水电厂建设完工后，电量可达300亿度以上，相当于全国技术储量的50%。由于越南河流网络密布，所流经的3/4国土为山地，因而各小河流的水电储量也非常大。发展小型水电工程对边远山区更好地利用水资源有很大意义。

越南最大的水电站是北部的和平水电站。该水电站由前苏联援建，1979年动工，1989年第一台机组发电，1994年枢纽全部建成。其设计年平均发电量为81.6亿千瓦时。自1994年8台机组全部投产以来，每年的年发电量约占越南全国总发电量的一半左右，是越南的主要电源。

越南的水电工程同时也是对水利的综合性开发。水库不只是用于开发电能，而且还有调节流量、控制洪水以及发展水路交通运输、水产养殖、湖区旅游等作用。在正在运营的电站水库中，多宁水电工程是目前从多宁江（同奈河上游）流域分流至中部最南端各小河流域的唯一水电工程。多宁水电站向下游排放的水成为宁顺省干旱地区的灌溉水源，将该地区改造成为一个著名的葡萄、棉花种植地区。其他水电工程也已经开始在同奈河流域建设，其设计都考虑到了为平顺省内的小型河流补充水源。

2006—2010年间，越南电力总公司（EVN）采用集资等方式在西原地区投资39.33万亿越盾兴建13座水力发电站。其中，多乐省2个，多农省4个，嘉莱省4个，林同省2个，昆嵩省1个。上述电站采取梯级开发，结合建设中小型水利项目，服务当地用电、灌溉和生活用水需求。越南电力总公司在西原地区建成的水电站总功率已达327万千瓦，较大的电站包括雅利水电站（720MW）、雅德朗（Ya Drang）水电站（600MW）和咸顺—多美（HÀm Thuận – Đa Mỹ）水电站（475MW）等。

越南于2006年8月开始建设一座耗资2.6亿美元的秋盆江（sông Thu Bồn）水电站。该项目2009年底完工。这座两台水轮机的发电厂装机为19万千瓦，年发电量为6.79亿千瓦时。大坝工程可在旱季提高秋盆江水位，雨季可调节洪水。

（二）热电

北部热电厂使用煤作为燃料，其供煤地主要是广宁省。这些电厂的分布首先是考虑到其燃料供给的有利地理位置。中部和南部的热电厂主要使用石油，所以这些电厂主要分布在大型工业城市和其他对电力需求较大的地方。自从1995年白虎油田的气能够运送到岸上开始，使用混合气涡轮的电厂（巴地、富美）先后动工建设并投入使用，现在气涡轮发电在越南的电力构成中占有越来越重要的位置。

预计到2015年，越南的水电资源将开发殆尽，而火力发电由于成本低，建设工期快的优点将被作为越南电力发展的主要形式。

到2006年底，越南全国的发电总功率为1 227万千瓦，其中火电占53.67%，相当于658.6万千瓦。2006—2009年阶段越南国家电力集团已建和在建电力项目29个，总功率11 820兆瓦，总投资206.68万亿盾。2006—2009年完成5 000兆瓦。2010年有7个电源项目投入运行，总容量为2 130兆瓦。同时，越南国家电力集团还将开工建设4个总功率为2 216兆瓦的电源项目。

根据越南电力发展规划，2015年热电装机容量为2 726.1万～2 781.1万千瓦，2020年为3 672.1万～4 011.1万千瓦，2025年为5 287.1万～6 511.1万千瓦。

核电是越南大力发展的、作为有效可持续发展的新能源之一。越南政府已批准了和平使用原子能战略，力争2020年能够投入运行和开发第一家核电厂。越南第一家核电厂预计在宁顺省建设，投资总额为34亿美元。该电厂包括总功率年均为140亿～150亿千瓦时的两个发电机组，投入使用时将每年提供电力140亿～150亿千瓦时。

（三）电网

贯穿越南南北全长1 487公里（从和平水电厂至胡志明市富林站）的500千伏电力线路和500千伏变压站系统从1994年中开始投入使用，并与国家统一电力系统并网。这些线路系统和变压站结束了越南中部和南部的严重缺电状况，同时也使北部的水电能源得到充分利用。

根据2001—2010年电网发展计划，目前已展开建设波莱古—富林（547公里单线）、波莱古—容橘—岘港（280公里单线）、富美—芽皮（48公里双线）、芽皮—富林（16公里单线）、芽皮—乌门（180公里单线）和金瓯—乌门（150公里双线）500千伏线路。为确保从发电厂至用户的供电安全，还建设了200千伏、110千伏电网系统。中压电力系统（6、10、15、22、35千伏）也得到了重新规划。

红河平原、东南部和九龙江平原等地区基本实现了农村电气化。比例最低的西北地区，也达到了将近60%的乡镇通电，西原地区通电率达到了76%。截止到2008年底，越南100%的县、97.26%的乡、95.84%的城镇居民和94.31%的农村住户都用上了电。

第四节　冶金工业

越南的冶金工业包括黑色金属冶炼和有色金属冶炼。在越南的工业结构中，这两个产业所占的比重非常少，只占工业生产总值的3%左右。因为这些产业是重工业，要求的资金投入非常大，资金回收却很慢，而且需要有先进的技术才能生产出各种合金和新的材料。近几年来，为了适应社会对冶金产品（尤其是铁）的需求，无论是国内企业或是与国外的联营企业都对炼铁生产的发展投资很大。

冶金业主要是从矿石冶炼金属。由于技术不同，因此组织冶金的地域分布也不同。例如，从铁矿中冶炼黑色金属，就需要高炉冶炼的过程（需要有铁矿、锰矿和其他合金矿），而从碎铁中冶炼则不需要这个过程。由于冶金生产周期十分复杂，因此各个冶金工业区都组织成大型的联合冶炼区。越南的太原钢铁区的形成与发展就是典型例子。

太原钢铁区始建于20世纪60年代初，开始设计的产量是每年20万吨钢和10万吨铁。除了主要炼钢炼铁的生产区，还有一些企业如太原省富良县的粉米煤矿（Phấn Mễ）、琅锦煤矿（Làng Cẩm）、馆潮煤矿（Quán Triều），寨高铁矿（Trại Cau），高岸电厂（Cao Ngạn），北太机械厂（Bắc Thái）等。

在南方，一些从外国引进的冶炼厂，如建于20世纪六七十年代，主要集中在边和（Biên Hòa）、守德（Thủ Đức）、芽皱（Nhà Bè）工业区。

越南每年生产钢材约为40万吨，钢坯产量约每年200万吨。钢铁产量只占社会要求的60%～65%。越南钢铁总公司有8个工厂生产轧铁、5个工厂进行后期加工。两个最大的公司是太原钢铁公司和南方钢铁公司。太原是越南全国最大的钢铁工业基地，有越南"钢都"之称。这两个公司正在进一步发展，运用先进的技术生产铁坯和轧铁。2008年上半年，越南钢铁市场受中国限制钢坯出口政策冲击，越南国内钢铁价格大幅上涨。但从2007年8月份开始，世界各类钢铁价格普遍下滑，下滑度在30%～50%之间。越南钢材销售十分缓慢，造成了严重积压，部分钢铁企业不得不停止生产或限量生产。到10月份，越南钢材市场连续5个月徘徊谷底，钢材销量仅为年初的70%。年底钢材价格才略微上涨，销售状况有所改观，各钢铁企业的库存量也成下降趋势。越南全国钢材库存约为20万吨，钢坯库存约40万吨。

越南黑色金属冶炼主要集中在一些大的城市和大的工业中心。在北方是太原、海防，在南方是胡志明市、同奈、头顿、芹苴、岘港等等。

在越南，有色金属冶炼的企业还很小，但对市场同样也起着重要的作用。在有色金属的开发和冶炼活动中，需要注意的是开发工业和炼锡、炼硌铁矿。两个主要的炼锡矿区是高平省的静足（Tĩnh Túc）矿区和乂安省的葵合（Quỳ Hợp）矿区。锡矿的产量约每年2 000吨。

总的来说，越南的其他有色金属储量很少并且很难开发，因此对其开发和管理还有很多困难。

第五节 制造工业

制造工业是各种工业的集合：设备、机械生产行业；电子技术工业；金属制品生产业。在工业结构中，制造业具有特殊地位，因为它包括了各种生产用具和设备以及消费品的制造。原料消耗大的制造业常常分布在靠近冶金区的地方，技术含量高的产业则分布在大城市和基础设施好、劳动力技能高，同时市场消费大的地区。

越南的制造业经历了很长的发展道路。在法国殖民时期主要是安装、修理机械，在建立自主经济的过程中，越南注重发展机械工业，实现产品多样化以适应国内的需求。工人和技师的技术程度日益提高。近些年来随着与国外企业的联营，技术输入对制造业起到了巨大的推动作用。需要注意的是越南制造业的产品竞争力还很低，技术革新遇到诸多困难。因此必须要有新的技术战略和市场战略，才可以推动制造业的进一步发展。

制造业在地区分布上形成了一些重要的中心地带。河内、胡志明市是越南制造业的两个领军地区，其行业机构和产品结构都十分多样化。具有专业化代表产品的地区是太原、海防、下龙、荣市、岘港、边和、芹苴等等。

第六节 化工原料工业

化工原料工业是以化学分解、合成反应为基本技术过程的各个工业行业的集合。在科技革命和现代技术条件下，化工原料工业占有很重要的位置，主要有两个原因：一是化学工业在所有的生产中都得到运用；二是化工产品的使用日益广泛。在越南，化工产业结构很大程度上取决于原料优势、基础设施、与国外的联营和国内对化工产品(基本的化工原料、化肥、橡胶、药品等)的需求。

化工、化肥和橡胶生产是重点工业，在越南工业产值中位居第三。现在越南已经开始着手建立各种化工产业园区。

胶乳加工工业分布在东南部——越南主要的橡胶原料产地。生产汽车、摩托车和自行车轮胎的企业主要集中在河内、胡志明市等大城市。越南全国生产92.9万个汽车轮胎，1 700万个自行车外胎和2 200多万个自行车内胎。橡胶业的发展也促进了汽车、摩托车和自行车工业的发展。胶乳还是重要的出口产品。

越南通过与外企联营、购买知识产权等方式，其他化工消费品（洗涤剂、涂料等）和化学药品也得到进一步发展，产品质量不断得到提高。

总的说来，化工产业的分布开始有所转变。目前，各大化工产业中心主要是河内、胡志明市、边和、越池—临洮、海防、北江等省市。在不远的未来，美春—富美、容橘和金瓯等城市将成为新的化工产业中心。

第七节　建筑材料工业

建筑材料生产被公认为重点行业。越南有很多建筑材料生产原料。首先是生产水泥的原材料石灰石。石灰石在丘陵地区各省、北部山区、红河平原周边、中部北区（从清化到承天—顺化）和建江省的部分地区都有分布。建筑用黏土也在很多地方都有分布。另外还有用于做陶器、瓷器的高岭土，各种建筑用石如大理石、花岗石、砂岩等等。

在经济革新的过程中，由于经济的发展，民用建筑和工业建筑的要求逐渐提高，基础建设要求增大。正是在这个基础上，建筑材料工业迅猛发展，特别是水泥生产业。

越南水泥产量不断增加。1995年生产水泥580多万吨，进口近130万吨。2001年水泥生产1 530万吨，同时石灰石的进口也大大增加，约140万吨。越南建设部称，2010年越南水泥总产量为4 850万～5 000万吨，同比增长10%。其中，越南水泥工业总公司生产1 850万～1 900万吨，合资企业1 480万～1 520万吨，立窑水泥和其他水泥企业生产1 520万～1 600万吨。2010年越南自产水泥自给有余，还可部分出口。

由于对水泥的需求大大增加，除了清化省的碧山（Bỉm Sơn）水泥厂、海阳省的黄石（Hoàng Thạch）水泥厂、海防的征风（Chinh Fong）水泥厂等水泥厂外，越南大部分水泥厂采用的是中国的技术。

现在许多现代水泥厂都在发展扩大：黄石第一、第二水泥厂，每年生产水泥230万吨；碧山第一、第二、第三水泥厂，每年生产水泥230万吨。在南方，河仙水泥公司下属的坚良（Kiên Lương）第一水泥厂扩大生产后，每年生产水泥130万吨。建江省的星梅（Sao Mai）水泥联营企每年生产水泥176万吨。在海防，征风水泥厂(联营)约每年生产140万吨，还有海防水泥厂——这个拥有100多年历史的企业因为技术落后、环境污染严重即将倒闭。现在一些大的水泥厂正逐步发挥作用，如河南省的步山(Bút Sơn)水泥厂每年生产水泥280万吨、清化省的宜山(Nghi Sơn)水泥厂每年生产水泥230万吨，乂安省的黄梅(Hoàng Mai)水泥厂每年生产水泥140万吨。

越南全国最大的建筑材料生产区的是红河平原及周边地区，其次是清化—乂安地区。在红河平原，除了上面提到的大型水泥厂外，还有许多砖瓦厂，如河内、太平等地的瓷砖厂、陶瓷厂等。其中，广宁省下龙市的营代(Giếng Đáy)砖瓦厂是越南最大的砖瓦企业。

南部的水泥生产厂主要集中建江、胡志明市的守德(Thủ Đức)、永隆省的永隆市(Vĩnh Long)、芹苴、头顿、承天—顺化省香茶县的平田(Bình Điền)等地。瓷砖和卫浴的生产集中在胡志明市及其附近地区，如平阳、同奈、隆安等。在芹苴也分布有一些砖厂。

在中部，建筑材料企业主要用于满足当地的需求。岘港和顺化是该地区最大的建筑材料生产中心。

第八节　粮食、食品加工业

粮食、食品加工业在越南工业结构中有着重要的地位。这些产业以当地的热带农产品为原料来源，满足生活水平不断提高的大众市场需求。同时这还是越南主要出口产品之一。

一、粮食加工业

越南粮食加工厂分布广泛，碾米厂主要分布在红河平原和九龙江平原两个主要产粮区。大型碾米厂主要在河内、胡志明市、岘港、海防等大城市。

自从越南成为大米出口国之后，水稻种植地区不断扩大，粮食产量增长很快，因此大米加工业不断发展。2001年稻谷、玉米碾磨产量达2 550万吨，是1985年的4倍，其中主要来自于非国营企业(2 200万吨)。为了满足大米出口市场的质量要求，许多新的技术得到应用，并且开始出现与国外联营的企业。

目前，越南稻米平均单产在东南亚居第一。2007年越南稻米平均产量达到

4.98吨/公顷，2008年达5.22吨/公顷。据越南粮食协会统计，2009年5月份越南全国出口大米28万吨，出口额1.17亿美元。2009年头5个月越南累计出口大米250万吨，创汇近10多亿美元。2009年越南大米出口量增长了33%。2010年越南大米出口达到670万吨左右。2013年越南出口大米达730万吨，出口额近32.7亿美元，均达到历史最高水平。越南大米出口的结构也不断得到优化，高级米占出口总量的比例由34%提高到了50%。

据越南《人民报》2009年5月25日的报道，根据越南政府总理关于在全国建设粮食储备库和加工基地的指示，越南北方粮食总公司最近在同塔省动工新建出口大米储备和加工基地。该报道称，该基地位于越南同塔省来翁(Lai Vung)县新阳(Tân Dương)乡，面积约2.7万平方米，总投资1 520亿越盾(约869万美元)，可储备4.5万吨粮食。大米加工厂将装备目前越南九龙江平原大米出口加工业最现代化的生产线，加工能力为每小时48～50吨。报道称，越南北方粮食总公司计划还将在安江省和建江省增建粮食储备基地，将该公司在九龙江平原的稻米加工储备能力提高到50万吨。

二、食品加工业

同粮食加工业一样，食品加工业主要使用当地的原料，其产品主要满足不同阶层居民的多样化要求，同时也用于出口。由于消费者的要求越来越高，越南目前已开始生产使用进口原材料进行加工的产品。

越南是一个以农业为主的国家，农业产值占国内生产总值(GDP)的40%，农业产品在其出口产品中占极大的比重。2013年越南粮食产量逾136万吨，主要农作物的产量为:稻谷产量4 410万吨，玉米产量411万吨、咖啡产量近137.4万吨等。2013年越南食品行业部分产品产量为：糖产量和库存量将为150万吨，啤酒类为12亿升，白酒类为2.5亿升，饮料类为8亿升，茶叶为15万吨，乳品为54.73万升，食用油为66.3万吨，水产品为605万吨，其他农产品食品为3 750万吨。几年来，越南将发展经济的重点放在食品和食品工业上，并且伴随着食品和食品加工业逐步建立和发展畜牧业和养殖业，实现加工工业多样化发展。如适度发展对肉类、牛奶、渔产品及水产品、蔬菜、水果、蔗糖等产品的再加工以满足国内及出口市场的需求。随着越南国内消费能力的提高，市场对食品的需求量急剧增长，越南加工工业特别是食品包装印刷业亟需投资和发展，以满足日益增长的国内外食品及食品加工业的发展需求。

目前越南人均饮料消费量仅相当于世界人均消费量的1/6，相当于东南亚各国人均消费量的30%。其中果汁、矿泉水类的饮料，人均消费量仅相当于东南亚各国的1/7。越南3/4人口以茶水、白开水为日常主要饮料。在越南人的饮食开支中，饮料费用仅占7%，甚至在许多地方这一比例仅为2%。在饮料售价方面，目前越南的相关饮料售价相当高，较东南亚各国的售价高出70%～120%。越南生产饮料的原料供应未得到重视，啤酒及汽水类饮料的生产原料70%～80%依靠进口，本国果汁潜力也未获得开发。预计今后5～10年，随着越南国民收入的提高，越南饮料市场存在很大的发展空间。

目前越南果蔬加工厂产量31.3万吨，果蔬年出口额达到12亿美元。越南盛产水果，年产量达380多万吨，预计到2020年，水果的栽培面积将达到100万公顷，产量达1 000万吨。

（一）种植业产品加工

蔗糖加工是越南的传统工业，糖浆得到普遍生产，精炼糖在各个制糖厂都有生产。越南制定了蔗糖工业的发展战略，不断提升现有的制糖厂，联营建立各种中、小规模的原料加工厂。2000年生产蔗糖10万吨。制糖厂主要集中在蔗糖原料产地，如蓝山（Lam Sơn）制糖公司在清化西部甘蔗种植区；广义制糖厂在著名的广义传统甘蔗种植区；东南部地区、九龙江平原也分布有许多制糖厂。2013年蔗糖产量1 900万吨。

酒水、饮料生产也是越南的一项传统工业，现在得到了迅速发展。酒水、饮料生产基地主要集中在城市，尤其如河内、胡志明市等大城市。越南白酒产量达到1.24亿公升，啤产量达到15亿公升，其中大约1/4是与国外联营生产的。

茶、烟叶、咖啡加工业同样发展迅猛。越南咖啡加工业满足了西欧市场的需求，也促进了咖啡的出口，推动了咖啡生产的进一步发展。茶叶的生产增加很快，从1995年的2.4万吨上升到2000年的7万吨，其中9 000多吨与国外联营生产。越南全国生产香烟30.47亿包，其中有4 600万包是联营企业生产的。烟叶生产主要集中在东南部（约占越南全国烟叶总产量的70%），其中仅西贡卷烟厂和永会（Vĩnh Hội）卷烟厂每年就生产11亿包香烟。其他的大型卷烟厂有升龙卷烟厂、庆和卷烟厂、嬖城（Bế Thành）烟草公司、同奈烟草公司、清化烟草公司。

现在，人们对植物油的需求越来越大，远远超过对动物油的需求，这已经成为全社会总的趋势，因此植物油加工业迅速得到发展。2001年，越南全国共生产植物油28.1万吨，是1995年的7倍，其中外国投资企业的产量增加很快，达到了17.4万吨。现在全国的植物油生产能力大约每年35.7万吨；其中，广宁植物油联营企业约12万吨，头顿食品加工联营企业10万吨，在胡志明市的植物油工厂年总产量为11.4万吨。现在70%～80%的原料是进口的，因此发展国内原料十分紧迫，一方面可以促进工业发展，另一方面又能提供大量就业机会，增加农民收入。

（二）畜牧业产品加工业

越南的畜牧业产品加工业发展还很缓慢，首先是由于原材料的限制。现在，各种肉类罐头加工厂主要分布在河内、胡志明市，奶加工厂主要在胡志明市、德重（Đức Trọng）、木州（Môc Châu）、巴维（Ba Vì）等地。含糖奶制品总产量是每年3.5亿听，仅河内每年就达7 500万听。一些加工奶制品的联营企业还使用进口的原材料。生产冻肉的企业主要分布在胡志明市、海防、岘港等便于出口的港口城市。

（三）水产品加工业

鱼露加工制作是越南的传统技术，主要在沿海地区发展，那些著名的鱼露生产地都是海产丰富的地方，如平定省符吉县的吉海（Cát Hải）鱼露厂、南坞（Nam Ô）鱼露厂、芽庄鱼露厂、潘切鱼露厂、富国鱼露厂等。越南每年生产鱼露1.5亿～1.7亿公升。

海鲜干货的生产十分普遍，通过工业加工，添加调味品，深受市场喜爱。

加工、罐装海产品，尤其是冷冻产品在越南很多地方都得到发展，尤其是在大的港口。2005年，水产品出口额为621 660亿美元，其中冻鱼1.083亿美元，冻墨鱼1.033亿美元，冻虾4.023亿美元。

越南全国现在有约200个水产品加工企业，大部分是国营企业，主要集中在南方各省。仅胡志明市就集中了44个水产加工和出口企业。庆和、头顿、建江、金瓯等捕鱼重点省份是水产品加工和出口企业的集中地区。

2013年全年出口水产品金额达67亿美元，比2008年有所增长，创历史新高。

在食品加工业的分布上有很多需要解决的问题。加工工业的原材料季节性非常强，因此一方面应该保证农忙时节的加工生产，另一方面要使产品多样化以维持全年的生产。食品加工业在国内市场所占比重非常大，同时又要面对来自进口产品的激烈竞争。产品质量问题常常是消费者最关心的问题，同时对生产企业而言则是一个巨大的挑战。

第九节　消费品工业

越南消费品产业十分丰富，其中主要包括纺织业、皮鞋制造业、手工业产品等。

一、纺织工业

纺织工业是越南的传统工业，因为越南有人力资源优势，同时国内又有丰富的原料和巨大的消费市场。

多年来，纺织业一直位居越南全国的工业产值的第二位，是越南国民经济的主导产业之一。前些年，由于技术落后、货品更新等多方面的原因，部分产品在销售方面比较困难，纺织业发展缓慢。近年来，纺织业正在扩大与国外企业的联营。一方面，纺织业吸纳了大量的社会劳动力，目前约创造了220万个就业机会，占工业领域就业人数的35%左右，从业人员的人均月收入近500万越盾。另一方面，纺织业也是越南出口创汇的重要行业。2007年服装产量为13.2亿件，出口额为77.8亿美元。2010年，越南纺织业的营业额130亿～150亿美元，出口创汇100亿～120亿美元，为社会提供250万个就业机会；到2015年，越南纺织业的营业额将达到180亿～210亿美元，出口创汇140亿～160亿美元，为社会提供350万个就业机会。美国、欧盟和日本是越南第一、第二和第三大纺织品出口市场。2011年越南纺织品出口额为135亿美元，2012年1月～7月纺织品出口额92.4亿美元，同比增长7.6%，占全国商品出口总额的16%。2013年，越南纺织行业出口额约204亿美元，同比增长18%。越南纺织业出口额首次突破200亿美元。

越南北部各大纺织工业中心是河内、南定、富寿，中部是岘港、庆和，在东南部则是胡志明市和同奈，在九龙江平原则是隆安。

二、成衣与皮鞋制作业

（一）成衣制作业

成衣制造业对劳动力，尤其是女性劳动力的需求量很大。近年来，成衣制造企业更新了设备，增加了产品样式。越南的纺织品在世界市场上很有销路。总的说来，目前越南的成衣制造业主要是为国外加工的。现在在成衣方面，每年国内生产大约3亿件，其中1/5的成衣由联营企业加工。东南部是越南全国成衣生产最集中的地方，仅胡志明市每年就生产1亿件成衣产品。成衣制造企业也主要集中在同奈、平阳等东南部省份。全国成衣制造工业第二大集中地区是红河平原，另外中部、九龙江平原等地区也较为集中。

（二）皮鞋制作业

与成衣制造业一样，越南的皮鞋制作业也发展很快。由于人们生活水平的逐步提高和生活方式的不断改变，近年对皮制品和鞋制品的需求增加很快。在扩大与国外联营的同时也扩大了出口市场，目前越南的皮制品主要是为外国加工，未来的发展方向将主要是自己独立生产出口国外。大型的皮鞋制作业中心在胡志明市、海防和河内。

第十节　农村工业

发展农村工业和服务业对促进农村工业化和现代化、促进农村经济结构和农村劳动力使用结构的转变、创造就业机会、增加农民收入都有着重要的作用，同时还能解决其他一些社会问题，比如可以减少农村人口向城市的大量迁移。

越南陶器业等许多传统的手工业有着悠久的历史。著名的陶器生产地有河内市的八丈（Bát Tràng）、北江省的土何（Thổ Hà）和符朗（Phù Lãng）、永福省的香更（Hương Canh）、广宁省的东潮（Đông Triều）和芒街（Móng Cái）、清化省的咯宗（Lò Chum）、广南省会安市的清河（Thanh Hà）、同奈省的边和（Biên Hòa）等地。装饰品产地主要在河内市清池县的定工（Định Công）、太平省建昌县的同森（Đồng Xuân）等地。金银器制作主要在海阳省平江县的洲溪（Châu Khê）等地。南定省懿安县的罗钏（La Xuyến），河内市东英县的喽溪（Lỗ Khê），北宁省仙山县的内锐（Nội Ruệ）、同忌（Đồng Kỵ），广南省会安市的金鹏（Kim Bồng）等地以木雕闻名。丝绸在越南很多地方都有，其中，以河西省（今河内市）河东市的万福村（Vạn Phúc）、清化省的广昌（Quảng Xương）、广丰（Quanảg Phong）丝绸最为有名。著名的铸铜地主要有北宁省的桥喃（Cầu Nôm）、河内市的伍社（Ngũ Xã）、顺化市的杜坊（phường Dúc）、广南省的福桥（Phước Kiều）等。岘港五行山下的官概村（Quan Khái）以石雕工艺闻名。凉席的主要产地是太平省的海村（làng Hới）、清化省的俄山(Nga Sơn)、宁平省的发艳(Phát Diệm)等地。此外还有磨漆业、绘画、斗笠制作业等等。

由于市场的变化，一些传统行业遇到困难，甚至有消亡的危机。但也有如铸铜、雕刻等一些传统工艺行业引进了现代技术，得到了进一步发展。

农村工业的一个重要部分就是粮食、食品的加工。粮食、食品的加工不仅能够提高农产品的价格和质量，同时还能反映出越南深厚的文化底蕴。

越南全国现在有约300个有特别工艺的村庄。其中，有100多个传统工艺村庄生产各种手工艺品满足越南国内的消费和出口创汇。

第五章　交通运输地理

第一节　交通运输发展条件

一、自然条件及其对各种主要运输形式的影响

（一）自然条件

越南的地理位置和领土形状对于交通运输系统的形成有着深刻的影响。越南位于东南半岛的中心地带，地区经济发展活跃。在越南建立开放型经济和国际经济一体化背景下，东南亚地区在推动越南和其他国家的经济文化交流上创造了许多便利条件，交通运输业也因此获得了很多发展机会。

越南位于“三岔路口”的位置，临近多条重要航海线，通过南中国海连接欧洲和东南半岛（中国、日本、韩国），连接太平洋和印度洋。这个位置对于越南中部和南部地区更有意义。越南中部和南部地区有很多港口，入海口水深且适宜建立港口。

对于发展公路、铁路和国际航线，越南的地理位置也有一定的便利之处。越南位于中南半岛东部，老挝、柬埔寨和泰国东北部要通向海洋最便利的途径就是通过越南的中部和南部地区的港口。此外中国西南部要出海也要通过越南北部。正是因为如此，如果完善了公路铁路交通，那么越南将较早地形成湄公地区交通运输重要的运输交通网络。

越南位于亚欧铁路线的枢纽地带，可以通过中国的铁路网络与其他国家相接。越南还位于各国际航线的中转站，从河内和胡志明市到东南业地区其他国家的经济中心只需飞行1.5小时左右。

便利的运输地理使越南的地理位置更具战略意义。越南领土的纬度跨度达15°。中部地区地形狭窄，从海边到越（南）老（挝）边界只有约50公里。特殊的地形特点决定了越南的主要运输方向是从北往南：最大的公路、铁路、国内的海上航线、国内的空中航线都是按照从北到南的方向分布的。

越南国内的各大经济中心、重要的交通运输枢纽都是按照由北到南的方向分布，这不仅影响到运输方向，也给经济和国防运输增加了困难。在抗美救国战争时期，越南军民开辟了长山小道（即胡志明小道）来支援南方抗战。胡志明小道既是交通干线，也是越南国内外游客的旅游线路。

越南狭长的领土形状使北方和南方这两个较发达的地区之间的运输距离也很长。这样的领土形状还造成了高额的运输费。此外如果中部各省遇到突袭的暴雨台风，就会影响整个越南的交通。因此，国家的国土形状和自然条件的多样化加大了自然条件对交通运输网络的发展、分布的影响。

（二）对各种主要运输形式的影响

自然条件对交通运输的发展、分布都有重大的影响。这些影响主要体现在以下方面：

1. 对于公路运输的影响

越南的地形超过3/4是山丘，近1/4是平原。盆地便于修建公路，尤其是从平原到山区的公路。从红河平原到北部山区和丘陵地区的公路都是沿江、沿河按扇骨形扩散开的。

越南主要交通路线都是南北方向。复杂变化的地形使道路修建必须搭设很多桥梁、建设很多渡口，耗资巨大。

——从同登到金瓯的1A号公路全长2 200多公里，每隔2.8公里就有一座桥，桥的平均长度为37米。

——从同登到太原省嘉北（Gia Bẩy）的1B号公路全长145公里，每隔3公里就有一座桥，桥的平均长度为13米。

——从河内青春到莱洲的6号公路全长511公里，每隔4.9公里就有一座桥，桥的平均长度为20米。

——从北宁到广宁省先安（Tiên Yên）的18号公路全长208公里，每隔2.2公里就有一座桥，平均长度为12.4米。

越南从北到南有很多山脉横向伸向大海。因此，在1A公路上有很多高的山口，较危险的有横山（đèo Ngang）、海云关（đèo Hải Vân）、衢蒙山（đèo Cù Mông）、大岬（đèo Cả）等。

深涧纵横的山丘地形给道路修建带来了许多困难。山区的交通线曲折、山口多、斜坡多；再加上在雨季时常出现滑坡塌方现象使山区的交通很容易被切断，维修保养工作非常困难。汽车可以克服斜坡的阻碍，但油费消耗高，给运输经济带来了不利的影响，限制了山区经济、文化和商品经济的发展。

越南的气候是热带季风气候，炎热潮湿。一般说来寒冷地区的国家冬季运输活动会由于冰雪而受到阻碍，汽车需要安装一些复杂的取暖设备，使用冰雪条件下专用的汽油，但这种问题在越南都不存在，越南的运输活动全年度都能顺利进行。但是气候条件还是给越南的公路运输业带来了很大的影响：

——在热带潮湿的气候条件下，运输工具易被渗透腐蚀，因而要求有机械抗热技术。

——建立仓库、码头以及运输过程中的货物保管都必须十分小心，以避免雨水淋浸和太阳暴晒等。很多时候货物商品的损耗都是发生在仓库或码头保管之时。

——在暴雨季节，交通常常由于平原地区的内涝和山区的塌方而堵塞。因此在修建道路时需要精心设计，保证工程的排水系统，否则道路很容易被毁坏，道路的保养耗费会非常大。

——雨季和旱季的明显区分对公路运输活动也有重大影响。但是南北各地的雨季、旱季分化时间不一样。此外，很多地区农产品收获季节又与雨季相重合，雨季时运输的困难很大程度上影响着这个地区农业专业化的发展。

2. 对铁路运输的影响

越南地形特点对铁路线路有着很大的影响。越南的地形使人们在修建铁路时要建很多铁路桥，这是要求承受很大承重量的交通工程，安全系数要求很高。河内到胡志明市的全长1 726公里的统一铁路，超过150米长的桥梁有29座。

火车不像汽车，很难克服地形上的障碍。火车以稳定的速度运行，车身长、负重大、惯性大，不能突然刹车，因此铁路不能过于弯曲。对于铁路轨道的倾斜度也是如此要求，倾斜度到了千分之十几已经是很大了，很多时候需要有两头的拉力或者是有锯齿的铁轨帮助火车跨越斜坡。对于地形复杂的山区就需要修建隧道。从河内到谅山的铁路线上，从梅丛（MaiTùng）站到版施（Bản Thí）站仅10公里的铁路线上就有8条隧道，其中北庆（Bắc Khánh）隧道长达1 069米。

沿南北铁路即统一铁路从北到南有很多山伸向大海。为了穿越这些大山，在统一铁路线上需要开凿铁路隧道。在这条线上共有27条隧道，总长度达8 300多米。最长的是大岬隧道，长1 188米。为了跨越横山，从玉林站（ga Ngọc Lâm）到丽山站(ga Lệ Sơn)仅11公里的铁路线上就有5条隧道；为了越过海云，50公里的铁路要穿越9条隧道。从沙雄(Sha1 Huỳnh)到芽庄的315公里长的铁路需要穿过13条隧道。从大岬北边的好山站(ga Hảo Sơn)到大岬南边的大领站(ga Đai Lãnh)仅6公里的路程需要穿越6条隧道，总长2 421米。

越南中部存在暴雨雨季，尤其是在8月、9月、10月等月份的降雨很容易中断北南铁路的运行。

3. 对内河运输的影响

越南的水路网络十分密集，通过自然水路就可以实现各区之间以及从内地到大海的连通。江河网络可以说是形成越南三大主要水上交通运输网络的自然基础：

(1)北部流域：主要河流有红河、太平江和沿下龙湾的水路。北部流域的河流在相对平坦的地区流淌，河流相对较长，江河纵横交错，非常便于发展水上交通运输。

(2)中部流域包括清—乂—静流域和平—治—天流域两个部分：

清—乂—静流域，主要的河流是马江(sông Mã)，大江(sông Cả)，在沿海平原上由各条小江河连接起来，马江可以到达北部流域。这个地区的江河都距离短、坡度大、河床窄。

平—治—天流域，最重要的是在三江(Tam Giang)上的水路。从内地水路人们可以搭乘小船从富禄(Phú Lộc)到松口(Cửa Tùng)。

(3)南部流域的江河网络纵横交错，水路运输非常便利。主要的河流有前江、后江、万古东(Vàm Cỏ Đông)、万古西(Vàm Cỏ Tây)、西贡河、同奈河。这些水路流域不仅在越南国内有重要意义，在与老挝和柬埔寨的交通联系上也很方便。

越南的江河水流在雨季和旱季变化很大，这对不同季节的水上交通运输工具具有很大的影响，同时对修建沿江、沿河港口码头的技术装备、货物装卸工作也有很大的影响。

红河、太平江、前江、后江等一些主要河流河水中淤沙含量高，在平原地区常常会出现新的冲积原，尤其是在入海口的港口地区，人们修建了各种减低流量流速的工程，使淤沙堆积沉淀问题更加突出，每年都必须对河床进行疏浚。

河流越弯曲，路程越长，要花的时间就越多。从河内到海防公路长105公里，铁路是102公里，而水路则长达211公里。

4. 对海上运输的影响

越南有3 260公里的海岸线。越南的海常年不结冰，船只可以常年来往。但最大的困难是在南中国海每年都有9～10次台风；在冬季，冬季季风的风力很多时候达到7级以上，对小型运输船只和鱼船的出行造成影响。暗沙、暗礁和珊瑚礁都有可能影响船只的正常行驶。

沿着越南的海岸线有密集的海湾，再加上各大江河的入海口，非常便于建立港口和水路通向内地。

——芒街到安立（Yên Lập）段，有一些好的深水港，如下龙市的翁口（Cửa Ông）、鸿基等港口，盖临（Cái Lân）深水港也建在这一带。

——从安立到来长（Lạch Trường），海岸线呈三角状，低洼泥泞。由于海水将太平江和红河的淤沙冲到冲积平原的南部，因而海防市成为便于建立港口的地方。

——从来长到归仁，海岸泥泞，有一些山伸向大海，形成许多半岛。在这里可以建设深水港。这里有岘港和归仁两个非常好的港口。现在这一带正修建清化南部静嘉县境内的宜山（Nghi Sơn）深水港、承天—顺化的州梅（Châu Mây）深水港和广义容橘（Dung Quất）深水港。

——从归仁到目营（Mũi Dinh）段，海岸线迂回曲折，有很宽的港口，外面有半岛包围，汶峰湾（vịnh Văn Phong）、金兰湾、芽庄港都适宜建立港口。

——从目营到头顿没有好的港口。

——从头顿到河仙有西贡港。江口的冲积平原呈漏斗形，水潮深入到内地，深水是建立港口的便利条件。芹苴港深入到内地达100公里，1 000吨的船只可以很自由地进出。该港口由中央直接管理。

二、对经济领域的分布与发展的作用

（一）经济领域分布

经济领域的分布很大程度上影响运输业的分布和发展。工业的特点是企业成片、成规模集中分布，这使运输路线得到了加强。开采工业，由于开采地、加工地和销售地不一定在同一个地方，因此要求运输开采产品到别的地方。煤矿开采在广宁煤区，但之后就把煤运送到居民多的地方，如红河平原、工业中心河内、太原、宁平、清化、荣市进行销售，并向外国出口。在矿区尤其是露天矿区，需要各种重型运输工具，这是矿区的一大特点。

加工业则根据相关的原料、燃料的重量及成分对运输业产生影响。集中的工业对交通运输业具有很大的影响。企业生产规模的扩大，使原料、燃料和产品销售的区域扩大，也就增加和拉大了运输数量和运输距离。这一点在东南部地区的工业集中发展区特别明显。

农业的发展要求大量并及时供应各种农业物资，农业专业化越发展就越要求保证运输原料到工业加工地和出口地，地区间的农产品交流也随之增加。

在现阶段，随着民用工程和技术工程建设速度的加快，物料运转量呈现爆炸性增长。发展对外贸易和国内贸易的活动，尤其是扩大零售活动和零售网络，推动了商品运输活动的进一步发展。

（二）经济的发展

经济的发展是交通运输业发展的一个重要因素。正因为这样，经济的兴盛和衰退可以通过货物流通及输送旅客的数量反映出来。在越南，如在20世纪80年代，经济发展缓慢，交通运输业几乎是停滞不前。

1986年，越共推行革新开放政策，越南经济有了起色，交通运输业也有了长足的发展。在市场经济条件下，发展多成分经济，非国营运输和地方运输的作用明显增加，全国的货物运输数量增加了9.6倍。

对外经济的拓展使跨国运输，尤其是海上运输也发展得很快。

（三）交通网络分布

交通运输是国民经济的一个重要组成部分。经济发展的地域分布决定了运输关系、运输强度和运输结构。经济发展与地域分布决定着交通运输网络的分布。经济发展的专业化程度越深，地区间的联系越多，就越要求在相应的发达地区建立交通运输网络。在市场经济的发展下，越南经济区专业化商品日益丰富；跨区域的运输强度更大，运输距离更远，运输货物的结构更加复杂。相反，经济区的综合发展，减少了原料、燃料和工农业产品的运输量，使每次运输都变得更经济划算。

交通运输属于基础设施。交通运输领域的投资耗费非常大，但这是需要优先发展的领域。前些年，投资主要集中在公路上（1995年越南政府对交通运输业的投资中公路占90%），水上和海上运输投资得还很少，这对越南发展各种类型的交通运输有很大影响。

近几年，为了服务国家工业化、现代化事业，越南政府采用如联营、外国直接投资(FDI)、官方开发援助(ODA)、建设—经营—转让(BOT)等各种方式，积极引进外国投资，加速交通运输业的基础设施建设，推动了交通运输业的超前发展。

第二节　主要运输形式的分布与发展

一、公路运输

(一)基础设施

越南现代公路网络形成于1912年，当时法国殖民者决定建立贯通整个印支半岛的公路网络，公路全长3万多公里。其中1.3万公里为碎石路，1万公里的路可以过汽车，7 000公里的路面很窄，只有在旱季才通行车辆。到1945年八月革命之前，越南有6 184公里公路，其中2 632公里为柏油路，2 610公里为碎石路，其余为泥土路。抗法战争期间，在解放区新建、重修了500公里公路，对1 200多公里的公路和3 000座桥梁进行了改建。1954年抗法战争胜利后，北部恢复了1、2、3、4、5、6、7、8、11、12、13、15、18、19号等国道，并且在北部山区和丘陵地区新修了多条公路。抗美救国战争期间，由于许多道路遭炮弹严重破坏，越南军民开辟了长山战略路线(即胡志明小道)支援南方。南部修建了很多现代化道路。南方解放后，交通运输部门接管了南方长达21 836公里(含4 564座桥梁)的公路。全国统一后越南的公路总长约为4.8万公里，其中国道10 629公里，(3 000多公里为水泥路，3 445公里为柏油路，其余为碎石路)。

近年来，通过集中投资、借贷等方式，越南的公路交通网络得到了扩大并迅速发展。越南现有公路总长已达25.66万公里，其中分级管理的为：国道1 072万公里，占总长度的6.72%；省道2.35万公里，占总长度的9.04%；农村道路20.1万公里，占总长度的78.38%；此外还有专用公路、村庄道路、工业园区道路等。越南的公路密度和人均公路拥有量在东南亚地区是较高的，全国平均公路密度为每平方公里0.219公里，但是如果仅算国道和省道，这个比例又是较低的。越南公路技术等级较低，大部分评不上级。越南的特点是公路多，但质量好的公路少，只有15.5%的公路为沥青路面，即使是国道也只有59.5%为沥青路面，道路路面较窄，且桥梁载重量低。国道和省级公路上桥梁数量达7 440座，其中永久性桥梁占59%，半永久性桥梁占26%，其余为临时桥。全国共有上百个轮渡码头，仅国道就有40个轮渡码头。全国还有602个乡没开通公路；近10万公里的农村交通只能在旱季来往。

（二）主要公路

1号公路（也叫1A号公路）从谅山省的友谊关到金瓯的楠根（Năm Căn），全长2 300公里，是越南公路系统的中轴线，连接了越南6/7的经济区（西原地区除外）和各大经济中心。在北部，2、3、6、32号公路与1号公路在河内交汇，18号公路与1号公路在北宁交汇，10号公路与1号公路在宁平相接，4号公路与1号公路在谅山相接。

中部北区，西边有15号公路与1号公路平行，此外还有穿过西原的14号公路。这两条公路都与1号公路和7、8、9、19、26号公路相连，形成一个连接沿海与山区和高原地区的便利交通网络。

在胡志明市，1号公路与13、15、20和22号公路交汇。

1号公路已经开始全线升级、重建，新建了河内到谅山段公路、海云关的隧道、横跨前江的美顺桥梁等。以往几乎所有的渡船都被钢筋混凝土桥梁所替代，全线的通车能力从根本上得到了提升。

胡志明小道是穿越全国的第二条中心公路。第一段从安江省的和乐（Hòa Lạc）到平福省的边葛（Bến Cát），长1 700公里，在21、15、14B、13号国道基础上改建而成，是促进越南西部发展的重要公路。第二段北部从和乐到高平、南部从边葛经过新清（Tân Thanh）—三农（Tan Nông）与80号公路在建江省的昏德（Hòn Đất）相连。

1. 北部山区和丘陵地区的重要公路：

——6号公路从河内到莱州，全长522公里。其中河内到巡教段，长397公里，巡教到奠边段与279国道重合，长81公里。6号公路是越南西北经济的中轴，是从红河平原到西北部地区最便利的道路，穿越了西北部地区和平、木州、山萝、奠边等经济中心。6号公路有很多山口、斜坡，其中和平省梅州县的通溪（Thung Khe）山口，长22公里，山萝坡丁（Pha Đin）山口，长29公里。12号公路从莱州省的巴南谷（Pa Nậm Cúm）到奠边府，长195公里。

——2号公路从河内的府鲁（Phủ Lỗ）到河江的清水（Thanh Thủy）口岸，长315公里，途径富安、永安市、工业城市越池及其周边地区，然后沿着泸江（sông Lô）盆地一直通向宣光、河江。2号公路上有很多段公路在雨季会被泸江淹没。

从富寿的骰泸（Đầu Lô）到老街是70号公路，全长190公里。

——3号公路从河内到高平，全长343公里，途经太原。从太原有1B号公路到同登，全长148公里。

——4号公路：4A号公路从同登（谅山）到高平（长118公里）；4B号公路从谅山经先安到广宁省的目住港（Mũi Chùa）；4C号公路从河江市到河江省的苗旺（Mèo Vạc），全长168公里；4D公路从莱州省风土县的巴硕（Pa So）到老街省的孟康，全长200公里。这是一条重要的边界公路，连接着各个口岸城市。由于地形险要，路上有许多危险山口，尤其是4D线。从高平省和安县扣屯（Khâu Đồn）到河江是34号公路，全长260公里。

——32号公路从河内到山西，然后经过富寿西部各县，沿着黄连山脉过义露、滩渊（Than Uyên）到莱州的平闾（Bình Lư），最后在老街与40号公路相接，全长404公里。279号公路和37号公路的各段与32号和6号公路相接，连接沱江两岸。

——279号公路从广宁省的桓普县河口到莱州省的西庄（Tây Trang）口岸，途径北江、谅山、北泮、高平、河江、老街、山萝和莱州等省。这是越南东西方向延伸最长的公路线。这条公路由于没有与各个城镇直接连接，经济意义不大。因此，它投资维修保养得不够，很长一段路面铺的还是碎石。

——37号公路是越南东西方向具有重大经济和国防意义的公路。这条公路始于18号公路上的海阳省至灵县（Chí Linh）的红星镇（Sao Đỏ），经北江、太原、宣光、安沛等省，通向6号公路上的木州农场，全长465公里。

2. 红河平原地区的重要公路：

——5号公路从河内到海防，全长106公里，连接了首都河内市和北方最大的港口城市海防市，途经海阳市。5号公路为吸引工业区集中建设和高技术创造了便利条件。18号公路升级之后，5号和18号公路相连，5号公路的战略意义得到大大提升。

——18号公路从河内内排到广宁省芒街市北伦桥，全长342公里。这是北部重点经济区的交通要道，其中内排到北宁段为高速公路。18号公路经过河内北部的工业区、红河平原北部的能源工业区和建筑材料工业区，在表宜（Biểu Nghi）与10号公路相接，然后经下龙市、锦普市，在先安与4号公路连接，一直通到中越边界。

——10号公路（230公里）由于红河平原沿海经济的发展而成为一条重要的公

路线。这条公路始于18号公路的广宁段，经海防、太平、南定，在宁平与1号公连接，然后经宁平、清化，在清化曹川(Tào Xuyên)与1号公路连接。现在，10号公路已经开始全线升级，修建桥梁取代大渡船。

——21号公路全长120公里，始于山西市，经红河平原西部，河西省(今河内市)的春枚(Xuân Mai)、和平省乐水县的芝尼(Chi Nê)、河南省的府里(Phủ Lý)到南定，通向南定省的海盛(Hải Thịnh)港。

——39号公路，全长109公里，连接5号公路上的兴安省浦内(Phố Nối)到太平省的延田(Diên Điền)港。

在红河平原还有一些具有重要经济和国防意义的短程公路，包括从河内到内排全长15公里的高速公路、从朗(Láng)到和乐(Hòa Lạc)全长31公里的高速公路。集中工业区、高新技术开发区正沿着这些短程公路展开建设。

3. 中部北区的重要公线路：

——15号公路从6号公路上的从动豆(Tòng Đậu)(和平省)到甘露市(广治省)，全长706公里。这条公路线对于胡志明小道西部地区的发展有着重要意义。现在这条公路正在逐步升级。

——7号公路从乂安省的演洲市到南干(Nậm Cắn)口岸，长225公里，通向越老边界。

——8号公路从河静省红岭(Hồng Lĩnh)市到悬桥(Cầu Treo)口岸(河静省香山市)，全长85公里，通向老挝中部，直达老挝首都万象。

——9号公路从东河市到劳保(Lao Bảo)口岸，全长83公里，通向老挝南部，与泰国东北部相连。

这些东西方向的公路线是老挝和泰国东北部的一些地区通向越南东部港口的必经之路。

4. 在中部南区沿海和西原地区的重要公路线：

——14号公路，全长890公里，始于广治的多克容(Đa Krông)连接9号公路，经承天—顺化、广南西部，过昆嵩、波莱古、邦美属，通向平福省的真城(Chơn Thành)。14号公路是西原地区的战略要道，现在已经升级胡志明公路。14C公路，从昆嵩到多乐，全长426公里，沿着越(南)柬(埔寨)边界修建。这条公路主要是供边防部队巡逻使用以及林场、农场的发展。因此现在路面状况还比较差。

——9号公路从归仁港出发，经波莱古到丽清(Lệ Thanh)口岸与柬埔寨东北部连接，全线长247公里，是连接西原高原北部和中部海港的主要通道。

——25号公路始于富安省的绥和(Tuy Hòa)，沿着巴江(sông Ba)和阿云江(sông A Yun)盆地，到达嘉莱省的诸谢(Chư Xê)市，全线长180公里。

——26号公路从宁和到邦美属，长151公里，是连接西原高原南部和中部海港的通道。

——20号公路，全长268公里，始于1号公路上同奈省的由瑞(Dầu Giây)，经夷灵高原到达岘港，与27号公路相连，通向到潘朗—塔占(Tháp Chàm)。这是一条旅游路线，连接胡志明市、岘港市和芽庄。

——27号公路从潘朗—塔占到邦美属，全长274公里。

5. 东南部的重要公路线：

——51号公路，全长86公里，从边和到头顿，是南方重点经济区一条非常重要的公路线。这条公路连接胡志明市和南部一些休假胜地。

——13号公路，全长142公里，从胡志明市的永平(Vĩnh Bình)经平阳省的莱眺(Lái Thiêu)、土龙木(Thủ Dầu Một)、平福省真诚县的真城、平龙县的安禄、禄宁县的禄宁到平福省的华间口岸，通向柬埔寨，然后沿着湄公河河岸到达万象。

——22号公路，全长82公里，从胡志明市守德到西宁省新边县的木排(Mộc Bài)口岸，通向金边，现在正逐步升级。

6. 九龙江平原的重要公路线：

在九龙江平原由于多数路段常被水淹，因此公路交通发展困难重重。随着九龙江平原基础设施的发展，这种情况已经有很大的改善。除了1A号公路外，该地区还有很多公路线路：

——80号公路，全长213公里，从南方前江省丐贝县的美顺桥(cầu Mĩ Thuận)出发，经永隆、沙沥、龙川、迪石和河仙，通向蛇西(Xà Xia)口岸(越南—柬埔寨边界)。这条公路通过91号公路与芹苴相连，通过1号公路与胡志明市相连。

——91号公路，全长142公里，始于芹苴市，沿着后江南岸经龙川、安江省的朱笃(Châu Đốc)，通向越南—柬埔寨边界的友谊关。

——30号公路，全长121公里，始于1号公路上前江省丐贝县的安友(An Hữu)沿着前江，经同奈省的高岭(Cao Lãnh)市、鸿御(Hồng Ngự)镇到韵坡(Vịnh Bà)(越南和柬埔寨边界)。这条公路很多路段常被洪水淹没。

——60号公路，全长127公里，从忠良(Trung Lương)经美萩市到槟椥，经翰隆(Hàm Luông)渡口到模棋(Mỏ Cày)县，古占(Cổ Chiên)渡口到茶荣市，经大义(Đại Ngãi)渡口到朔庄省；然后经1号公路到薄辽、金瓯、楠根(Năm Căn)。这是九龙江平原的沿海国道。

2006年越南客运量约14亿人次，比2005年增长9.1%。其中，公路客运量近12亿人次，增长10.1%。公交车和出租车运输业务从河内和胡志明市等大城市发展到全国许多省城。

2008年，越南货物运输量和货物周转量分别达6.04亿吨和1 743亿吨公里，客运量和旅客周转量分别达19.323亿人次和817亿公里；货运方面同比分别增长8.9%(总运量)和40.5%(吨公里)，客运方面同比分别增长8.1%(人数)和7.6%(使用公路距离)。港口吞吐量达1.938亿吨，同比增长16.3%。

2009年1月～8月越南客运量达12.953亿人次，同比增长7.9%；每公里客运量达567亿人次，同比增长4.5%。其中，国内旅客12.928亿人次，同比增长8%；每公里客运量为503亿人次，同比增长6.1%。其中，公路客运量达11.675亿人次，仍保持8.3%的增幅，每公里客运量为404亿人次，增长7.7%。2009年前8个月越南货运量约为4.223亿吨，同比增长3.1%，每公里货运量为1 257亿吨，同比增长8.4%。其中，陆路货运量约为3.048亿吨，增长4.2%。

二、铁路运输

(一)越南铁路运输简史

越南铁路历史始于西贡—美萩段铁路的修建(1885年7月20日)。法国殖民者侵占越南后就开始有计划地发展越南的铁路。尽管是以管制和控制殖民地资源为目的，法国殖民者用当时先进的技术发展了越南的交通运输。1889年到1902年，跨越红河的龙编桥建成。

1889—1904修建了河内—谅山铁路；

1889—1905修建了河内—海防铁路、河内—老街铁路、河内—荣市铁路；

1901—1908修建了顺化—东河铁路、顺化—岘港铁路；

1922—1927修建了荣市—东河铁路；

1931—1936修建了岘港—芽庄铁路。

贯穿全越南的铁路完成于1936年。

1954—1975年间，越南北方修建了一些新的铁路。如东英(Đông Anh)—馆潮(Quán Triều)铁路，连接河内和太原。刘舍(Lưu Xá)—皆普(Kép)铁路。皆普—翁秘(Uông Bí)铁路。在法国人修建的米轨基础上，又修了一些1.435米的标准铁轨。

越南南方解放、全国统一后，贯穿南北的铁路即统一铁路恢复运行。其运行速度在不断提高。河内到胡志明市从42小时缩短到32小时，现在又缩短到30小时。

(二)越南铁路线

越南铁路单线长2 632公里，包括6条主线和2条支线，261个车站。越南的铁路有三种轨距：

——轨距为1米的铁路长2 622.47公里，占总数的83.4%；

——轨距为1.435米的铁路长209.17公里，占总数的6.65%

——套轨铁路(同一条铁路线既有米轨又有1.435米标准铁轨)长311.05公里，占总数的9.95%。

主要的铁路线路有：

——从河内到胡志明市的统一铁路长1 726公里，米轨。

——河内—海防铁路，长102公里，米轨。

——河内—老街铁路，长293公里，米轨；河内—太原铁路，长75公里，其中安员(Yên Viên)—刘舍段为套轨。

——刘舍—皆普—翁秘—拜寨(Bãi Cháy)铁路，长175公里，轨距为1.435米标轨。

——河内—同登(Đồng Đăng)铁路，长162.5公里，其中从安员到同登为套轨。

由于地形条件的影响，越南的铁路很多弯道。最多的是统一铁路，有1 711段弯道，总长度373.7公里。安员—老街的铁路长285公里，弯道密度是最大的，共有742段弯道。由于越南江河密布，所以在铁路线上要修建很多桥梁。在27 805公里的铁路线上有1 777座桥，占铁路桥梁总数的63.2%。大部分铁路隧道修建于1906—1933年间(主要在统一铁路和河内—谅山铁路)，很难满足现代交通运输的需求，许多隧道都有速度限制。铁路弯道多、桥梁质量低是造成火车速度慢的主要原因。

在与其他交通运输，尤其是公路运输的竞争中，铁路营运的经济效益更低一些。当前铁路经营管理已经有了很大的改进，服务效果和服务质量明显增强。

(三)货物运载与周转

在货物运输及旅客输送方面，与其他类型运输相比，越南铁路运输还比较落后。20世纪80年代，当公路运输发展还比较落后时，铁路在旅客运输方面有着重要地位。但是随着社会经济的发展，铁路运输面临着公路运输的强烈竞争。铁路运输旅客量不断减少：从1980年的3 380万人次下降到1993年的780万人次，2000年又渐渐增加到980万人次。

2006年越南客运量约14亿人次，比2005年增长9.1%。其中，公路客运量近12亿人次，增长10.1%，航空客运量为730万人次，增长15.5%，铁路客运量下降。

2009年1月～8月越南客运量达12.953亿人次，同比增长7.9%；每公里客运量达567亿人次，同比增长4.5%。其中，国内旅客12.928亿人次，同比增长8%；每公里客运量为503亿人次，同比增长6.1%。2009年前8个月越南货运量约为4.223亿吨，同比增长3.1%，每公里货运量为1 257亿吨，同比增长8.4%。其中，陆路货运量约为3.048亿吨，增长4.2%；铁路为540万吨，下降9.5%。

现在越南从北到南的火车运行速度不断加快，火车运行时间大大缩短，服务质量和行使安全性也不断得到提升。

三、内河运输

(一)基础设施

越南全国有大约11 000公里的河道正在开发，其中仅红河流域就有2 500公里，九龙江流域有4 500公里，总河道运输线长8 013公里。

总的说来越南的河道系统开发利用的程度还很低，主要是由于冲积淤沙和小河沟较多，此外在河道疏浚、挖凿等方面的投资也比较少。

内河运输工具非常多样，从现代动力的如拖轮、汽轮等运输工具到各类小型运输船只乃至没有动力的船都应有尽有。

越南现在有约7 700艘客船，16.4万多个舱位。全国有上百个港口，其中有大约30个主要港口(有中央管理、地方管理和专用港口码头)。总的说来，各个港口的设备还非常落后。

在过去的十多年里，越南是东南亚地区港口发展较快的国家之一。目前，越南政府已制定多项政策，大力发展胡志明市以南的巴地—头顿港口群，许多外国港口运营商、船公司参与了建设项目。其中，盖美港自然条件较好，是越南的第一个深水集装箱港口，是港口群中的重点发展对象，有望成为越南南部地区国际门户港。韩国企业有意向该港投资3.45亿美元建设3个集装箱码头，可接纳6 000TEU型船舶，2010年完工；海皇公司的专用集装箱码头已制订扩建计划，拟增加海岸线192米，可接纳6 500TEU型船舶。

（二）运输活动

越南河道年运输量位居公路运输之后，排第二。平均运输距离为106公里。水路运输的流量总体还是在慢慢增加。河道运输对于红河平原和九龙江平原来说意义更为重大。

1. 红河—太平江流域：虽然运输流域很宽，但丘陵地区和山区大部分地区都有湍流，航行状况良好的流域比较少。河流中有大量淤沙，形成很多沙洲。在平原地区，栋江（sông Đuống）和露江（sông Luộc）连接太平江和红河，将丘陵地区各省与平原各省相连，一直通向广宁。河内、海防、广宁、南定、越池、太原、北江等几个重要经济中心都可以通过水路往来。在红河流域运输的货物主要是煤、农产品、建材；运送旅客数量更是不计其数。主要的河道运输有：河内—兴安—南定—太平，海防—太平—南定，海防—北江，山西—和平，河内—越池，越池—宣光等。以下的这些线路尤其重要：

——广宁—宁平，323公里，经过露江（sông Luộc）、桃江（sông Đào）、底江（sông Đáy）。

——广宁—河内，313公里，经过金台江（sông Kim Thầy）、栋江（sông Đuống）。

——列江（Lạch Giang）—南定—河内，181公里，经过宁机江（sông Ninh Cơ）、红河。

——格底（Cửa Đáy）—宁平，72公里，经过底江（sông Đáy）。

2. 湄公河—同奈河流域：水路运输流域包括东南部和九龙江平原，可以延伸到柬埔寨、泰国和老挝南部。在越南，湄公河、同奈河及其支流以及密布的水渠系统构成了便利的水路运输网络，使用密度位居越南第一。前江、后江、龙道江（sông Lòng Tàu）、西贡河等河床深3.5～10米，可通行载重量为3 000吨的船只。2万吨的船可以通向西贡港（距海84公里）。

当中主要河道有：西贡—美萩（191公里）、西贡—鸿御（194公里）、西贡—龙川（200公里）、西贡—芹苴（166公里）、西贡—迪石（257公里）、西贡—茶荣（150

公里)、西贡—西宁(170公里)和沿海线西贡—金瓯(303公里)。运输十分便利迅速。大部分水路运输工具都实现了机械化。

在湄公河—同奈河流域运输的货物主要是农产品、海产品、建筑材料、燃料。该流域旅客输送量也非常大。

3. 中部流域：中部流域的水路运输由于江河流程短、坡度陡，且互不相接。因此，运输价值不高。运输主要在各条江河的下游地区，而且是省内运输。中部流域的水路运输主要是清化的马江(sông Mã)、朱江(sông Chu)、乂安省的大江(sông Cả)、广平的建江(sông Kiến Giang)，广治的石罕河(sông Thạch Hãn)，承天—顺化的香江(sông Hương)，岘港的韩江(sông Hàn)，广南的茶曲江(sông Trà Khúc)、秋盆江(sông Thu Bồn)。

2008年，越南内河货运量为7 730万吨，货物周转量为90亿吨公里，同比分别增长8%和8.1%。客运量为2.06亿人次，旅客周转量为76.2亿人次公路，同比分别增长3%和3.1%。

2009年1月～8月越南客运量达12.953亿人次，同比增长7.9%；每公里客运量达567亿人次，同比增长4.5%。其中，河运达1.088亿人次，增长5.3%，每公里客运量为22亿人次，增长4.2%。2009年前8个月越南货运量约为4.223亿吨，同比增长3.1%，每公里货运量为1 257亿吨，同比增长8.4%。其中，河运为8 050万吨，增长0.8%。

四、海上运输

(一)海港

越南全国有73个大小海港，年吞吐量达3 100万吨。东南部有28个海港，年吞吐量为1 800万吨。其次是红河平原和东北部地区。在中部南区沿海地带虽然港口很多(17个)，但几乎都是小港口，较大的港口有岘港、归仁和芽庄。九龙江平原只有芹苴港是大港口。芹苴港虽然是河口港，但在当地的海港运输中占有重要地位。

20世纪90年代以来，为了满足对外经济的需求，越南的海港进行了改造，日趋现代化。港口的年吞吐量从1995年的3 000万吨上升到2000年的8 000万吨。2009年越南港口货物吞吐量达2.51亿吨，同比增长27.79%。货轮停靠港口达10.8万艘次，增长9.56%；其中，外国货轮6 923艘次。

越南有8个由中央管理的大型港口，分别是广宁港、海防港、义安港、岘港港、归仁港、芽庄港、西贡港和芹苴港。其中海防港、岘港港和西贡港是越南目前最大的3个港口。

1. 北方港口

在广宁有专用的港口：下龙市的鸿基煤港，锦普市的格翁（Cửa Ông）煤港，B12石油港等。格翁港的水很深，可以通行5万吨的船只，从长远看这个地区的全部的煤都可以从格翁港口出口。在广宁发展港口、改变港口的职能需要考虑到对环境的影响，以及对作为世界遗产的下龙湾旅游业发展的影响。

盖临（Cái Lân）港船可供吃水达12米深的船只停泊，将会是北方重点经济区的门户。

海防港：该港位于格禁江（sông Cửa Cấm）口，距大海30公里。海防港的年吞吐量达到300万～400万吨。可供吃水达7米深的船只通行。该港的缺陷是冲积淤沙多，需要经常疏浚。

2. 中部港口

中部沿海从清化到平顺有宜山（Nghi Sơn）、格卢（Cửa Lò）、泳映（Vũng Ánh）、和罗（Hòa La）、争港（Gianh）、越门（Cửa Việt）、顺安（Thuận An）、真梅（Chân Mây）、莲沼（Liên Chiểu）、仙沙（Tiên Sa）、奇河（Kì Hà）、容橘、归仁（Quy Nhơn）、泳罗（Vũng Rô）、潭门（Đầm Môn）、芽庄、金兰湾等很多天然良港。

格卢港：格卢港是中部北区的重要港口，也是老挝经越南出海的重要港口。年吞吐量达100万吨。

岘港港：岘港港可供1万吨的船只停泊、通行。港口很少被瘀沙冲积，不需经常进行疏浚。岘港港经一座527米的跨海大桥连接山茶半岛。

归仁港：归仁港水深、风小，可供1万吨的船只通行、停泊。归仁港是西原北部各省的重要出海通道。

芽庄港：芽庄港为服务旅游业的港口。

由于工业化发展的要求，再加上便利的地理条件，中部地区正在修建一些新的港口，如清化省南部的宜山港、承天—顺化省的真梅港、广义省的容橘港。

3. 南方港口

西贡港：西贡港距大海84公里，可供吃水量8～9米的船只停泊、通行。现在西贡港是越南最大的港口，年吞吐量达1 100万吨。西贡港是越南南部（东南部和九龙江平原）和中部南区进出口的重要通道。2010年年吞吐量提升到1 500万吨。越南在胡志明市新顺区修建了新的码头——槟业（Bến Nghé）集装箱港，同时改造升级新港（Tân Cảng）和龙道江（sông Lòng Tàu）河道。

氏崴（Thị Vải）—头顿深水港群：该港群包括鹅油（Gò Dầu）、富美（Phú Mỹ）、丐蔑（Cái Mép）等港口。年吞吐量1 500万吨。头顿港主要为富美、鹅油、仁泽（Nhơn Trạch）等工业区服务。氏崴—头顿深水港群可视为西贡港的一些辅助港口。

芹苴港：年吞吐量约420万吨。

（二）海上运输的主要航线

随着越南对外经济关系的发展，越南的国际海上运输力量猛速增强，尤其是与东南亚地区其他国家的来往迅速增多。

从北到南的内河—海上运输系统弥补了公路、铁路运输的不足。海上运输主要是煤、水泥、矿产、肥料、木材、粮食、工艺美术品、设备、食品等。

越南主要航海路线：

海防—胡志明市；

海防—广宁；

海防—槟水（Bến Thủy）；

海防—岘港；

岘港—归仁；

归仁—潘朗；

潘朗—西贡；

西贡—金瓯

越南的国际海上航线已经可以到达中国、俄罗斯、日本、韩国、泰国、新加坡、马来西亚、柬埔寨等世界上许多国家和地区。

五、航空运输

（一）基础设施

越南的航空业是年轻的行业，但发展很快。越南民航的飞机不断在更新换代。以前主要使用前苏联的飞机，现在逐渐在购买或者租用现代飞机代替旧飞机。

越南国家航空公司（Tổng công ty hàng không Quốc gia Việt Nam）是越南最大的航空公司。其前身是越南民用航空局，1996年正式成立越南航空总公司。越南国家航空公司由越南政府完全拥有。

1995年，越南在整合原有20多家航空运输和服务公司的基础上成立了越南航空总公司，拥有平均机龄不足10年的飞机43架，开通了国内16个城市的23条航线和国外26个城市的41条航线，并在各国设立28个办事处和1 000多个代理点，运输能力和服务质量得到明显提高。

2000年，越南国家航空公司共有飞机23架，包括5台波音767-300、10台空中客车。到了目前，越南国家航空公司拥有各类飞机101架，年客运量达1 200万人次，货运量205万吨。

越南航空公司共有员工1.4万人，其中飞行员422人、机组服务员700人、技术工程师283人、技术工人590人。他们的培训工作颇受重视。越南航空公司还在内排和新山一机场建立了飞机保养、维修基地，机场得到了恢复、提升和完善。

改革开放后越南的经济不断发展，对外商务、旅游、文化交流等活动日益频繁，越南航空也迎来一轮快速发展的好时机。为了谋求更大的发展，越航在积极推动购买新飞机、改善机场设施等硬件建设的同时，也非常重视推行服务多元化、拓展国际合作空间以及改善航空餐饮和娱乐项目等软件建设。

根据商务旅客和旅行团逐渐增多的特点，越航的服务也逐渐多样化，其中包括主动上门推销航线、积分送里程以及坐飞机送饭店消费等。在国际航空业竞争日趋激烈的今天，越航越来越重视拓展国际合作空间，仅在亚洲，越航就已经与中国、日本、东盟国家和地区的航空公司进行了接触交流，在更广泛的领域进行合作，其中与中国南方航空公司在往返广州—河内—胡志明市的航线上实行“代码共享”以及座位共享等合作已经逐步展开。在航空饮食上，越航也不断改进提高，现在不但提供亚洲美食，而且还经常提供西餐式的航空食品。在越航新引进的波音777飞机上，乘客还可以根据自己的爱好选择欣赏多达55个频道的影视和娱乐节目。有关专家预测，考虑到原来的基础以及发展的潜力，在未来10年中，越南航空公司将是东南亚乃至亚洲发展最快的航空公司之一。

目前，越南共有140个机场，其中有52个民用机场，其余为军用机场和直升机场。在52个民用机场中，有28个机场常年从事民航业务，年旅客吞吐量在2.5万人次以上，称为航空港；24个小机场（年旅客吞吐量在2.5万人次以下）为医疗急救、旅游、空中通勤等专用机场。

越南共有3个国际机场，分别是内排机场、岘港机场和新山一机场，19个地方机场。内排机场几经扩建后，现在每年可以接待旅客100万人次、货物4万吨。岘港机场的吞吐能力为每年150万人次。新山一机场也修建了新的停机场，现在每年可以接待旅客800万～1 000万人次。

现在正在运行的机场有河内的内排（Nội Bài）机场、胡志明市的新山一（Tân Sơn Nhất）机场、岘港市的岘港机场、奠边省的奠边府（Điện Biên Phủ）机场、海防市的吉比（Cát Bí）机场、山萝省的那产（Nà Sản）机场、义安省的荣市（Vinh）机场、顺化市的富排（Phú Bài）机场、平定省的符吉（Phù Cát）机场、庆和省的芽庄机场、多乐省的邦美属（Buôn Mê Thuột）机场、嘉莱省的波莱古（Plâycu）机场、林同省的连康（Liên Khương）机场、建江省的富国（Phú Quốc）机场、芹苴市的芹苴（Cần Thơ）机场、富安省的绥和（Tuy Hòa）机场、建江省的迪石（Rạch Rá）机场、巴地—头顿省的昆岛（Côn Đảo）机场。另外还有高平（Cao Bằng）、河江（Hà Giang）、朱莱（Chu Lai）、洞海（Đồng Hới）等机场。

（二）航线

1. 现在越南国家航空公司的国内航线有：

（1）从河内出发：

河内—岘港；

河内—奠边府；

河内—胡志明市；

河内—顺化；

河内—那产；

河内—芽庄；

河内—荣市。

（2）从胡志明市出发：

胡志明市—邦美属；

胡志明市—大叻（Đà Lạt）；

胡志明市—海防；

胡志明市—顺化；

胡志明市—芽庄；

胡志明市—富国；

胡志明市—波莱古；

胡志明市—归仁；

胡志明市—绥和；

胡志明市—迪石。

（3）从岘港出发：

岘港—邦美属；

岘港—海防；

岘港—胡志明市；

岘港—芽庄；

岘港—波莱古；

岘港—荣市；

岘港—大叻。

2. 国际航空线：可以到达世界上19个大城市

（1）从河内出发：

河内—曼谷（泰国）；

河内—迪拜（Đu Bai）（迪拜酋长国）；

河内—广州（中国）；

河内—香港（中国）；

河内—台北（中国）；

河内—首尔（韩国）；

河内—万象（老挝）。

（2）从胡志明市出发：

胡志明市—曼谷（泰国）；

胡志明市—香港（中国）；

胡志明市—台北（中国）；

胡志明市—高雄（中国）；

胡志明市—吉隆坡（马来西亚）；

胡志明市—马尼拉（菲律宾）；

胡志明市—新加坡（新加坡）；

胡志明市—迪拜（迪拜酋长国）；

胡志明市—墨尔本（澳大利亚）；

胡志明市—悉尼(澳大利亚);

胡志明市—东京(日本);

胡志明市—首尔(韩国);

胡志明市—维也纳(奥地利)。

从迪拜可以转飞迪拜—巴黎，巴黎—柏林，迪拜—莫斯科。

六、管道运输

管道运输是用管道作为运输工具的一种长距离输送液体和气体物资的运输方式，是一种专门由生产地向市场输送石油、煤和化学产品的运输方式，是统一运输网中干线运输的特殊组成部分。有时候，气动管道也可以做到类似工作，以压缩气体输送固体舱，而内里装着货物。管道运输石油产品比水运费用高，但仍然比铁路运输便宜。大部分管道都是被其所有者用来运输自有产品。

管道运输不仅运输量大、可连续、迅速、经济、安全、可靠、平稳以及投资少、占地少、费用低，并可实现自动控制。除广泛用于石油、天然气的长距离运输外，还可运输矿石、煤炭、建材、化学品和粮食等。管道运输可省去水运或陆运的中转环节，缩短运输周期，降低运输成本，提高运输效率。当前管道运输的发展趋势是：管道的口径不断增大，运输能力大幅度提高；管道的运距迅速增加；运输物资由石油、天然气、化工产品等流体逐渐扩展到煤炭、矿石等非流体。

越南的管道运输业随着油气业的发展日益得到发展。管道运输主要是用于运输油气和油气产品，是油气运输的唯一方法也是经济效益最好的方法。但海底管道运输是一项复杂的工程，要求有很高的技术和很大的投资。

越南现在管道系统包括：

——内部矿产管道，长150公里，用于集中石油用以出口或者输送到港口，再通过船只运到销售地。

——导气管道，从白虎矿区到守德，其中从白虎到接船点有106.5公里的16英寸的管道，到营固(Dinh Cố)工厂10公里的16英寸管道，从营固到头顿7公里的16英寸的管道。产品从营固工厂通过3条长25公里的6英寸管道引导到氏崴(Thị Vải)，再从氏崴运到销售地点或出口。

——管道系统将油气产品从B12油气港运输到红河平原各省，尤其是河内、南定、广宁、海防，管道全线长275公里。

第六章　对外经济地理

第一节　发展对外经济的条件

一、地理位置与自然资源

（一）地理位置

东南亚乃至整个亚太地区是世界上经济增长较快的地区，而越南位于东南亚地区的中心。越南的地理位置一方面为其进行地区间交流合作创造了便利条件；另一方面，对国内经济和对外政策的制定也形成了新的挑战，使国际、地区的交流、合作和竞争更加有效。

越南是俄罗斯、中国、日本、韩国到东南亚地区，中东、非洲以及澳洲到日本和远东地区的必经之地。越南沿海许多地方具备深水港建设条件；尤其是中南部以南地区气候条件好、少风暴、少雾，船舶可以长年安全地通行、停泊。

越南与邻国有约4 500公里的陆上边界线。边界沿线有许多口岸，便于陆上贸易。

越南还是从亚洲到欧洲的航空中转站。特别是新山一机场，地理位置十分优越，距离越南首都河内和曼谷、雅加达、马尼拉、新加坡等东南亚国家各大城市航程相当。升级后的内排、新山一、岘港等各大国际机场开辟有众多国内航空线路，使越南航空贸易、国际旅游和航空运输业务的范围扩大，同时也为建立工业园区和高新技术工业园区、吸引外国投资创造了便利条件。

交通运输基础设施、通信联络和电力供应对对外经济的发展非常重要。航海、航空和港口、机场的建设扩大了对外贸易的范围，有利于建设集中的工业区、加工区和联营企业。在经济重点区发展基础工程设施将会为投资创造重要的前提条件，对区域发展提供强大动力。

（二）自然资源

越南自然资源丰富，具有发展农、林、渔、牧及矿产开采业的有利自然条件。

同时越南政府积极创造条件吸引外国投资。

越南的自然条件为其有效地发展热带农业创造了有利条件，其中有出口价值很高的产品，如稻米等粮食作物以及橡胶、咖啡、椰子、红木、胡椒、甘蔗、烟叶、茶叶、茴香等热带经济作物，还有鱼、虾等水产品。

越南矿产资源丰富，有一些储量高、质量优的矿产品。大陆架石油储量约有100亿吨，天然气上千亿立方米，这是获得外汇的重要出口产品，也是吸引外国投资的重要领域。同时还开发了如电力、氮和其他化学产品等很多新的合作领域。煤、有色金属和黑色金属矿产、非金属和建筑材料矿产品也正在开采，需要大量的投资。越南具有巨大的投资潜力。

丰富的水力资源也吸引着外国投资越南的水力发电业。

越南有大量的贵重木材，它们仍然是高价值的出口品。还有其他的如竹编、藤编等是越南传统的手工艺品，在世界市场上也占有一席之地。竹子是越南与国外合作发展造纸业的重要原料。

二、居民、劳动力、市场

据越南统计总局（tổng cục Thống kê）投资计划部（bộ kế hoạch và đầu tư）2012年4月1日发行的《家庭计划和人口变动调查情况》（điều tra biến động dân số và kế hoạch hóa gia đình thời điểm 1/4/2012）显示，截至2012年4月1日零时越南总人口为88 526 883人。其中，城市人口28 568 744人，占人口总数的32.3%；农村人口59 958 139人，占67.7%。越南人口主要分布：红河平原，20 146 759人；中部沿海和中北部地区，19 123 424人；九龙江平原人口，17 836 850人；西原5省仅5 338 434人；其余人口分布在东南部、西北地区和东北地区。男女人口比例为98:100。目前，越南人口总数在东南亚排第3位，在世界排第14位。

越南人口众多，是一个潜力巨大的市场，人们的购买力增长迅速，供求关系日趋平衡。这是与越南进行商贸合作的好机会。这个特点对制定国内需要的粮食和消费品政策有着巨大影响，同时又能刺激国内的生产。

越南的劳动力资源丰富。越南人勤劳勇敢，接受能力强、技术水平和工作能力日渐提高。越南人掌握多种传统工艺，这是发展需要大量廉价劳动力的劳动密集型工业（如轻工业、小手工业、食品加工业等）的有利条件，同时逐步开始发展一些技术含量高的出口产品，适应市场的需求。

越南国内广大的市场及相对廉价的劳动力对外国投资者具有一定的吸引力。吸引投资最多的地方是大城市、经济发展的地区，以及居民集中的地区如红河平原和东南部地区。

越南正处于工业化的初级阶段，对机械设备和原材料的需求量都非常大。这一特点将长期引导着越南进口产品的结构。

第二节　对外经济的地位和作用

对外经济包括：进出口贸易、外国投资方面的国际合作、劳务方面的国际合作、国际旅游和其他吸引外资的活动。发展对外经济是建设和发展越南经济的重要条件，同时也符合时代的大趋势。

据越南《经济时报》2009年11月3日报道，2009年前9个月越南签署了不少对外双边或多边合作协定。在东盟内部，签署了货物贸易协定、全面投资协定、油气安全协定，还有在东盟内关于医科、会计等行业人员互相承认的协议；东盟外部有，成立东盟—澳大利亚—新西兰自贸区协定，东盟—中国投资协定等。此外，还积极参与亚太经济合作组织（APEC）和亚欧会议（ASEM）组织的经济合作。下一步，越南将早日完善到2020年自贸区的谈判战略，加快与智利和欧盟自贸区谈判进度。

另据越南《经济时报》2009年12月17日报道，越南计划投资部在2006—2010年越南社会经济发展五年计划实施情况评估报告中指出，2006—2010年越南吸收外国直接投资（FDI）和官方开发援助（ODA）分别约达1 500亿美元和230亿美元。

报道称，2006—2010年期间，越南新批和新增外资协议总额为1 471亿美元，是计划指标的2.7倍，较2001—2005年增长了6倍，实际利用外资为363.6亿美元，是计划指标的1.4倍。5年间，越南获官方开发援助（ODA）承诺援款总额约230亿美元，高于190亿～210亿美元的计划目标。

2009年1月～10月，越南新批中国对越直接投资项目32个，协议金额1.39亿美元，6个原项目增资2 880万美元。截至2009年10月20日，中国对越直接投资有效项目661个，投资协议总额27亿美元，在89个对越南投资的国家和地区中列第15位。

一、进出口贸易的作用

（一）出口贸易的作用

（1）出口能够增加用于生产的资金积累、扩大生产规模、增加经济收入。越南的工业化、现代化需要大量的资金。

（2）生产出口为进口国外产品实现国家工业化现代化提供了资金。

（3）出口有利于有效发挥越南的各种优势（地理位置、自然资源、人力资源、各种产品），刺激经济增长，具体表现在：

——推动各经济部门的发展；

——促进设备和生产技术的更新，改进产品样式、提高产品质量、增强产品的市场竞争力。

（4）出口还会影响到经济部门对产业结构的调整，以便更好地利用资源。

（5）出口还能创造就业机会、增加人们的收入，改善人民生活，同时一部分出口资金还可以用来进口人民大众的生产和生活必需品。

越南2008年商品出口额为629亿美元，比2007年增长29.5%。其中，外资企业出口额为245亿美元，比2007年增长26.8%；原油出口额为105亿美元，比2007年增长23.1%；本国企业出口额为280亿美元，占50.3%，比2007年增长34.7%。其中，出口额20亿美元以上的商品有：原油出口额为105亿美元，纺织品出口额为91亿美元，鞋类出口额为47亿美元，水产品出口额为46亿美元，大米出口额为29亿美元，木材产品出口额为28亿美元，微电子产品出口额为27亿美元，咖啡出口额为20亿美元。

2008年越南出口的主要市场及出口额分别是：美国116亿美元，同比增长14.5%；东盟102亿美元，同比增长31%；欧盟100亿美元，同比增长15%；日本88亿美元，同比增长45%。

2009年1月越南出口额只有38亿美元，较2008年12月减少10亿多美元，较2008年1月衰退近25%，且出口产品金额皆较2008年同月份减少，其中原油出口额减52%，成衣出口额减33%，鞋类出口减25%，电子产品及电脑出口减34%，电线电缆出口减54%，咖啡出口减30%，天然乳胶出口减54%，仅稻米出口成长2.5倍，宝石和贵重金属出口增长近7倍，创汇1.3亿美元。

2009年越南出口金额约为567亿美元，同比下降9.5%。但2009年越南出口大米达605.2万吨，出口额近27亿美元，均达到历史最高水平。越南大米出口的结构也不断得到优化，高级米占出口总量的比例由34%提高到了50%。2010年越南大米出口达到670万吨左右。

2009年越南干海味出口仍旧出现猛增。韩国、美国、(中国)台湾、日本和东南亚国家联盟成员国都是越南干海味产品的主要进口国。这些国家的进口量占2009年越南干海味产品总量的80%。2009年越南干海味出口量达4.16万吨，创汇1.556亿美元。出口量与2008年相比增长了32%，出口额则同比增长10.9%。韩国是越南干海味产品的最大进口国，2009年韩国进口越南干海味产品1.1 697万吨，货值5 912万美元。其次是美国，2009年美国进口越南干海味产品货值同比增长了81.8%；日本的进口量增长了56.6%；中国台湾的进口额增长了36.5%；而东盟国家的进口额增长了2.9%。

2009年越南农林水产品出口总额达150亿美元，其中出口农产品为85亿美元、水产品为45亿美元、林产品为20亿美元。

越南2013年商品出口额为132.2亿美元，比2012年增长15.4%。其中，外资企业出口额为884亿美元，比2012年增长22.4%；原油出口额为72亿美元，比2012年减少11.9%；本国企业出口额为438亿美元，比2012年增长3.5%。其中，出口额20亿美元以上的商品有：鞋类出口额为84亿美元，微电子产品出口额为107亿美元，原油出口额为72亿美元，水产品出口额为67亿美元，木材出口额为55亿美元，大米出口额为30亿美元，咖啡出口额为27亿美元。

2013年越南出口的主要市场及出口额分别是：美国237亿美元，同比增长20.3%；东盟185亿美元，同比增长6.3%；欧盟244亿美元，同比增长220.4%；日本136亿美元，同比增长3.8%。

（二）进口贸易的作用

（1）进口直接影响到越南国内的生产和经营，因为越南许多用于经济领域的主要原料和燃料都是依靠进口的。经济越发达，对各种原料进口的需求就越高。

（2）通过进口先进技术和生产物资，企业既可更新生产设备和生产技术，同时也学到了很多先进的经营管理经验。

越南2008年商品进口额约为804亿美元，同比增长28.3%。其中，国内企业进口额为518亿美元，增长26.5%；外资企业进口额约为286亿美元，增长31.7%。2008年越南进口货物中，主要是生产资料的进口，占88.8%，消费品进口仅占

7.8%。由于进口货物的国际价格上涨，2008年越南贸易逆差约为175亿美元，同比增长24.1%，占出口额27.8%。2008年主要的进口市场和进口额分别是：东盟195亿美元，同比增长22.5%；中国154亿美元，同比增长23.2%；欧盟52亿美元，同比增长1.7%；中国台湾84亿美元，同比增长21.8%；日本83亿美元，同比增长37.7%。

2009年1月，越南进口约41亿美元，较年2008年1月剧减45%，其中汽车进口剧减70%、钢胚进口剧减80%、胶原料进口剧减50%、油品进口减75%。但2009年中国成为越南最大的电脑、电子产品及零配件进口市场，越南自中国进口上述商品15亿美元，同比增长123.7%，占该商品进口总额的37%。

除中国外，越南电脑、电子产品及零配件主要进口市场分别为：日本，进口金额为8.39亿美元，同比减少9.6%，占21.2%；中国台湾，进口金额为3.09亿美元，同比增长129.4%，占4.1%；韩国，进口金额为3.08亿美元，同比增长107%，占7.8%。2009年越南进口电脑、电子产品及零配件近40亿美元，较上年增长6.5%。

2009年越南进口金额约为687亿美元，同比下降14.9%。部分主要工业品进口增幅较大：进口化肥430万吨，增长42%；进口塑料原料220万吨，增长25.8%；进口各种纱线4.95万吨，增长19.5%；进口钢铁960万吨，增长13.8%；进口计算机及电子零件达39亿美元，增长5.8%；进口药品逾10亿美元，增长27%。

二、国际投资合作与劳务合作的作用

（一）国际投资合作的作用

加强国际投资合作是发挥外部力量加速经济增长的一项重要工作。随着越南革新开放事业的不断推进，对外经济日益得到重视。

（1）越南由于外国投资的不断增加，满足了其保证经济增长速度的需求，改善了其生活生产的基础设施。

（2）通过吸收外国资金和技术，越南实现了工艺转让，吸收了世界先进工艺科学的成果。

（3）国际投资合作为提高劳动力质量创造了条件，为劳动者就业、增加收入起到了积极的作用。

（4）由于投资合作，越南开发了一些重要资源，如油气、水电等。同时，由于投资合作，越南从中学到了国际上先进的经营管理经验。

（二）国际劳务合作的作用

国际劳务合作也是一项重要的对外经济活动，它使越南能够充分发挥人力资源丰富的优势。劳务合作一方面提高了劳动者的收入，增加了国内的资金积累；另一方面，通过合作，越南的生产质量得到进一步提升，逐渐向世界先进水平看齐。

越南劳务输出管理局称，2005年前5个月劳务输出共25 569人，其中，中国台湾14 385人，占56.3%，马来西亚5 085人，占19%。截至2005年6月，越南在国外工作的劳务有40万，主要分布在东北亚、东南亚、中东、南亚、太平洋等40个国家和地区。2004年越南劳务输出总收入为16亿美元。

据越南《劳动报》援引越南劳动伤兵和社会部的消息报道，2006年1月～11月，越南劳务输出近7万人，主要输往日本、韩国、中国台湾和马来西亚等地。除了上述传统的劳务市场以外，2007年中东的阿联酋和卡塔尔也成为越南劳务输出的新市场。

据《越南经济时报》2010年1月4日报道，越南国外劳动管理局报告称，截至2009年12月30日越南对外输出劳务7.5万人。2010年马来西亚、中国台湾仍是越南劳务输出主要的市场。随着经济回暖，欧洲、日本以及利比亚、阿拉伯联合酋长国等中东市场需求将增加，同时越南也将出台一些促进劳务输出的政策，2010年越南对外劳务输出达9万人。

三、国际旅游的作用

国际旅游主要是吸引外国游客到越南参观旅游，这是一种原地出口的方式，对挖掘越南的自然景观、人文景观等各方面的潜能有全面的影响。国际旅游合作还有利于越南人民与世界其他各民族人民进行文化交流。

同东盟其他国家相比，越南旅游业起步较晚，可以说，自1986年实行革新开放政策以来，越南的旅游业才真正步入发展的轨道，但发展速度相当快。

从客源情况来看，到越南观光的外国游客主要来自中国、美国、东盟各国、日本、法国、德国、意大利、西班牙、加拿大、澳大利亚等国。其中，来自中国的游客较多。

1986年入境越南的外国游客仅2万人次，1990年外国游客达到25万人次，1993年近67万人次，1994年约100万人次，1995年135万人次，1996年约160万人次，1997年约170万人次，1998年约150万人次，1999年近180万人次，2000年外国游客突破200万人次，2001年230万人次，2002年260万人次，2003年220万人次，2004年270万人次，2005年300万人次，2006年360万人次，2007年420万人次，2009年390万人次，2010年500万人次，2011年600万人次，2012年650万人次，2013年757万人次。据越南国家旅游网站2014年8月7日报道，2014年1月～7月，越南共接待外国游客485万人次。

随着旅游市场的不断扩大，游客人数的逐年增加，旅游业已成为越南外汇收入的重要来源之一。

第三节　革新开放前的对外经济（1945—1985年）

1945年越南“八月革命”成功，成立越南民主共和国（1976年更名为越南社会主义共和国）。60多年来，越南的对外经济主要经历了以下几个阶段：1945—1954年、1955—1975年、1976—1985年、1986年至今。

一、1945—1954年间的对外经济

1945—1954年期间越南对外经济活动与抗法战争密切相关。在抗法战争时期，越南政府主张在解放区和敌占区之间开展贸易往来。1950年边界战争胜利后，越南与中国、前苏联和东欧国家正式建立了经济贸易往来关系。

二、1955—1975年间的对外经济

这一时期的越南一边在北部建设社会主义，一边进行抗美救国战争。

1955—1965年阶段，越南一边加强发展与各个社会主义国家的经济和贸易往来，一边发展与非社会主义国家的外交关系来扩大外贸关系。到1964年，越南已经与世界上40个国家有贸易往来。由于经济发展程度还很低，主要是与社会主义的贸易往来，每年出口额只有700万～800万卢布。1955—1965年阶段，出口商品主要是矿产、木材、未经加工的农产品和轻工业产品。进口产品主要是为经济建设服务的生产资料。

1966—1975年是抗美救国战争阶段，外贸活动主要是接受国际援助（人道主义援助），与国外的商贸活动很少。到1974年，越南只与世界上的27个国家有经

贸关系，主要是社会主义国家。在这个阶段，出口不仅没有增长，反而还有所减少。与此同时，进口迅速增加，因此逆差飞速增长。1966—1975年阶段，出口产品主要还是各类矿产，而进口产品则主要是原材料和日常消费品。

这个时期，在中国、前苏联等社会主义国家的援助下，越南在北部建立起了一些基础工业，其中有一些重工业中心如安沛省安平县境内的塔婆水电站、太原钢铁厂、“3·8”纺织厂、北江氮肥厂。越南南方则在美国等西方国家的援助下发展了交通运输网络、工业基础设施、食品工业以及比较现代的化工工业，如边和工业园区等。

三、1976—1985年间的对外经济

全国统一后，越南经济遇到了严重困难：商品经济不发达、国内资金积累不足，经济完全依赖国外，战后经济恢复工作进展缓慢。1978年7月，越南正式成为经济互联体成员，与前苏联和东欧社会主义国家签订了友好条约和长期经济合作条约。

在这个阶段，中越关系恶化。越南除了加强与前苏联和东欧社会主义国家的经济关系往来外，还开始与日本、法国、联邦德国、瑞典、印度、泰国和新加坡等国家和中国香港、中国台湾地区发展贸易关系。

1976—1985年，越南出口虽然有所增加，但出口产值过低，出口产品80%是没有加工或只是粗加工的农、林、水产品和矿产品及手工艺品。工业产品和工业加工产品所占比重非常小。贸易逆差还是很大，几乎所有服务生产和生活的产品如钢铁、石油、设备和消费品、粮食、食品等都要进口一部分甚至全部。

在这个阶段，越南根据集中管理机制和大包干制度实行对外贸易的垄断政策。这限制了市场的扩大、阻碍了新商贸伙伴的建立，阻碍了商贸业对世界市场的快速适应能力。

第四节　革新开放以来的对外经济（1986年至今）

革新开放初期，越南实行开放、多方位、多样化的对外经济政策。越南与世界上上百个国家和地区建立了贸易关系。1991年实现了中越关系正常化。随后，越南与欧盟签订了贸易合作协议。1995年7月12日，越南与美国正式建立外交

关系。1995年7月28日越南成为东盟的正式成员国，签订东盟自由贸易区协定及越—美贸易协定。2007年1月越南正式加入WTO。这一切为越南在投资和对外经济活动上扩大贸易关系和国际合作营造了良好的国内国际条件，但同时也对越南提出了巨大的挑战。越—美商贸协定的签订给越南的纺织品、水产品、咖啡、农产品、手工艺品等出口美国市场创造了更多的机会；吸引了国外投资；接受现代工业技术；加强劳动力的使用和人才教育，管理技能。越—美贸易协定也给越南带来了很多挑战，因为越南的企业不了解美国企业的法律、要求、效率和分配体系；当越南允许美国的公司在越南开展活动，那么越南的财政、银行、通信也将面临美国公司的强大竞争压力。此外美国方面还会用所谓的"人权"问题和环境问题来对越南的经济和贸易施加压力，限制越南的产品进入美国。又如，东盟自由贸易区协定的签订减少了关税，使越南的企业要面对向东盟出口时的各种困难。企业生产各种产品代替进口商品，交通运输、饮食、电力、化肥、钢铁等产业都承受着巨大的竞争压力。

1986年后，越南在外贸活动方面有很多重要的改变：

——将外贸活动从集中、包干制度转向经营核算；

——扩大各种经济成分的直接进出口经营。

——制定相应的法律和政策（主要是税务政策）来加强政府对所有进出口经营的统一管理。

在投资方面的合作也取得一定进展。1987年12月，越南国会通过了《外国投资法》。从那时起，这部法律经过了几次的补充和修改；1996年颁布了修订后的《外国投资法》；2000年又颁布了修改法案以适应国内外瞬息万变的环境，为投资者提供良好的投资环境。1993年7月颁布了《油气法》；2000年5月对该法进行了补充修改。近些年来，越南政府还颁布了很多相关法律政策，使外国直接投资活动适应越南对外经济发展战略的改革要求。

一、对外贸易

越南对外贸易的突出特征是在革新开放的进程中不断得到加强。到1997年，越南对外贸易总额超过了210亿美元，2001年超过了310多亿美元。2009年出口570亿美元，进口690亿美元。

越南和世界上150多个国家和地区有贸易关系。近年来，越南对外贸易保持高速增长，对拉动经济发展起到了重要作用。

2004年对外贸易总额为575亿美元，其中，出口额260亿美元，进口额315亿美元，贸易逆差55亿美元；2005年对外贸易总额为691亿美元，其中，出口额322亿美元，进口额369亿美元，贸易逆差47亿美元；2006年对外贸易总额为840亿美元，其中，出口额396亿美元，进口额444亿美元，贸易逆差51亿美元。2006年进出口贸易总额约为840亿美元，贸易逆差51亿美元。其中出口396亿美元，增长22.8%，进口444亿美元，增长21.4%。

服务业出口总额约51亿美元，同比增长19.6%。其中旅游业增长23.9%，航空运输业增长35.5%，航空服务业增长27.5%，金融业增长22.7%。2006年服务业进口总额为51.2亿美元，同比增长14.3%。其中旅游业增长16.7%，运费、保险费占33.7%，增长20.1%。

越南主要贸易对象为美国、欧盟、东盟、日本和中国。2006年，橡胶和咖啡的出口额超过10亿美元，使越南10亿美元以上的主要出口商品增加到有9种，分别为：原油、服装纺织品、水海产品、鞋类、电子产品、木材、大米、橡胶、咖啡。4种传统出口商品：原油、服装纺织品、水海产品、鞋类均在33亿美元以上，其中原油为83亿美元。主要出口市场为欧盟、美国、日本、中国。主要进口商品有：机械设备及零件、成品油、钢材、纺织原料、皮革、布匹。其中成品油为58亿美元，钢材为29亿美元。主要进口市场为中国、新加坡、日本、韩国等国家与中国台湾地区。

截止到2013年底，越南累计吸引外资协议资金总额216.28亿美元。外资的进入对越引进先进生产技术和管理经验，推动经济增长，解决就业起到了重要作用。

外国在越直接投资继续增加。截至2006年底，外国累计在越投资协议金额600亿美元，协议项目6 813个。在越总投资排名前六位的国家和地区依次是日本、新加坡、韩国、中国、俄罗斯和中国香港，占所有外资的60.6%。吸引投资最多的省市依次是太原、清化、海防、平顺、胡志明市。2006年，越南全年新批准外资项目797个，协议金额75.7亿美元。加上以前项目的追加投资共计吸引外资105亿美元，同比增加49.1%。实际利用外资41亿美元，同比增长18.7%。

据越南《经济时报》2007年5月28日报道，2007年前5个月，越南对外贸易逆差为32.55亿美元，同比增长1倍多。越南对外贸易逆差增加的主要原因，一是原油、大米、橡胶、鞋类、水产品和农产品等主力出口产品出口额下降；二是机械设备和原料燃料进口增加。2007年越南商品出口目标为486亿美元，要完成上述目标，月均出口额必须达到41亿美元。

据越南《经济时报网》2008年9月25日报道，2008年9月份越南对外贸易逆差为5亿美元，是2008年以来贸易逆差连续低于10亿美元的第4个月份。截至2008年9月份，越南对外贸易逆差已达158亿美元。[①]

据越南《投资报》2009年9月28日报道，2009年9月份越南全国出口超8.63亿美元，环比增长3.5%，进口62亿美元，同比增长6%。该报道称，2009年9月份越南出口有所增长是因为原油出口增长了57%，而进口增长的原因在于部分商品进口恢复增长，如成品油进口增长8.6%，液化气进口增长8.8%，钢铁进口增长6.9%。

2009年前10个月，越南对美国出口103亿美元，同比仅下滑2.3%。这是所有对美出口国家和地区下降最低的。如德国对美出口下降34%，日本下降29%。

据《越南经济时报》2009年12月26日报道，2009年1月～11月越南纺织服装出口金额达162.41亿美元。其中，美国是越南纺织服装最大的出口市场，为77.82亿美元；其次为日本21.81亿美元；对韩国出口达15.09亿美元。

2010年越南对美国出口同比增长10%。纺织品出口仍可保持2009年的出口水平，鞋类产品增长超过11%，木制品也有所增长。

据《越南经济时报》2010年1月18日报道，2010年越南鞋类出口达到83亿美元，同比下降15.2%。

随着越南革新开放的日益深入，对外贸易尤其是出口的不断加强，成为促进经济增长的重要动力。

一系列的出口优惠政策促进了出口的飞速增长。尽管成效明显，但目前，越南进出口仍然难以实现平衡。1992年，越南第一次在外贸上达到了平衡。但从1993年开始，越南又开始出现贸易逆差，1996年的逆差额达38.877亿美元，直到现在越南仍处于逆差状态。此外，近年来，世界市场的变动对越南主要的出口产品带来了不利影响，尽管出口产品的数量在增加，但出口创汇金额却在减少。

在进口产品结构中，占高比重的是生产资料。由于消费品材料增长很快，因

---

① http://www.cei.gov.cn/

此生产资料的比重有所减少（1995年），其后由于各项投资合作活动和技术革新的加强生产资料比重又继续增加。由于进口检查更加严格，消费品的比重可能还会减少。

在生产资料中，占比重最高的是原材料，而且这个趋势在继续增强。由于世界市场的变动，进口原料可能会影响国内各种原料的生产。

化肥是重要农业生产资料，现在越南国内的生产还不能满足需求。因此，目前越南每年需要进口各类化肥约300万吨。

以前，钢铁和水泥主要依赖国外进口，1996年越南进口钢铁154.8万吨。现在，越南国内的生产已经可以满足国内1/2的需求，因此钢铁的进口有所减少。水泥的进口1996年达到了最高峰，达165万吨。现在越南国内水泥生产已经基本可以满足需求，各地水泥发展项目已陆续展开，所以水泥的进口将会迅速减少。

在进口消费品材料中，粮食产品的比重减少得很快，而其他商品的比重却在迅速增长。

出口产品变化最明显的是重工业和矿产产品，因为越南正在大力推进原油出口。1989年越南的原油出口只有150万吨，到了1996年就增加到870万吨，1998年增加到了1 210万吨，2000年达到1 540万吨，创汇36.82亿美元。煤矿、铬、锡也开始对外出口。

轻工业和小手工业产品在出口产品中的比重有所增加，2000年达到了出口总金额的37.2%。越南出口的轻工业商品主要是纺织品和鞋。2006年纺织品出口额为59.3亿美元，鞋类14.72亿美元。2000年越南的电子产品出口额达到了7.9亿美元。手工艺品也位居10个主要出口商品行列，2000年出口创汇2.37亿美元。

越南大米的出口迅速增加，农、林、水产品的出口比重呈减少趋势。越南大量出口1996年300万吨，1998年380万吨，1999年450万吨，2012年770万吨。在出口经济作物商品中，最突出的是咖啡和茶叶。随着与国外加工业和经济作物产品销售工业联营的加强，这些商品的出口创汇总额将会增加。

近些年来，越南进出口市场发生了重要转变。亚洲各国逐渐加大了与越南的贸易比重。1997年到1999年，由于亚洲金融危机的影响，越南和东南亚各国的贸易往来有所停滞。从2000年以后，随着东南亚经济的复苏，越南和东盟各国的贸易往来又得到了增长。

欧洲市场的比重明显减少，从出口总值的56.6%和进口总值的76.4%(1986年)分别减少到18%和13.4%(1995)。与东欧各国和俄罗斯的贸易也在减少。由于全力向欧盟各国出口，因此2001年，欧盟国家占越南出口总额的23.5%和进口总额的13.5%。现在在与越南的外贸往来中，欧洲排在亚洲之后，位居第二。随着与美国关系的正常化，现在越南与美洲市场的贸易往来有了很大的进展。

在越南商品销售市场排名前十位的国家和地区发生了明显的变化。日本仍处于领先地位。新加坡在整个20世纪90年代都紧跟在日本之后，到2000年新加坡退居第三。中国排日本之后，位居第二。2001年新加坡又降到了第五位。美国1996年排第八位，到2000年上升到第六位，2001年则跃升到第三位。韩国在1996年排第三位，但由于受到金融危机的影响，从1998年到2000年被排在前十之外，2001年又进入前十名。菲律宾和马来西亚在2001年被排出前十。其中联邦德国、英国排名较为稳定，法国在2001年排在第九位。

2001年越南的进口总额中，亚洲的国家和地区占到了80%，其中主要是新加坡、日本、韩国、泰国、马来西亚等国家和中国台湾、中国香港地区。从亚洲国家进口商品几乎都是生产资料，大部分进口机械设备都是已经使用过或只具有中等技术水平。

进出口市场的多样化、与发达国家建立贸易关系、建设重点市场等一系列政策和措施帮助越南的外贸经济越过苏联解体和东欧巨变所引起的危机。随着贸易伙伴的改变，结算方法也在改变。1990年以前，1/2多的贸易往来用卢布结算。1991年以后改用美元。

越南2009年全年商品出口金额570亿美元，比2008年下降11%，其中国内经济领域下降6.7%，外国直接投资领域下降15.5%(包括原油)。如果不包括原油，外国直接投资只下降4%。2009年出口增长的商品是大米、咖啡、煤炭、原油和橡胶。2009年出口美国市场创汇额最大，近100亿美元，欧盟市场80亿美元，东盟市场近80亿美元。

2009年全年进口金额达690亿美元，比2008年下降17%，其中，越南国内经济领域下降20%，外国直接投资下降13%。2009年进口的主要商品是服务于生产的机械设备、原料、燃料、纺织辅料和必需消费品等，但在数量和价格上都有下降的趋势。最大的进口市场仍然是中国和日本。

二、外国直接投资（FDI）

外国直接投资是一种国际投资形式，投资者向东道国企业提供一定数量的融资，从而能够直接参与企业管理过程。根据越南投资法，越南的外国直接投资有以下6种形式：(1)合作企业；(2)合资企业；(3)独资企业；(4)BOT[①]；(5)进出口加工区；(6)经济集中区。

越南吸引外国直接投资达到了较高的速度，尤其是在1991—1996年期间。1995年的项目数量最多(370个项目)，1996年达到的协议资金最多，达84.973亿美元。在越南投资的国家和地区中，最多的是亚洲地区。从1997年起，由于亚洲金融危机的影响，投资幅度降低很大。越南如今采取了很多办法改善投资环境，同时鼓励国内的各项投资预案。

外国直接投资的结构正在不断适应越南经济社会的发展，外国直接投资资金主要集中在石油天然气勘探、开采和酒店旅游业，房屋租赁业等收益较快的领域。从1994年到现在，投资到物质生产领域的项目越来越多。外国直接投资资金主要集中于出口产品的生产领域、建设基础设施和工业枢纽，集中于农、林、水产业的加工领域，运用高科技有效地使用自然资源和劳动力。

油气勘探和开发是吸引外资的重要领域。除了在有外国投资法之前就成立的正有效运作的越苏石油公司，越南已经批准了39个国家和地区的大集团在越南南方的大陆架勘探、开采油气。现在白虎、青龙、大雄油田由越苏石油公司开采。其他的联营企业也勘探、发现和准备开采更多的油气。

除了油气工业，其他吸引外国直接投资的工业有电子工业、汽车工业和纺织工业、化学工业、制衣制鞋工业、钢铁工业、水泥和食品加工业。

目前有63个国家和地区的上千家公司在越南有投资项目。其中，约有3/4的外国投资来自日本、韩国、中国台湾、中国香港和东盟国家。参加与外国投资合作的企业主要是国营企业。

外国直接投资的地区分布日益平衡。各个重点经济区是吸引外国投资项目最多的地区。近年来，北部和中部吸引投资增加显著。吸引投资到重点经济区之外

① BOT(build—operate—transfer)即建设—经营—转让，是指政府通过契约授予私营企业（包括外国企业）以一定期限的特许专营权，许可其融资建设和经营特定的公用基础设施，并准许其通过向用户收取费用或出售产品以清偿贷款，回收投资并赚取利润；特许权期限届满时，该基础设施无偿移交给政府。

的地方仍然很少，尤其是在北部山区、西原地区和九龙江平原。

在北方和南方的重点经济区，外国直接投资对越南发展经济、促进产业结构调整、促进技术输出、创造就业机会、促进出口有着积极的作用。在南方的重点经济区1997年有417个工业基础有外国投资，产值达3 000万亿越南盾，占当地工业生产总值的45.7%。在北方经济重点区1997年有69个工业生产地有外国投资，生产总值达480万亿越南盾，占当地工业生产总值的23.2%。现在外国投资正在发挥进一步的作用。

2006—2009年越南引进外国直接投资（FDI）情况：

在2006—2010年社会经济发展计划中，越共“十大”决议所通过的确定社会经济发展的定向指标之一，是国内生产总值平均增长7.5%～8%，力争达到8%。由于社会投资总额相当于国内生产总值的40%。为完成上述计划指标，社会发展投资总额需筹集到1 600亿美元，FDI资金达到约250亿美元，年均50亿美元。在2006—2010年“五年计划”中的前三年，FDI注册资金及到位资金都剧增，特别是在世界金融风暴的2008年，越南的FDI合作伙伴美国与日本，虽然面对复杂演变的经济形势，FDI资金仍然继续增长。2008年到位资金达到115亿美元，创了1997年至今以来的新高，比2007年增长了43.2%。FDI企业的注册资金和注资总额为640亿美元，其中，增资总额达到了37.4亿美元，比2007年增长了43.2%。由此可见，各家FDI企业的经营活动在稳定发展，成为新投资者的吸引力。FDI企业2008年的其他经济指标是：营业收入总金额505亿美元，比2007年增长24.4%；出口金额达到246亿美元，同比增长24.6%；进口金额达到288亿美元，同比增长32.5%；上缴财政近20亿美元，同比增长25.8%；在FDI企业工作的职工增加了16%，现有150万名直接劳动者和上万名间接劳动者。

2006—2008年的数据显示，FDI投资的到位资金增长率大幅提升。2006年的到位资金为41亿美元，比2005年增长24%，2007年达80亿美元，比2006年翻了两番，2008年115亿美元，同比增长了43.2%，为20多年的最高额。从2006年到2008年，越南引进约236亿美元的外国直接投资，相当于2006年至2010年原定计划指标的92%。

虽说注册资金虽起不到决定作用，其实际价值也比不上到位资金，但体现了越南在国际商场上的竞争力与形象，提高了越南投资环境的吸引力。若越南对注册资金制定良好的措施，该资金未来就能获得投入使用或发展。过去3年，FDI

注册资金已经获得突破性发展。自从《外国投资法》于1987年颁布以来，越南的企业注册资金连续创新高。2006年达120亿美元，比2005年增长83%；2007年是213亿美元，同比增长71%；2008年是640亿美元，同比翻了三番。因此，从2006年到2008年的注册资金达到了937亿美元，比2006年至2010年的既定计划指标增长了72%。

除了投资资金规模提升之外，外国直接投资的投资行业、投资领域、合作伙伴以及地区结构也有积极的转变。一个项目的平均资金规模由2007年1 440万美元增至2008年的6 000万美元；工业、建筑领域FDI注册资金占到了56.7%，服务业41.8%，农林渔业的比例较低。投资合作伙伴日益多样化，如中东、南美、日本、韩国、中国台湾、新加坡、意大利、德国、英国、法国、瑞士、美国以及加拿大等。投资地区结构，FDI由北部、南部重点经济区域转移到中部和九龙江平原各省。

2006—2008年，吸引FDI投资资金的经济领域增长率大幅提升，为越南经济体的投资发展及增长率作出了贡献。FDI经济领域的国内生产总值逐年递增，由2006年的17.02%增至2007年的17.66%。越南FDI于2013年增长10%，这三年，FDI到位资金剧增，令全社会投资总值中的FDI资金比重也随之上升，在2006年占16.2%，到2007年增至24.8%，全社会的投资比例占国内生产总值的45.6%。FDI经济领域在出口领域中居首位，过去几年的出口金额及比重不断提升。2006年的出口金额（包括原油）达230亿美元，2007年达277亿美元，占出口总金额的57%。从2006年到2008年，各家FDI企业录用了3.7万名员工，现有近150万人在各家FDI企业工作。此外，FDI企业上缴国家财政约50亿美元，其中2006年上缴了14.7亿美元，2007年上缴了15. 7亿美元，2008年上缴了19.6亿美元。

2006—2008年，FDI经济领域的增长大幅提升，说明越南的投资环境已有了显著的改善。在越南政府的指导与调度下，配套的经济、财政和金融政策已经出台，下一步将如何及时地解决通货膨胀和逆差情况等难题。由于有了《外国投资法》、新的《企业法》（2006年7月1日起生效）以及越南于2007年1月11日加入世贸组织等因素，越南的投资环境日益改善，并获得国际社会的高度评价。

越南计划投资部称，2008年越南外国直接投资资金可达500亿美元，落实到项目当中的资金达到100亿美元，远远超过2007年的203亿美元以及落实到项目资金46亿美元。

2008年前8个月越南外国直接投资资金达470亿美元，同比增长了4倍。落实到项目当中的资金创下历史纪录，达70亿美元。

2008年，越南新批准外资项目1 171个，协议额为603亿美元，其中独资项目占75.3%。另有311个原有项目增加投资，增资额为37亿美元。全年共吸收外资640亿美元，同比增长约2倍，实际到位资金115亿美元，同比增长43.2%。

2009年第一季度，越南新批外资项目93个，同比减少72%，协议额为22亿美元，同比减少69.7%。但原有项目增资34次，增资额为38.4亿美元，同比增长34%。2009年第一季度越南共吸收外资60亿美元，同比下降40.1%。

越南2009年吸引的外国直接投资总额为214.8亿美元，虽然仅相当于2008年的30%，但仍超额完成了预期吸收外国直接投资200亿美元的计划。

2009年，越南全国共有839个新项目获投资许可证，总注册资金达163.4亿美元，相当于2008年的24.6%；215个项目申请追加投资资金，总额为51.3亿美元，相当于2008年的98.3%。

按行业类别分，旅游和餐饮服务业吸引的投资最多，高达88亿美元；房地产业以76亿美元占第二位；加工和制造业以29.7亿美元排名第三。

2009年，美国是最大的对越直接投资国，投资额占外国对越直接投资总额的45.6%。

虽然受国际金融危机影响，越南2009年吸收的外国直接投资同比大幅下降，但总额仍达210亿美元，实际到位资金达100亿美元。外国直接投资占越南经济发展资金总额的四成以上。

根据2010年越南经济增长为6.5%～7%、全社会调动投资总额约为国内生产总值的39.6%的目标，外国投资局提出了吸收外资增长10%，即220亿～250亿美元的目标。其中新注册资金约为190亿美元，追加投资约为30亿美元。

越南政府2010年出台一系列加强吸收外资的措施，其中包括一些相关法律、政策、规划及改善基础设施的举措，以进一步改善投资环境。

三、官方开发援助（ODA）

官方开发援助是一种通过国际信贷的间接投资形式，可根据无偿贷款或是以十分优惠的条件借出贷款等形式得到实现以帮助各发展中国家加快经济发展和增加社会福利。

官方开发援助是越南重要资金来源之一，主要用于基础设施、农林渔业、教育培训、扶贫等领域，对越南经济社会的稳定发展起到重要的促进作用。

向越南提供官方开发援助最多的是日本、世界银行和亚洲发展银行。这三个借贷者占越南前十位总数的45%。其他比较大的向越南提供官方开发援助的国家和组织是法国、联合国组织、澳大利亚、瑞典、联邦德国、荷兰、丹麦和欧盟。

1991—1995年间，无偿援助占官方开发援助资金的一半，但现在由于投资项目的借贷增加，因此借贷的比重超过了无偿贷款的比重。投资到建设基础设施的项目占官方开发援助的绝大部分资金，1993年占15%，1999年占56%，2000年减少到49%。优先发展基础设施是为了实现2001—2010年的经济社会发展战略打下基础。因此，未来基础设施领域将继续吸引更多的官方开发援助。

越南的能源工业是吸引官方开发援助资金最多的领域，占用于发展基础设施的官方开发援助资金的1/2以上。大部分投向能源开发的官方开发援助来自日本，主要用于提高东南部地区变电站的功率。

交通运输在吸引官方开发援助上位居第二，集中用于修建国道，恢复北方14个省的桥梁，发展农村和山区的交通。如1999—2000年投资大型工程项目如海云隧道、5号、10号和18号国道，以及修复铁路桥梁和跨红河的桥梁等的资金主要来源于日本国际合作银行、日本海外经济合作公司、日本国际合作机关、世界银行和亚洲发展银行。因此，日本的投资在1999—2000年占越南全部官方开发援助的50%。

在吸引官方开发援助排第三位的是农业。其他投资意向较大的领域有经济管理、社会发展（发展农村、扶贫等）及文化教育事业和医疗卫生事业。

官方开发援助对越南建设大型技术工程、基础设施项目和解决医学问题、文化教育及扶贫工作有着重大意义。这点在经历了金融危机之后更为突出。目前，越南在吸引外国直接投资减少的同时官方开发援助仍然在增长。

根据越南“2006—2010年越南吸引和使用政府发展援助计划”，2006—2010年越南得到官方开发援助援助款项为190亿～210亿美元，年均为40亿美元，与2005年相比年均增长8%；官方开发援助援助款协议金额为203.5亿～237.5亿美元；到位资金为114.6亿～124.1亿美元。①

据报道，2006—2010年越南官方开发援助（ODA）援助款项的使用比例具体为：交通、邮政通信、供排水工程和城市基础设施建设领域占33%；医疗、教育、

① http://www.nanning.gov.cn/

培训、环境保护和科学技术领域占31%；农业、水利建设、林业、水产业和脱贫工作等占21%；电网和配电输送中心占15%。①

四、其他对外经济活动

其他对外经济活动主要是指越南的旅游。越南自然旅游资源和人文历史丰富，旅游业具有强大的发展潜力。越南风景优美，如东北部奇特的石灰石地形，以世界自然文化遗产下龙湾为代表的北部平原和中部北区平原，如北浒省的巴比（又名三海）(Ba Bể)、谅山（Lạng Sơn)、宁平省的三谷（Tam Cốc)、碧洞（Bích Động)、广平省的风牙洞（động Phong Nha）等。在南方各省，各种各样的山脉形成了奇伟的自然风景，火山地形也很有特色。菊方（Cúc Phương)、吉婆（Cát Bà)、务光（Vụ Quang)、白马（Bạch Mã)、南吉仙（Nam Cát Tiên）等国家公园、自然保护区是吸引游客最多的地区。

越南有很多地区气候宜人，有利于开发旅游渡假区，如沙巴（Sa Pa)、三岛（Tam Đảo)、大叻（Đà Lạt)……沿海各省有许多著名的休假疗养地，如茶古（Trà Cổ)、拜寨（Bãi Cháy)、涂山（Đồ Sơn)、岑山（Sầm Sơn)、格卢（Cửa Lò)、顺安（Thuận An)、美溪（Mỹ Khê)、沙璜（Sa Huỳnh)、归仁（Quy Nhơn)、芽庄（Nha Trang)、吉婆（Cát Bà)、昏岛（Côn Đảo）和富国岛（Phú Quốc）等。

越南的人文旅游资源多样，有各民族的历史建筑、民间文化、传统礼会、传统手工艺村等。世界文化遗产顺化古都、红河平原、东南部地区等人文旅游区分布密度相当高。西原人文生态旅游区很有少数民族文化特色，中部南区沿海地带有著名的占婆文化。

自然资源和人文资源的结合、旅游区的基础设施造就了越南几个主要的旅游中心如河内、海防、广宁和北部周边地区；中部的顺化、岘港、会安；南部的胡志明市及其周边地区；东南部的大叻、芽庄，西原和中部南区。

越南的国际旅游在市场经济条件下才开始取得明显的发展。但是越南的国际旅游仍然面临很多困难，因为基础设施还没有得到同步投资，尤其是各种娱乐设施。交通运输条件差也影响了游客到自然风光好的山区、西原和中部地区旅游。

越南依靠自身丰富的旅旅游资源，尤其是巨大的生态旅游发展潜能，正在努力发展生态旅游这种新兴的旅游形式。越南地处热带地区，多样的特色景观、典

① http://www.nanning.gov.cn/

型生态体系、国家公园、自然保护区等与多样的文化底蕴以及54个民族的各异特色共同形成了越南丰富多样的生态旅游资源。

目前，越南为了使生态旅游真正成为有发展优势的、有竞争力并能吸引到更多区域及国际游客的旅游形式，采取了一系列发展措施，对全国各地区、中南北三部及各地方生态旅游进行具体定向和规划，依据各个地方的特点提出符合该地区的发展措施。具体是根据具有多种特殊生物的特殊生态地区的空间和分布及各地方的经济社会及基础设施条件制订符合这些旅游空间组织的生态旅游发展措施。

2008年，越南共接待国际游客425万人次，比2007年增长0.6%；国内游客约2 000万人次；旅游行业的社会总收入约60万亿越盾。其中，旅游游客263万人次，同比增长1%；公务游客84.5万人次，同比增长25.4%；探亲旅客50.9万人次，同比增长15.2%。部分主要国际游客来源地入境人数有升有降，如新加坡13.69万人次，同比增长14.6%；马来西亚15.41万人次，同比增长13.4%；中国65.01万人次，同比增长13.1%；泰国18.31万人次，同比增长9.6%；澳大利亚增长4.5%；美国增长2.2%。2007年到越旅游的国际游客人次增加的一些国家和地区，2008年却出现下降，如韩国下降5.5%，日本下降6.1%；中国台湾下降4.9%；法国下降0.9%。

2009年到越南的外国游客380万人次，为2008年的88%。中国、美国、韩国、日本等往年有许多游客到越南旅游的国家和地区，在2009年都有所减少。国内游客数量和旅游营业额也比2008年增长缓慢。究其原因，一方面是受全球金融危机的影响，另一方面是越南旅游产品和质量还很有限或还有不尽如人意的地方。

附录一　2012年的越南经济[①]

据越南计划投资部公布的资料，2012年越南经济取得了比较好的成绩，同时也面临许多严峻的挑战。

越南加入世贸组织后，与世界经济联系日益紧密。特别是越南比较大的商品出口市场，如美国、欧盟、日本经济的好坏对越南经济产生直接或间接的影响。2012年越南经济发展速度放缓，经济增长速度为10年来最低水平。

根据越南计划投资部资料统计，2012年越南GDP同比增长5.03%（2011年为5.89%），其中第一季度4.64%，第二季度4.80%，第三季度5.05%，第四季度5.44%。全国增长的5.03%中，农林水产增长2.72%，工业和建筑业增长4.52%，服务业增长6.42%。

农林水产、工业与建筑、旅游三大经济领域都是正增长，其中农林水产业增长2.6%，越南工业生产比2011年增长4.8%，旅游业增长9.5%。

由于经济增长态势较好，所以财政形势稳定。2012年越南全年财政总收入达685.6万亿越盾，完成年预算计划88.9%。各大项目基本完成或超出指标，比2011年有所增长。出口增长18.3%，进口增长7.1%

2012年国家财政支出达812.2万亿越盾，占全年计划预算的90.9%，其中投资发展支出157.6万亿越盾，完成计划87.5%（基本建设投资支出151.7万亿越盾，占87.2%）；国防、安宁、党、国家、团体管理等经济社会发展事业费增长569.9万亿越盾，完成94.8%，还外债和对外援助93.8万亿，完成93.8%

2012年国家财政预算收支中，GDP增长5.03%，由于越南政府采取有效措施，在抑制通货膨胀、稳定宏观经济方面取得了显著的成绩，全年消费指数增长（CPI）为6.81%。

工业生产有升有降，越南工业生产比2011年增长4.8%，其中采矿业增长3.55%。加工、制造业增长4.5%。电、燃气生产增长12.3%。供排水、排污增长8.4%。服

① 根据农立夫《越南：2012—2013年回顾与展望》（载《东南亚纵横》2013年第4期）一文整理。

务业增长较快，2012年越南商品零售与服务营业收入总额比2011年增长16%，其中，国有企业占12.3%，下降1.2%；非国有企业占84.8%，增长18.4%，外资企业2.9%，增长34.7%。商业经营占服务业总额的77.1%，增长15.2%；宾馆酒店业占11.8%，增长17.2%；服务业占10.1%；增长19.6%；旅游业占1%，增长28.1%。

2012年越南农业获得了丰收，增长较快。2012年，越南水稻种植面积为775.32万公顷，比上年增长了9.78万公顷，单位面积产量达到5 360千克/公顷。全年粮食产量约为4 850万吨，比2011年增长2.6%。其中稻谷产量约达4 370万吨，比上年增产130万吨；玉米480万吨。全国水产品产量434.37万吨，增长5.3%，虾类63.27万吨，增长0.3%。大米出口达700多万吨，成为世界第一大稻米出口国。

2012年商品出口增长较为平稳，金额增长18.9%。2012年出口主要依靠外资企业的以下商品：电子、计算机及其零件，各种电话及其零件，纺织服装，鞋类。值得一提的是，2012年欧盟取代美国，成为越南的第一大出口市场，对欧盟出口金额为203亿美元，较2011年增长22.5%，占出口总额17.7%。第二大出口市场是美国，出口196亿美元，增长15.6%；第三大出口市场是东盟，出口173亿美元，增长了27.2%；第四大出口市场是日本，出口131亿美元，增长21.4%；第五大出口市场是中国，出口122亿美元，增长10%，占10.7%。

越南2012年商品进口同样体现出较为稳步发展的趋势。全年进口总额达1 143亿美元，比上年增长7.1%。其中越南国内企业进口总值为540亿美元，下降6.7%；外资企业进口603亿美元，增长23.5%。从进口商品上看，轻工业及电子工业需求逐渐扩大，传统工业原料进口逐步下降，其进口主要商品有：电子、计算机、纺织服装和鞋类原料等有所增长；化工及化工产品、钢材、汽油、一般金属、纺纱、棉花消费需求下降，进口减少。从进口对象结构上看，进口对象国依然没有太大的改变：最大的进口市场仍然是中国，东盟位居第二。

2012年是越南自1993年以来第一次出现贸易顺差，其顺差额度达到2.84亿美元。分析顺差出现的主要原因，是由于前两年的经济发展不景气，导致越南国内的生产和消费力下降，从而导致本年度进口增长低于出口增长。此次贸易顺差主要来自外资企业的加工和安装商品出口，其金额达120亿美元，而越南国内本土企业逆差为117亿美元。

旅游业增长表现出较为迅猛的势头。2012年越南全年接待国际游客人数约达644.77万人次，较2011年增长9.5%。在旅游业的复苏和发展的带动之下，酒店业和服务行业也得到了较快的发展。随着越南旅游业的进一步复苏和发展，越南旅游业得天独厚的优势日渐突出，但其服务质量和管理问题也逐步凸现出来，成为制约旅游业发展的瓶颈。

总的来说，2012年，越南经济全年各季度均保持在5%左右的增长速度，形成一个较为稳定但缓慢的增长过程。事实证明经过20多年的革新，越南经济保持了一个较为合理且稳定的增长趋势，人均GDP由1986年的200美元增长到2012年的1 300美元，其增长可见一斑。

在经历了全球经济衰退和金融危机的背景下，越南开始复苏，其经济正在逐步恢复活力。国际货币基金组织（IMF）、世界银行（WB）、亚洲开发银行（ADB）等国际经济组织都对越南的经济成绩作出了肯定的评价。

附录二　2013年的越南经济[①]

1. 2013年越南经济继续保持增长。国内生产总值增长5.42%，尽管没有达到原定计划增长5.5%的目标，但是高于2012年5.25%的增长水平。农业、工业、服务业都取得好成绩。

2013年全年越南国内生产总值增长5.42%，其中第一季度4.76%、第二季度5%、第三季度5.54%、第四季度6.04%。各产业的增速为：农林渔业增长2.67%，增速基本与上年持平；工业和建筑业5.43%，低于上年5.75%的水平；服务业6.56%，高于上年5.9%的水平。服务业增速最快。当年经济结构为：农业渔业占18.4%；工业和建筑业占38.3%；服务业占43.3%。

2013年，越南国内生产总值约为3 584.2 610万亿越南盾，折合约1 706.79亿美元，人均约达1 902亿美元。其中：农林渔业产值658.9 810万亿越南盾（农业503.5 560万亿越南盾，林业23.9 960万亿越南盾，渔业131.4 290万亿越南盾），折合约313.8亿美元；工业和建筑业1 372.9 280万亿越南盾，折合约653.78亿美元；服务业1 552.3 520万亿越南盾，折合约739.22亿美元。

农林渔业稳步发展。2013年，农林渔业遭受年初长时间干旱和南方海水倒灌等自然灾害，损失较为严重。水稻种植面积约达790万公顷，增加13.87万公顷。稻谷产量约为4 410万吨，同比增产33.83万吨。玉米520吨。粮食总量约达4 930万吨，增产55.85万吨。

工业生产出现复苏的迹象。2013年，越南工业生产指数同比约增长5.9%，高于上年的增速。其中，第一季度增长5%、第二季度5.5%、第三季度5.4%、第四季度8%。

在整个工业部门中，矿业开采下降0.2%；加工制造业增加7.4%，高于上一年5.5%的增速；电力生产和配送增长8.5%，供水和三废处理增长9.1%。增幅较

① 根据农立夫《越南：2013年发展回顾与2014年展望》（载《东南亚纵横》2014年第3期）一文整理。

快的行业有：纺织业（21.8%）、皮革及相关行业（15.3%）、金属锻造（14.4%）、车辆发动机（13.5%）、药品（11.6%）、服装（10.4%）、电力设备（9.6%）、供水（9.5%）、造纸及纸产品（9%）。其他还有饮料（8.8%）、电子产品（7.7%）。增长缓慢或下降的行业有：油气开采（仅增长0.5%），煤炭开采（下降1.8%），金属矿开采（下降2.6%），其他矿产开采（下降5.3%）。

截至2013年12月1日，加工制造业库存指数同比增长10.2%，低于2011年23%和2012年20.1%的数据。低于平均库存指数或同比下降的行业有：食品、纺织、服装、饮料和发动机等。库存指数仍很高的有：皮革、药品、金属产品、化工产品和纸张等。加工制造业产品销售渐渐复苏，库存有所下降，开始好转。

据统计，到2013年12月1日，工业领域使用劳动力同比增长4.3%。其中国有企业下降0.3%，民企增长3.2%，外企增长11.9%。

据统计，截止2013年1月1日，越南全国共有国有企业3 135家。其中农林渔业领域405家，占12.9%；工业和建筑业领域1 401家，占44.7%；服务业领域1 329家，占42.4%。经对2 893家国有企业的调查，有2 854家经营正常，占98.7%；39家因长期亏损或资金短缺等暂停经营活动，占1.3%。与2000年相比，国有企业数量减少2 624家，下降45.56%。2013年，营业总收入比2000年增加5.9倍，税前利润增加8.4倍，上缴财政增加7.1倍。国有企业所提供的商品服务约占国内市场份额的32.2%。其中，农业渔业领域的国有企业占41.9%的份额，工业和建筑业的国有企业占30.4%，服务业的国有企业占30.5%。在2 893家国有企业中，股份化企业有1 142家，还有205家企业正在准备股份化，其余1 546家企业将合并重组或转为有限责任公司。经调查，股份化后的企业经营效益要比过去好。

服务业稳步增长。2013年，商品零售和服务业收入总额约为2 618万亿越南盾（约合1 246亿美元），增长12.6%，除去价格上涨5.6%的因素，实际增长7%，为4年来最低。在收入总额中：国有经济258.6万亿越南盾，占9.9%，下降8.6%；民营经济2 269.5万亿越南盾，占86.7%，增长86.7%；外资经济89.8万亿越南盾，占3.4%，增长32.8%。按经营领域划分，商业仍占大头，收入2 009.2万亿越南盾，占76.7%，增长12.2%。

2. 亚洲是越南最大的商品进出口市场。欧盟是越南的第一大出口市场，中国是越南最大的贸易伙伴，也是最大的进口市场。

根据越南海关统计资料，2013年越南进出口商品总金额为2 642.26亿美元，比2012年增长15.7%。与亚洲国家和地区的进出口金额为1 767.7美元，增长15.3%，占进出口总金额的67%，其中出口占52%，进口占82%。与欧洲国家和地区的进出口金额为395.5亿美元，增长15.7%。与美洲国家和地区的进出口金额为378.4亿美元，增长19.4%。与大洋洲国家和地区的进出口金额为58.2亿美元，增长3.9%。与非洲国家和地区的进出口金额为42.9亿美元，增长22.4%。与东盟进出口金额为401亿美元，比2012年增长3.5%，越南出口132.6亿美元，增长7%，进口369.5亿美元，增长8.33%。与日本进出口金额为252.6亿美元，增长2.4%，越南出口136.5亿美元，增长4.5%，进口116.1亿美元，增长0.1%。与美国进出口金额为291亿美元，增长18.8%，越南出口238.7亿美元，增长21.4%，进口52.3亿美元，增长8.4%，与欧盟进出口金额为337.8亿美元，增长16.1%，越南出口243.3亿美元，增长19.8%，进口94.5亿美元，增长7.5%。

欧盟是越南第一大出口市场。出口金额为243.3亿美元，增长19.8%，对欧盟出口增长较快的有：电话及配件增长56%（约为27.5亿美元），鞋类增长10.5%（约2.45亿美元）等。

中国是越南最大的贸易伙伴国，也是最大的进口市场。越南从中国进口金额约达369.5亿美元，增长28.4%；从中国进口增幅较快的商品有：机械设备及配件，增长25.5%（约为12亿美元）；电话及配件，增长73.6%（23亿美元）；电脑及零配件，增长36.8%（11亿美元）等。

3. 社会总投资回落，引进外资成绩显著。2013年，越南社会总投资约达1 091.1万亿越南盾（约合519.57亿美元），同比增长8%，占GDP的30.4%，继续回落（2012年占GDP33.5%），为近年来最低。其中政府投资440.4亿万越南盾，增长8.4%，占40.4%；民营投资410.5万亿越南盾，增长6.6%，占37.6%；外商投资240.1万亿越南盾，增长9.9%，占22%。

2013年，越南吸引外资合同金额约达216亿美元，同比增长54.5%。其中新投资项目1 275个，同比增长0.7%，合同金额143亿美元，同比增长70.5%；老项目增资472个，合同金额73亿美元，增长30.8%。外商投资到位资金约达115亿美元，增长9.9%。在外商投资项目中，主要集中在加工制造业领域，金额166亿美元，占76.9%；电力和燃气等20亿美元，占9.4%；其他项目30亿美元，占13.7%。全年有50个国家和地区在越南投资，主要有：韩国37.5亿美元，占26.3%；新加坡30亿美元，占21.1%；中国22.76亿美元，占16%；日本12.9亿美元，占9.1%；俄罗斯10.2亿美元，占7.2%；中国香港6亿美元，中国台湾4亿美元。

4. 接待国际游客数量比上年增长，中国是越南最大的客源国。越南2013年全年接待国际旅客约为757.24万人次，增长10.6%。其中以旅游休闲为目的的旅客为464万人次，增长12.2%；公务旅客126.69万人次，增长8.7%；探亲访友的旅客125.96万人次，增长9.4%。赴越途径为：经航空赴越598万人次，增长7.2%；海路旅客19.33万人次，下降32.3%；陆路139.91万人次，增长41.9%。中国游客赴越南旅游达190.78万人次，同比增长33.5%。

5. 财政总收入未完成计划。2013年，越南全年财政总收入约达790万亿越南盾（折合约376.57亿美元），完成年计划的96.9%。其中：国内收入530万亿越南盾，完成计划的97.2%；原油收入115万亿越南盾，超额完成计划16.2%；进出口环节收入140.8万亿越南盾，完成计划的84.6%。财政总支出约达986.2万亿越南盾（约合496.6亿美元），超额完成年计划0.8%。其中：用于投资发展资金201.6万亿越南盾，超额完成计划15.1%；用于经济社会、国防、行政管理等679.6万亿越南盾，超额完成计划0.8%；偿还债务和对外援助支出105万亿越南盾，完成计划。超支196.2万亿越南盾（折合约93.4亿美元），财政赤字占GDP的5.3%，突破了年计划（4.8%）。

表1 2013年越南进出口贸易金额统计表

市场	出口		进口		进出口	
	金额（亿美元）	与2012年比较（%）	金额（亿美元）	与2012年比较（%）	金额（亿美元）	与2012年比较（%）
亚洲	685.7	11.5	1 082	17. 8	1 767.7	15.3
东盟	184.7	4.4	216.4	2.7	401.1	3.5
中国	132.6	7.0	369.5	28.4	502.1	22.0
日本	136.5	4.5	116.1	0.1	252.6	2.4
韩国	66.3	18.8	207	33.2	273.3	29.4
美洲	288.5	22.4	89.8	10.6	378.3	19.4
美国	238.7	21.4	52.3	8.4	291	18.8
欧洲	281.1	19.2	114.3	7.9	395.4	15.7
欧盟	243.3	19.8	94.5	7.5	337.8	16.1
非洲	28.7	16.0	14.2	37.7	42.9	22.4
大洋洲	37.3	9.9	20.9	-5.3	58.2	3.9

附录三　越南各省市简介①

越南社会主义共和国国土呈“S”型，地处东经102°10′～东经109°29′，北纬8°30′～北纬23°22′之间，位于东南亚地区的中心、中南半岛东部，北部与中国接壤，西邻老挝、柬埔寨，东部和南部临南中国海和暹罗湾。越南从最北端到最南端的直线距离为1 650公里；东西最宽处，北部为600公里，南部为400公里，最窄处位于广平，仅为50公里。

越南位于热带和亚热带季风区，日照充足，降雨量丰富。年平均气温在22℃～27℃之间。但不同地区的年平均气温有所不同，河内为23℃，胡志明市为26℃，顺化为25℃。

越南的气候分为旱季和雨季，旱季较冷，从11月到翌年4月，雨季较热，从5月持续到10月。气温随季节变化最为明显的是北部各省，不同季节的气温相差达到12℃。而南部各省的季节温差仅为3℃左右。北部各省的气候有较明显春、夏、秋、冬四季。

越南领土有3/4都是山地。其中有东北山区、西北山区、长山北山区、长山南山区等主要的四大山区和红河平原、九龙江平原两大平原。

东北山区从红河盆地延伸至北部湾。这里有许多风景名胜，如谅山的三清洞(Động Tam Thanh)、二清洞(động Nhị Thanh)，高平的北坡洞(hang Pắc Pó)、班柔瀑布(thác Bản Giốc)，北泮省的三海湖(hồ Ba Bể)，广宁省的安子山(núi Yên Tử)、下龙湾等。东北地区最高的山为西昆岭(Tây Côn Lĩnh)，高2 431米。

西北山区从北部中越边界到清化省的西部。这是一个高山地区，老街的沙巴海拔1 500米，是著名的避暑胜地，这里居住着赫蒙族、瑶族、京族、岱依族、热依族、华族等民族。

西北山区还有著名的奠边府和高达3 143米的潘士邦峰。

① 本附录的越南各省市介绍、省市排列参考自越南资源、环境与地图出版社2012年出版的《越南社会主义共和国地图》。地名汉译名主要以军事谊文出版社2004年出版的《越南行政地名译名手册》(丛国胜主编)为依据。

长山北山区从清化省的西部到广南—岘港山区，这里有神奇的广平风牙洞（động Phong Nha）和一些著名的山脉，如横山（đèo Ngang）、海云关（đèo Hải Vân）还有在抗美救国战争中为人们所熟知的胡志明小道。

长山南山区主要是西原地区。这里有许多热带植物和动物及很具特色的少数民族部族文化。尤以避暑胜地大叻闻名海内外。

越南有两大平原：红河冲积平原和九龙江冲积平原。

越南有数千条大大小小的河流。沿海岸线，大约每20公里就有一个河流的出海口，因此水上交通非常便利。

沿越南的海岸线有许多美丽海水浴场，如茶古（Trà Cổ）、涂山（Đồ Sơn）、岑山（Sầm Sơn）、格卢（Cửa Lò）、凌姑（Lăng Cô）、囊诺（Non Nước）、芽庄（Nha Trang）、头顿（Vũgn Tàu）、河仙（Hà Tiên）等。

越南有许多大型海港如海防（Hải Phòng）、岘港（Đà Nẵng）、归仁（Quy Nhơn）、金兰湾（Cam Ranh）、头顿（Vũgn Tàu）、西贡（Sài Gòn）、芹苴（Cần Thơ）等。

越南的海域还有许多岛屿和群岛。

越南矿产资源丰富。地下蕴藏着许多珍贵的矿产，如：锡、锌、银、金、宝石、煤。

越南的矿泉水资源也非常丰富，如广宁省光亨（Quang Hanh）矿泉水、平定省会云（Hội Vân）矿泉水，平顺省永好（Vĩnh Hảo）矿泉水、芽庄育美（Dục Mỹ）矿泉水、和平省金杯（Kim Bôi）矿泉水等等。

越南把全国现有63个省市分为西北地区、东北地区、红河平原、北中部地区、南中部沿海地区、西原地区、南部东区和九龙江平原八个大区。

西北地区包括莱州省、奠边省、山萝省、和平省4省；东北地区包括河江省、高平省、老街省、安沛省、富寿省、宣光省、北泋省、太原省、谅山省、北江省、广宁省11省；红河平原包括河内市、海防市、永福省、北宁省、兴安省、海阳省、河南省、太平省、南定省、宁平省10省市；北中部地区包括清化省、乂安省、河静省、广平省、广治省、承天—顺化省6省；南中部沿海地区包括岘港市、广南省、广义省、平定省、富安省、庆和省、宁顺省、平顺省8省市；西原地区包括昆嵩省、嘉莱省、多乐省、多农省、林同省5省；南部东区包括胡志明市、平福省、西宁省、平阳省、同奈省、巴地—头顿省6省市；九龙江平原包括芹苴市、隆安省、同塔省、安江省、前江省、槟椥省、永隆省、建江省、后江省、茶荣省、朔庄省、薄辽省、金瓯省13省市。

一、西北地区4省：

莱州省

面积：9 112.3平方公里

人口：382 400

省会：莱州市（Thị xã Lai Châu）

下辖各县：芒場县（Mường Tè）、三塘县（Tam Đường）、封土县（Phong Thổ）、新湖县（Sin Hồ）、滩渊县（Than Uyên）、新渊县（Tân Uyên）、南渊县（Nậm Nhùn）。

主要民族：傣族、赫蒙族、京族、热依族、瑶族。

莱州是一个高山地区的省份，位于沱江以北。北与中国云南省接壤，东北临老街，南面与奠边、山萝两省相接，西面与老挝接壤。莱州省属季风气候区，年平均气温为21℃～23℃，分为雨季和旱季。

莱州的地形主要是高而陡的山地和丘陵，许多狭长的盆地点缀其中，河流多，且水流湍急，流量大，水利电力潜能巨大。

莱州自然风景优美，旅游业潜力大。这里有许多民族村落还保持着较为原始的风俗习惯，如新湖寨（bản Sin Hồ）。另外还有滕邦洞（hang Thẩm Báng）、孟来泉（suối Mường Lai）、仙山洞（hang Tiên Sơn）等旅游景点。

莱州省的交通以公路为主，陆路交通较为便利，省内公路四通八达，奠边府附近的孟清（Mường Thanh）机场有航班通河内。从奠边府经麻六塘（Ma Lu Thàng）到中国的12号公路经过该省，还有到达老街沙巴（Sa Pa）的4D号公路。封土镇（Thị trấn PhongThổ）距河内约470公里。

奠边省

面积：9 556.9平方公里

人口：512 300

省会：奠边府市（Thành phố Điện Biên）

下辖各市、县：孟来市（thị xã Mường Lay）、奠边县（Điện Biên）、奠边东县（Điện Biên Đông）、孟茶县（Mường Chà）、孟涅县（Mường Nhé）、朵佐县（Tủa Chùa）、巡教县（Tuần Giáo）、南浦县（Nậm Pồ）、芒印县（Mường Ảng）。

主要民族：京族、傣族、赫蒙族、瑶族、热依族。

奠边省是从原莱州省划分出来的一个省，位于沱江以南。奠边省的地形有许多西北—东南向的山脉。位于奠边省的孟清盆地是西北地区最大的盆地。奠边省北邻莱州省，东南与山萝省相接，西北和西南与老挝相邻。地形主要是高山和斜坡，交织着许多狭小的盆地、一些小的高原和河流。

奠边省的气候是高山热带气候，分为两季，雨季和旱季。年平均气温为21℃～23℃。

奠边省自然风景宜人，旅游潜力巨大，这里有1954年举世闻名的奠边府战役遗址。

奠边省公路交通比较便利。从奠边府市经279号公路，然后转经6号公路到河内，全长474公里。12号公路从奠边府市到莱州省的麻六塘(Ma Lu Thàng)口岸，全长195公里。279号公路连接巡教经过奠边府到西庄(Tây Trang)口岸，全长117公里。

奠边府有孟清机场(Mường Thanh)，有河内—奠边府市航线。

山萝省

面积：14 174.4平 方公里

人口：1119 400

省会：山萝市(Thành phố Sơn La)

下辖各县：琼崖县(Quỳnh Nhai)、孟拉县(Mường La)、顺州县(Thuận Châu)、扶安县(Phù Yên)、北安县(Bắc Yên)、梅山县(Mai Sơn)、马江县(Sông Mã)、安州县(Yên Châu)、木州县(Mộc Châu)、索沟县(Sốp Cộp)、云湖县(Vân Hồ)。

主要民族：瑶族、兴门族、克木族、抗族、拉哈族、傣族、京族、芒族。

山萝省气候变化多样，具有多样性和地域特征，但仍具有回归线季风气候性质。年平均温度约21℃，气候明显分为两季：寒季冷而干，少雨，暑季多雨，无风暴。

山萝位于越南西北部，北与安沛、老街省相邻，西临莱州省，东接富寿与和平省，东南靠和平与清化省，南面与老挝接壤。省会山萝市有6号公路可达河内，全长308公里。

山萝省的地形主要为山地和高原，河流密布，水资源及其丰富，水利潜能较大。矿产资源丰富多样，发展采掘工业具有十分便利的条件，工业前景广阔。

山萝的木州高原适宜放养奶牛、桑叶种植和养蚕、发展丝绸工业，同时也适宜种植咖啡、茶叶和果树。这里还有条件发展采矿工业以及其他一些农、林产品的加工。

山萝省内公路、水路交通较为便利。空路有那产机场(Nà Sản)。

和平省

面积：4 595.2平方公里

人口：799 800

省会：和平市(Thành phố Hào Bình)

下辖各县：沱北县(Đà Bắc)、梅州县(Mai Châu)、祈山县(Kỳ Sơn)、高峰县(Cao Phong)、梁山县(Lương Sơn)、金杯县(Kim Bôi)、新乐县(Tân Lạc)、乐山县(Lạc Sơn)、乐水县(Lạc Thủy)、安水县(Yên Thủy)。

主要民族：京族、芒族、傣族、岱依族、赫蒙族、瑶族。

气候湿热，随季节有降雨。年平均气温为22.9℃～25℃。

和平省是一片古老的土地，自然风景美丽迷人，旅游资源丰富。和平在旅游方面的吸引力在于她是一个多民族的省份，六个主要民族(芒族、京族、傣族、瑶族、岱依族、赫蒙族)的六种样式的房舍、六种形式的村落、六种服饰、六种语言、六种民间文学、六种庙会因为30个族群而使它们彼此的区分变得更加细致和丰富多样。

游客可以享用民族风味食品，特色竹筒饭、烤肉、杆杆酒(rượu cần)，并且欣赏小铜锣、钲、铜鼓、芒族男女对唱等各种表演，住高脚屋，买土锦丝绸和各种珍贵的森林土特产，参观古老的傣族和瑶族村寨、塔博洞(động Thác Bờ)、蜈蚣洞(hang Rết)、花仙洞(động Hoa TIên)。布诺(Pù Noọc)原始热带林区开辟了登山探险、登陆、打猎、在溪流中洗浴等旅游项目。

自然条件和人们的努力为和平省造就了一个梦幻般的沱江湖区，在湖中心和湖的周边有许多的湾、岛和半岛，生长着许多珍稀的动植物，为旅游业的发展创造了条件。

朦胧中散布在湖边、盆地的芒族、瑶族、岱依族村落形成了一幅生动的山水画。说到和平的自然资源不能不提到沱江湖边美丽的浴场，还有金杯矿泉水为游客所喜爱。

二、东北地区11省：

河江省

面积：7 945.8平方公里

人口：746 300

省会：河江市（Thành phố Hà Giang）

下辖各县：同文县（Đồng Văn）、苗旺县（Mèo Vạc）、安明县（Yên Minh）、管簿县（quản Bạ）、北迷县（Bắc Mê）、黄夙淝县（Hoàng Su Phì）、箐门县（Xin Mần）、渭川县（Vị Xuyên）、北光县（Bắc Quang）、光平县（Quang Bình）。

主要民族：京族、岱依族、赫蒙族、瑶族、侬族、高兰族、华族、山由族。

年平均气温为24℃～28℃，冬季有时气温会降到零下5℃。

河江位于越南的最北端，多高山和河流。

河江北部与中国接壤，边界线长274公里，东接高平省，西临安沛和老街两省，南与宣光省相邻。

河江省的地形较为复杂，大致可分为3个区：北部石山高原区，坡度大，盆地和河流被分割，气候近于温带气候，分雨季和旱季。西部泥山高原区属斋江（sông Chảy）上游地区，山势陡峭，盆地和河床狭窄，该地区气候分为雨季和旱季。低洼地区包括丘陵、泸江盆地和河江市。

河江有雄伟的山脉，高耸入云的山峰，其中西昆岭高达2 419米；还有大面积的原始森林，上千种稀有贵重木材和上百种珍禽异兽分布其间。

河江省有雄伟的同文高原和苗旺县的扣外集市（chợ tình Khâu Vai）。这是人们欣赏自然景观和文化旅游的两个地方。

高平省

面积：6 724.6平方公里

人口：515 000

省会：高平市（Thành phố Cao Bằng）

下辖各县：保乐县（Bảo Lạc）、河广县（Hà Quảng）、通农县（THông Nông）、茶岭县（Trà Lĩnh）、重庆县（Trùng Khánh）、原平县（Nguyên Bình）、和安县（Hòa An）、广渊县（Quảng Uyên）、下琅县（Hạ Lang）、石安县（Thạch An）、保林县（Bảo Lâm）、复和县（Phục Hòa）。

主要民族：岱依族、侬族、瑶族、京族、华族、芒族、山泽族。

高平属温带气候。一年有春、夏、秋、冬四季。夏季平均气温为25℃～28℃，冬季平均气温是16℃～17℃，重庆、茶岭等高山地区冬季有降雪。

高平地处越南北部山区，其北面、东面与中国接壤，西接宣光省和河江省，南与北淅省和谅山省相邻。该省地形较为复杂，因此各县之间的交通不是十分便利。

高平省终年气候凉爽，天然风景宜人，是避暑、休闲、旅游的理想去处。从河内经3号公路到高平市约272公里。

老街省

面积：6 383.9平方公里

人口：637 500

省会：老街市（Thành phố Lào Cai）

下辖各县：孟康县（Mường Khương）、坝洒县（Bát Xát）、北河县（Bắc Hà）、保胜县（Bảo Thắng）、沙巴县（Sa Pa）、保安县（Bảo Yên）、文盘县（Văn Bàn）、溪马丐县（Si Ma Cai）。

主要民族：京族、赫蒙族、岱依族、侬族、瑶族、傣族、热依族、侬族、勒族、布依族、抗族、拉支族，芒族、夫拉族、哈尼族、拉哈族。

老街受温带和热带气候的影响。高山地区的年平均温度为18℃～28℃，山脚为20℃～22℃。在一些海拔较高的地区如沙巴，温度可以低至0℃，甚至有降雪。

老街的地形丰富多样，包括河流、高山、深泉和广阔的盆地，广袤的原始森林里有许多珍贵木材如柏木、花纹木、乳香树，还有许多药材和珍稀动物如麋鹿、野猪、老虎……除了林产，老街还以丰富的矿产资源而著称。丰富多样的地形和气候使老街形成了如画的美丽景色。

如果到沙巴正逢赶集，少数民族姑娘们五颜六色的服饰让你仿佛置身于花的海洋。她们到这里来不只是为了买卖，还为了开心地游玩并结交朋友。沙巴距离老街市38公里，是法国人最早在1922年建立的旅游区。

该省的气候非常温和，平均温度从18℃到23℃。这里的冬天常常有雾，有时温度会降到零下并有降雪。此外，游客还可以参观伯格瀑布（thác Bạc），还有被视为越南屋脊的番士邦峰（đỉnh Fansipan）。

安沛省

面积：6 899.5平方公里

人口：758 600

省会：安沛市（Thành phố Yên Bái）

下辖各市、县：义露市（thị xã Nghĩa Lộ）、陆安县（Lục Yên）、文安县（Văn Yên）、姆庚寨县（Mù Cang Chải）、镇安县（Trấn Yên）、安平县（Yên Bình）、文振县（Văn Chấn）、站奏县（Trạm Tấu）。

主要民族：京族、岱依族、侬族、傣族、芒族、克木族、夫拉族、热依族。

年均温度为18℃～28℃。

安沛省地处内陆，是越南西北部的门户，是连接越南东北地区和西北地区、老街口岸和河内的交通枢纽。安沛北临老街省，西接山萝省，东临宣光省，南靠富寿省。

地形主要是山地、丘陵和盆地，河流密布，多险滩。

安沛有许多大的森林带。林中有许多珍贵的木材如柏木、花纹木、乳香树等。还有许多药用植物和珍稀的动物。安沛的特产是文安桂树（quế Văn Yên）和秀丽江米（nếp Tú Lệ）。此外，安沛还有著名的陆安宝石矿。

富寿省

面积：3 532.5平方公里

人口：1335 900

省会：越池市（Thành phố Việt Trì）

下辖各市、县：富寿市（thị xã Phú Thọ）、下和县（Hạ Hòa）、清波县（Thanh Ba）、端雄县（Đoan Hùng）、临洮县（Lâm Thao）、安立县（Yên Lập）、青山县（Thanh Sơn）、三农县（Tam Nông）、清水县（Thanh THủy）、扶宁县（Phù Ninh）、锦溪县（Cẩm Khê）、新山县（Tân Sơn）。

主要民族：京族、芒族、瑶族、山泽族、山由族。

富寿是北部山区省份，年均气温为23.4℃。北临宣光和安沛省，东南接河西省（今属河内市），西临山萝省，南靠和平省。越池市距河内84公里。

地形主要是山地，三条大河从该省流过：红河、泸江（sông Lô）和沱江（sông Đà）。水路、陆路和铁路交通都很便利。

雄王庙就坐落在富寿省，距省会越池市10多公里，距河内市90多公里。

宣光省

面积：5 870.4平方公里

人口：730 800

省会：宣光市（Thành phố Tuyên Quang）

下辖各县：纳杭县（Nà Hang）、占化县（Chiêm Hóa）、咸安县（Hàm Yên）、安山县（Yên Sơn）、山阳县（Sơn Dương）、临平县（Lâm Bình）。

主要民族：京族、岱依族、赫蒙族、瑶族、依族、高兰族、华族、山由族。

宣光是北部山区省份之一，其北面、西面与河江省相邻，东临太原，东北接高平，西临安沛，南靠富寿，距河内165公里。省内有三种地形：北部山区、中部丘陵和南部丘陵。气候属热带气候，但受北亚大陆气候的影响。分旱季和雨季，年平均气温为22℃～24℃，夏季炎热多雨。河流多且分布均匀。宣光省矿产、林产资源丰富，原始森林中有很多稀有的动植物品种。

宣光市位于泸江右岸，从水路距河内166公里。山阳县的新潮（Tân Trào）是越南革命圣地，距宣光市约50公里。这里有一棵大榕树——新潮榕树。在这棵树下，武元甲大将宣读了解放军宣传队的成立宣言。在溪边有一座屋檐上雕着翔鹤的木屋，这里就是1945年8月16日召开国民大会并决定在全国范围内举行总起义的地方。这是越南八月革命的发源地。距新潮亭4公里是鸿泰亭（đình Hồng Thái），这是当年迎送出席新潮国民大会的全国各地代表团的地方。

北𣴓省

面积：4 859.4平方公里

人口：298 700

省会：北𣴓市（Thị xã Bắc Kạn）

下辖各县：巴比县（Ba Bể）、银山县（Ngân Sơn）、白通县（Bạch Thông）、则屯县（Chợ Đồn）、纳里县（Na Rì）、新集县（Chợ Mới）、巴楠县（Pác Nam）。

主要民族：京族、岱依族、赫蒙族、瑶族。

北𣴓省地处丘陵和山区，北接高平省，东南与谅山相邻，西接宣光、南靠太原省。该省的地形主要是丘陵和山地，境内河流密布。

北𣴓省的气候分为两季：雨季和旱季。年平均温度为25℃。

北𣴓省矿产资源丰富多样，森林资源尤其是有着丰富的动、植物资源的原始森林开发潜力较大。该省的经济优势是林业和矿产（主要是银山的煤）。

北𣴓省具有大自然馈赠的优美风景，旅游发展潜力巨大。其中巴比湖集中了生态、文化旅游发展的优越条件。

民族、宗教：北泮省是一个有着革命传统的省。尤其是在抗法战争中，北泮省是越南革命的摇篮。在北泮省境内有许多革命遗址。北泮省是有多个民族居住的省份之一，因此文化也呈现多样化特点，当地居民的许多具有浓郁民族特色的传统庙会常常在春节后举行。

交通：北泮省的交通主要是公路。北泮市距河内160公里。2号国道从河内经太原、北泮通往高平。

太原省

面积：3 526.2平方公里

人口：1 139 400

省会：太原市(Thành phố Thái Nguyên)

下辖各市、县：公江市(thị xã Sông Công)、定化县(Định Hóa)、大慈县(Đại Từ)、武崖县(Võ Nha)、同喜县(Đồng Hỷ)、富良县(Phú Lương)、富平县(Phú Bình)、普安县(Phổ Yên)。

主要民族：京族、岱依族、侬族、瑶族、山由族、赫蒙族。

气候明显分为两季：11月到翌年4月是寒季，5月～10月是暑季，年平均气温为25℃。

太原位于越南东北山区。北临北泮省，西和西南与宣光省和永福省接壤，东与东南临谅山省和北江省，南靠河内市。

该省的地形主要是山地，河流密布。

太原市是越南的钢铁基地，有越南钢都之称。太原省是越南革命老区，有许多革命历史遗迹，风景宜人，有美丽的谷山湖(hồ Núi Cốc)、洞中寺(chùa Hang)、凤凰洞(hang Phượng Hoàng)等吸引着广大游客。

太原交通便利。太原市处在3号公路(河内—高平)的干道上，铁路四通八达。

谅山省

面积：8 323.8平方公里

人口：741 200

省会：谅山市(Thành phố Lạng Sơn)

下辖各县：长定县(Tràng Định)、文郎县(Văn Lang)、文关县(Văn Quan)、平嘉县(Bình Gia)、北山县(Bắc Sơn)、右陇县(Hữu Lũng)、支棱县(Chi Lăng)、高禄县(Cao Lộc)、禄平县(Lộc Bình)、亭立县(Đình Lập)。

主要民族：京族、岱依族、侬族、瑶族、芒族、山泽族、艾族。

气候温和凉爽，年平均温度为21.5℃。

谅山的主要地形是山地和丘陵。水资源丰富，为发展农业创造了便利条件。谅山矿产品和农产品发展潜力大，盛产八角，还具有旅游和商贸发展潜力。公路和铁路交通都很便利。从河内到谅山市的1A公路全长154公里，河内—谅山—同登铁路全线长170公里。

谅山是越南的边境省份，有许多风景名胜，美丽的山水，有许多带有浓厚越南民族特色的历史遗迹，如北山文化遗址，枚坡（Mai Pha）文化遗址，还有二清洞（động Nhị Thanh）、三清洞（động Tam Thanh）、苏氏望夫石（nàng Tô Thị）等。这些风景名胜、历史遗迹、文化遗址使谅山省的旅游发展具备了巨大的潜力。

北江省

面积：3 827.8平方公里

人口：1 588 500

省会：北江市（Thành phố Bắc Giang）

下辖各县：山峒县（Sơn Động）、陆岸县（Lục Ngạn）、陆南县（Lục Nam）、安世县（Yên THế）、谅江县（Lạng Giang）、安勇县（Yên Dũng）、越安县（Việt Yên）、新安县（Tân Yên）和协和县（Hiệp Hòa）。

主要民族：京族、岱依族。

气候分为两季：冬季从10月到次年3月，夏季为4月～9月，年平均气温为24℃。

北江处于丘陵地区，与北部平原相邻。北与东北接谅山省，西与西北紧挨河内、太原，南、东南靠北宁、海阳和广宁省。

地形：平原、丘陵和山地。

交通：铁路：从北江可以直达河内、谅山、太原、广宁的煤矿工业区。公路：公路交通便利，1A号国道穿过北江。有很多省级和县级公路。水路：北江省有裘江（sông Cầu）、商江（sông Thương）、陆南江（sông Lục Nam）三条大江流过，水路运输便利，同时也给农业灌溉和旅游业创造了有利条件。

广宁省

面积：6 099.0平方公里

人口：1 177 200

省会：下龙市（Thành phố Hạ Long）

下辖各市、县：锦普市（Thành phố Cẩm Phả）、芒街市（Thành phố Móng Cái）、汪秘市（Thành phố Uông Bí）、广安市（Thị xã Quảng Yên）、波岬县（Ba Chẽ）、平辽县（Bình Liêu）、姑苏县（Cô Tô）、屯河县（Đầm Hà）、东潮县（Đông Triều）、海河县（Hải Hà）、宏蒲县（Hoành Bồ）、先安县（Tiên Yên）、云屯县（Vân Đồn）。

主要民族：京族、岱依族、瑶族、山泽族、山由族、华族。

年平均温度为21℃～23℃。

广宁省位于越南东北部，其北面与中国有170公里长的边界线。西与谅山、河北和海兴等省相邻，南靠海防。

广宁省的海岸线长200公里，东临北部湾。广宁省的林产、海产等自然资源丰富，特别是原煤储量占整个越南原煤储量的90%。

下龙湾是世界自然文化遗产，是越南著名的旅游区，面积约1 500平方公里，湛蓝的水面上有上千个岛屿和洞穴，有“海上桂林”之称。

广宁省北部口岸城市芒街隔北仑河与中国的东兴相望，在革新开放之后，经济发展迅猛，成为越南北方经济重镇。

芒街市，原是紧靠中国的边境小镇，越南政府于1994年10月批准芒街为“口岸经济区”。1996年，越南政府批准芒街撤镇建市，同时撤销海宁县，统一为新设立的芒街市管理，直属广宁省。芒街市面积516.6平方公里，人口约8万。根据越南国家建设部城乡规划院制订的发展规划，芒街市重点发展贸易、旅游、加工三大支柱产业，并进行大规模的市政建设。

现在芒街市已建和在建一大批重要的市政基础设施工程。从先安到芒街市的11万伏高压输电线路已于1994年10月完成并已供电；修建了从下龙市到芒街市的高等级公路，正在加紧建设能泊万吨轮船的万家港的港口设施，并在万家港设立了直接由国家管理的港务局。目前，万家港已成为面向中国的中转港。

旅游业是芒街市三大产业中最具规模特色和发展前途的产业，是芒街市经济发展的重中之重。距离芒街市区9公里的万柱海滩长达17公里，沙白细软，滩面开阔，海水湛蓝，岸上绿荫丛丛，是理想的游泳冲浪场所，现已成为芒街市最有发展前途的海滨游览观光胜地。芒街市不仅有自己的旅游景观，而且也是从中越边境通向下龙湾的起点站。有许多中国游客及由中国到越南芒街市的外国友人就是通过芒街而来到下龙湾风景区的。

三、红河平原10省市：

河内市

面积：3 344.6平方公里

人口：6 699 600

下辖各郡、市、县：还剑郡（Hoàn Kiếm）、巴亭郡（Ba Đình）、栋多郡（Đống Đa）、二征夫人郡（Hai Bà Reưng）、西湖郡（Hồ Tây）、青春郡（Thanh Xuân）、纸桥郡（Cầu Giấy）、黄梅郡（Hoàng Mai）、龙编郡（Long Biên）、河东郡（Hà Đông）等10个郡和山西市（Thị xã Sơn Tây）、嘉林县（Gia Lâm）、东英县（Đông Anh）、清池县（Thanh Trì）、慈廉县（Từ Liên）、朔山县（Sóc Sơn）、巴维县（Ba Vì）、福寿县（Phú Thọ）、丹凤县（Đan Phượng）、石室县（Thạch Thất）、怀德县（Hoài Đức）、国威县（Quốc Oai）、彰美县（Chương Mỹ）、清威县（Thanh Oai）、常信县（Thường Tín）、美德县（Mỹ Đức）、应和县（Ứng Hòa）、富川县（Phú Xuyên）、麋泠县（Mê Linh）等19个市、县。

主要民族：越族（京族，占99.1%）、华族、瑶族、芒族。

河内是越南社会主义共和国的首都，是越南政治、经济、文化、科学、教育中心。

2008年8月1日，新河内市地界和管辖区域范围扩大。新河内市包括原河内市全部、原河西省全部及永福省（Vĩnh Phúc）麋泠县（Mè Linh）、和平省（Hòa Bình）梁山县（Lương Sơn）的4个乡镇。新河内市面积约为原河内市的4倍；总人口约6 699 600人，增加了1倍。河内市行政区划的调整和扩大，应该说是对首都河内及其周围各省的全面建设做了一个规划，为把河内建设成为国家政治、行政、文化、科学、教育、经济和国际贸易的中心创造了条件。

根据越南建设部已编制完成的《至2030年和至2050年越南首都河内总体规划》，河内将建设11个功能中心：巴亭郡政治中心、国家行政中心、教育培训中心、医疗和社会福利中心、贸易金融中心、文化体育中心、会展中心、旅游休闲中心、大型绿化区和公园、工业和仓储区、历史古迹与特色文化保护区。

以河内市区为中心的周围半径30～50公里的交通网络是建设规划的重要部分，该交通网络包括：4条环线公路、46座立交桥、12座跨红河大桥、5条轻轨；所有入城国道由4车道扩建为6车道；扩建30条城市主干道（红河南岸18条、北岸

12条)；在环城线上建4个运输中心、7个省际货车站、6个省际客车站。

新河内扩建后，将跻身于世界面积最大的17个首都城市行列。

气候：河内属热带季风气候。旱季从10月到翌年4月，天寒、雨少；5月～9月为雨季，雨量充沛且有台风，8月、9月、10月三个月是河内的秋天，秋高气爽，气候宜人。冬季平均气温为17.2℃，最低为2.7℃。夏季平均气温为29.2℃，最高达42.8℃。年平均气温为23.2℃，年降雨量为1 763 毫米。

地形：河内包括北部平原和丘陵两种地形。平原部分主要位于红河及其支流墩河(sông Đuống)和底河(sông Đáy)流域。丘陵地带海拔从7～10米到几百米不等。其地形由北向南倾斜。

河流：河内除了红河和墩河外，还有许多小河流，如苏历河(sông Tô Lịch)等。

湖泊：河内市的湖泊很多，如西湖、还剑湖、七亩湖(hồ Bảy Mẫu)、金莲湖(hồ Kim Liên)等。

居民：在城郊各县及西湖郡的一部分，居民主要是本地人。在城内的几个郡，居民几乎都是来自于全国各省、市，在这里生活或在中央机关工作。河内居民主要是京族，但也有其他一些少数民族。

交通：从首都河内，可以到达全国各地。航空：有内排国际机场(距市中心约35公里)和嘉林机场(距河内约8公里)。20世纪70年代以前嘉林机场是河内的主要机场。公路：省际客运汽车从南面的金马、嘉林等车站出发，经1号公路发往全国各地，经2号公路到永福、富寿、河江、宣光，经3号公路到太原、高平，经5号公路到海防、广宁，经6号公路到和平、山萝、莱州。铁路：河内是越南的铁路交通枢纽，有铁路经北京往莫斯科的铁路。水路：河内还是水上交通的重要枢纽，从河内可以到兴安、南定、太平、越池等地。

海防市

面积：1 522.1平方公里

人口：1 904 100

下辖7个郡和8个县：杨京郡(Dương Kinh)、涂山郡(Đồ Sơn)、鸿庞郡(Hồng Bàng)、吴权郡(Ngô quyền)、黎真郡(Lê Chân)、建安郡(Kiến An)、海安郡(Hải An)、水原县(Thủy Nguyên)、安阳县(An Dương)、安老县(An Lão)、建瑞县(Kiến Thụy)、先朗县(Tiên Lãng)、永保县(Vĩnh Bảo)、吉海县(Cát Hải)、白龙尾县(Bạch Long Vĩ)。

主要民族：京族、华族、岱依族、侬族。

自然条件：海防市位于红河三角洲东北端，临北部湾，原为小渔村。1874年建为海港，海防由此得名。海防市是越南的大型旅游中心之一，北与广宁省接壤，东临北部湾，西接海阳省，南邻太平省。

海防是越南的商业中心、古老的工业城市和国际国内重要的海陆交通枢纽及运输通道。附近的涂山沿海是海水浴场及避暑胜地。海防港是越南北部最大的海港，港口有长达2 500米的码头，20多万平方米的货场和仓库以及现代化装卸设施，年吞吐量400万～500万吨。海防处于热带季风区，年均温度23℃～24℃，年平均降雨量为1 600～1 800毫米，气候终年温暖，树木四季苍翠。

海防有许多历史遗迹、风景名胜。其中以涂山最为著名。

交通：海防是越南具有水路、公路、铁路、航空交通网络的重要交通枢纽。公路：海防经5号公路到河内有102公里。海防处于10号公路—太平—海防—广宁的主干道上。铁路：每天都有往返于河内和海防的列车。水路：有海防—下龙—吉婆—芒街的水路航线。航空：每天都有往返于胡志明市和海防的航班。

永福省

面积：1 231.8平方公里

人口：1 020 600

省会：永安市（Thành phố Vình Yên）

下辖各市、县：福安市（Thị xã Phúc Yên）、立石县（Lập Thạch）、三阳县（Tam Dương）、平川县（Bình Xuyên）、永祥县（Vĩnh Tường）、安乐县（Yên Lạc）、泸江县（Sông Lô）、三岛县（Tam Đảo）。

主要民族：京族、芒族、瑶族。

年平均温度约24℃。三岛山地区气候凉爽，年平均气温为18.4℃，是北部理想的避暑胜地。

永福省位于北部半丘陵山区，北部与宣光和太原两省相接，东面和东南面与河内市接壤，西临富寿省，南面与西南面靠河西省（今河内市）。

该省地形主要是半丘陵、平原和低矮的山。近年来，永福省的经济已经进入稳步发展阶段，种植业产量高，畜牧业、水产业发展迅速。

永福省交通较为发达，永安市距河内60公里。因靠近内排国际机场，为发展对外经济创造了良好条件。

永福省是越南北部重要的旅游大省。有三岛(Tam Đảo)、西天(Tây THiên)、大来湖(hồ Đại Lải)等秀美神奇的自然风景，还有许多倍受越南文化通讯部重视的历史遗迹。

北宁省

面积：822.7平方公里

人口：1 079 900

省会：北宁市(Thành phố Bắc Ninh)

下辖各县：桂武县(Quế Võ)、安风县(Yên Phong)、仙游县(Tiên Du)、顺成县(Thuận Thành)、嘉平县(Gia Bình)、良才县(Lương Tài)、慈山县(Thị xã Từ Sơn)。

主要民族：京族、华族、岱依族。

年平均温度为23.4℃。

北宁省位于北部平原和半丘陵地带。北接北江，东与东南临海阳省，西接河内，南连兴安省。北宁市经1A国道到河内有30多公里。境内有许多大河、水路、公路、铁路，交通便利，该省经济文化发展条件较好。地形主要是平原。经济优势：以农业经济为主。

北宁是一片古老的土地，是越南文明的摇篮之一，历史上有许多大的宗教和文化在此交汇。有许多出现在诗歌中的著名地名：如裘江(sông Cầu)、天台山(núi Thiên Thai)等。

旅游名胜：佛迹寺(chùa Phật Tích)旅游区，茶山(núi chè)旅游区，仙山县的鹤寨(trại cò)、李朝宗庙(Đền Đô)等。

兴安省

面积：923.5平方公里

人口：1 145 600

省会：兴安市(Thành phố Hưng Yên)

下辖各县：美豪县(Mỹ Hào)、文林县(Văn Lâm)、安美县(Yên mỹ)、快州县(Khoái Châu)、文江县(Văn Giang)、恩施县(Ân THi)、扶渠县(Phù Cừ)、仙吕县(Tiên Lữ)、金洞县(Kim Động)。

主要民族：京族、华族、山由族、岱依族。

兴安省属于热带季风气候，分寒暑两季。年平均温度为23.2℃。

兴安省位于北部平原中心，北接北宁省，东临海阳省，东南与太平省相接，西和西北靠河西和河内，南与西南接河南省。

兴安省的地形相对平坦。河流湖泊众多，因此水路、公路、铁路交通非常便利。

献街(Phố Hiến)是兴安著名的历史古街，从17世纪繁荣至今。此外还有许多历史文化遗迹如金钟寺(chùa Kim Chung)、南献亭(đình Nam Hiến)等。厚肉龙眼是兴安省最有名的特产，曾是稀有的贡品。

海阳省

面积：1 650.2平方公里

人口：1 718 900

省会：海阳市(Thành phố Hải Dương)

下辖各市、县：至灵市(Thị xã Chí Linh)、南策县(Nam Sách)、清河县(Thanh Hà)、京门县(Kinh Môn)、金城县(Kim Thành)、嘉禄县(Gia Lộc)、四祺县(Tứ Kỳ)、锦降县(Cẩm Giàng)、平江县(Bình Giang)、清沔县(Thanh Miện)、宁江县(Ninh Giang)。

主要民族：京族、华族、山由族、岱依族。

年平均温度为23.4℃。

海阳省位于红河三角洲中心，北接北宁、北江两省、东临海防市和广宁省，西靠兴安、南接太平省。

海阳省的地形相对平坦。水路、公路、铁路交通都很便利。

海阳省的旅游业发展潜力较大。她以其富饶的土地、美丽的风景和昆山—劫泊(Côn Sơn - Kiếp Bạc)名胜风景区著称。许多历史遗迹已经得到国家和游客的认可。

海阳省的经济优势：主要是农业，海阳省特产水果荔枝享誉全国。

河南省

面积：860.2平方公里

人口：790 000

省会：府里市(Thành phố Phủ Lý)

下辖各县：维先县(Duy Tiên)、金榜县(Kim Bảng)、里仁县(Lý Nhân)、清廉县(Thanh Liêm)、平陆县(Bình Lục)。

主要民族：京族、岱依族、华族。

河南省属热带气候，分为两季：旱季从11月到翌年4月，雨季为5月～10月，年平均气温约23℃。

河南省位于红河三角洲南部，是越南首都河内市的南大门。它北接兴安省与河西省，东临太平省，西靠和平省，东南与南接南定省与宁平省。

境内地形多样，主要是低陷的夏稻平原区、丘陵和半山地。省内还有底江（sông Đáy）和朱江（sông Châu Giang）两条大河。

河南省的土质大部分是冲积土，土地肥沃，有利于发展农业。

河南省铁路、公路、水路交通都很便利，省会府里市距河内60公里，处于南北铁路大动脉上。

河南省是一个有着悠久历史的省。抗法战争和抗美战争时期，府里市曾三次被摧毁，如今，它已成为河南省政治、经济和文化中心。境内有许多历史遗迹如：禁山（Núi Cấm）、五洞山（Ngũ Động Sơn）、可封禁洞（động Cấm Khả Phong）和巴丁寺（chùa Bà Đanh）等。

太平省

面积：1 567.4平方公里

人口：17 863 000

省会：太平市（Thành phố Thái Bình）

下辖各县：兴河县（Hưng Hà）、琼辅县（Quỳnh Phụ）、太瑞县（Thái Thụy）、东兴县（Đông Hưng）、武舒县（Vũ Thư）、建昌县（Kiến Xương）、前海县（Tiền Hải）。

主要民族：京族。

太平省受热带季风气候的影响。年平均温度为23℃～24℃。冬季较之内陆区域相对暖和。夏季虽热，但有凉爽的海风。

太平省属红河平原，是越南北部的谷仓之一。北和东北接海阳省和海防市，东临大海，西和西北靠河南和兴安省，南接南定省。太平省没有山地，红河、太平河和化河流经该省。太平省地处北部沿海平原，没有山地，有53公里长的海岸线、5个大的出海口和许多海水湛蓝的斜长沙滩。其交通尤其是水路交通极为便利。

太平省的石油、天然气等地下矿产丰富，一直延伸到大海，太平省有200种水产品和近2 500种珍稀鸟类。

太平省有82项古建筑，最著名的是胶寺(chùa Keo)、同平庙(đền Đồng Bằng)、仙歌庙(đền Tiên Ca)、隆兴宫(cung Long Hưng)。还有许多石刻钟楼和各种珍贵文物。太平省有近30种不同的庙会，如胶会(hội Keo)、仙歌庙会(hội Tiên Ca)、同平庙会(hội Đồng Bằng)、游春庙会(hội Du Xuân)、斗艺庙会(hội thi nghề)。

南定省

面积：1 652.5平方公里

人口：1 891 800

省会：南定市(Thành phố Nam Định)

下辖各县：务本县(Vụ Bản)、美禄县(Mỹ Lộc)、懿安县(Ý Yên)、南直县(Nam Trực)、直宁县(TrựcNinh)、春长县(Xuân Trường)、交水县(Giao Thủy)、义兴县(Nghĩa Hưng)、海后县(Hải Hậu)。

主要民族：京族、岱依族、华族。

南定省位于红河三角洲南端。海岸线长72公里，南定位于河内东南方向约90公里。到达南定的交通比较便利：统一铁路穿越南定，21号公路连接1A公路直通南定市中心；10号公路从宁平市经南定通向太平、河内和广宁。农业是该省的经济支柱，纺织工业较发达。此外还有许多手工业，南定的手工艺品也很有名。该省旅游资源丰富多样，有许多历史、文化遗迹，还有许多自然景观旅游景点。

宁平省

面积：1 389.1平方公里

人口：915 900

省会：宁平市(Thành phố Ninh Bình)

下辖各市、县：三叠市(thị xã Tam Điệp)、儒关县(Nho Quan)、嘉远县(Gia Viễn)、华闾县(Hoa Lư)、安模县(Yên Mô)、安庆县(Yên Khánh)、金山县(Kim Sơn)。

主要民族：京族、芒族、傣族、华族、赫蒙族、瑶族。

气候属红河平原小气候区，年均气温为23.5℃。一年有明显的两季，即旱季和雨季。

宁平省位于北部平原南端，雄伟的三叠山是北部和中部的自然分界线。北、东北与和平省、河南省相邻，南接清化省并临海，东接南定省，西接清化省。

宁平省地形复杂，丘陵、半丘陵与平原交错，宁平有18公里长的海岸线，水路、铁路、公路交通十分便利。

经济方面，宁平有发展多样化农业的优势，如种植经济作物、果树，植树造林。宁平适宜发展养殖业。

宁平省在发展旅游业方面具有较大潜力。境内有许多奇妙的自然景观和名胜古迹，许多著名的岩洞如三谷—碧洞（Tam Cốc – Bích Động）、迪陇（Địch Động）、仙洞（động Tiên）、华山洞（động Hoa Sơn）等。越南的国家级森林公园——菊芳园（vươn Cuc Phương）也在该省，该园以丰富的动植物资源著称，尤其是有1000年树龄的乳香树。在968～1010年间，这里曾是大瞿越（Đại Cồ Việt）的京都。所以，还留下了一些历史古迹如华闾故都，发艳石制教堂建筑群（quần thể nhà thờ đá Phát Diện），山河寺（chùa Nan Nước）等。所有这些风景名胜都成为了吸引国外游客的旅游景点。

四、北中部地区6省：

清化省

面积：11 133.4平方公里

人口：3 412 600

省会：清化市（Thành phố Thanh Hóa）

下辖各市、县：岑山市（thị xã Sầm Sơn）、彼山市（thị Xã Bim Sơn）、芒拉县（Mường Lát）、关化县（Quan Hóa）、关山县（Quan Sơn）、百鹊县（Bá Thước）、锦水县（Cẩm Thủy）、郎正县（Lang Chánh）、石城县（THạch Thành）、玉乐县（Ngọc Lạc）、常春县（Thường Xuân）、如春县（Như Xuân）、如青县（Như Thanh）、永禄县（Vĩnh Lộc）、河中县（Hà Trung）、峨山县（Nga Sơn）、安定县（Yên Định）、寿春县（Thọ Xuân）、厚禄县（Hqqụ Lộc）、绍化县（Thiệu Hóa）、弘化县（Hoằng Hóa）、东山县（Đông Sơn）、赵山县（Triệu Sơn）、广昌县（Quảng Xương）、农贡县（Nông Cống）、静嘉县（Tĩnh Gia）。

主要民族：京族、芒族、傣族、佬族、勒族。

气候属于北部向中部过渡的转型气候区，年均气温23℃～24℃。由于靠海，地势也不是很高，所以冬季并不十分寒冷，夏季也相对凉爽。

清化省是越南的大省之一，连接着越南北部与中南部。它北接山萝、和平和宁平，南靠义安，东面临海，西与老挝接壤，清化市距河内150公里。地形复杂多样，地势由西向东倾斜，依次为山地、半丘陵、平原和沿海滩涂。

清化省铁路、公路、水路交通都很便利。

清化省有丰富的旅游资源，可以满足游客的多种需求。海岸线长100公里，有着许多美丽的海滩，最著名的是岑山。该海滩平坦，海水如碧玉般清澈，阳光充足，附近还有许多旅游景点如独脚庙（đền Độc Cước）、雌雄岛（hòn Trống Mái）、仙姑寺（chùa Cô TIên）、广居海水沼泽区（khu đầm lầy nước mặn Quảng Cư）以及拥有许多鸟兽、树木和海产的广仙（Quảng Tiên）。每年有上百万游客到岑山洗海水浴和休假。

此外，清化省还有许多记述少数民族发展变迁的历史遗迹，如胡朝古城遗迹（di tích thành Nhà Hồ）、蓝京（Lam Kinh）遗址区等。

义安省

面积：16 490.7平方公里

人口：2 865 000

省会：荣市（Thành phố Vinh）

下辖各市、县：格卢市（thị xã Cửa Lò）、演州县（Diễn Châu）、琼流县（Quỳnh Lưu）、安城县（Yên Thành）、都良县（Đô Lương）、宜禄县（Nghi Lộc）、兴源县（Hưng Nguyên）、南坛县（Nam Đàn）、清漳县（Thanh Chương）、新圻县（Tân Kỳ）、英山县（Anh Sơn）、义坛县（Nghĩa Đàn）、葵合县（Quì Hợp）、葵州县（Quì Châu）、桂峰县（Quế Phong）、襄阳县（Tương Dương）、祁山县（Kỳ Sơn）、琨桄县（Con Cuông）。

主要民族：京族、克木族、俄都族、土族、山由族、赫蒙族。

义安省处于北部向南部过度的转型气候区，因而兼具南北特点：冬冷夏热，年均气温为23℃～24℃。

义安是越南中部大省，北接清化，东面临海，西与老挝接壤，南邻河静。义安省的地形包括山地、丘陵和盆地，地势由西北向东南倾斜。1号公路和统一铁路穿越该省，境内的铁路线长94公里。海岸线长82公里，格卢是中部的重要港口。省内还有荣市机场，与老挝的陆地边界线长419公里。公路、铁路、水路和航空交通都很便利。荣市距河内291公里，是一个工业城市，也是中部重要的经济、文化、政治中心。义安是潘佩珠、胡志明等越南近现代革命领袖的故乡，这里还有义静苏维埃博物馆。

河静省

面积：6 025.6平方公里

人口：1 573 000

省会：河静市（Thành phố Hà Tĩnh）

下辖各市、县：洪岭市（thị xã Hồng Lĩnh）、香山县（Hương Sơn）、德寿县（Đức THọ）、宜春县（Nghi Xuân）、甘禄县（Cam Lộc）、香溪县（Hương Khê）、石河县（Thạch Hà）、锦川县（Cẩn Xuyên）、祁英县（Kỳ Anh）、武光县（Vũ Quang）。

主要民族：京族、哲族。

年平均温度为23.7℃。

河静省北接乂安，南靠广平，西与老挝接壤，东面临海，海岸线长137公里。

河静省地形多样，主要是丘陵，沿海和主干公路有狭长的平原。河静省沿一号公路可达河内，全长340公里，交通便利。河静的主要景观有武门瀑布（thác Vũ Môn）、丐呼湖（hồ Kẻ Gỗ）、山金温泉（suối nước nóng Sơn Kim）、横山（đèo Ngang），还有美丽的海水浴场，如格梭（Cửa Sót）、天琴（Thiên Cầm）、岱昆（Đèo Con）、春城（Xuân Thành）、真仙（Chân Tiên）。大部分景点都分布在1A公路和8号公路沿途。

母道教（đạo Mẫu）、儒教、佛教和城隍信仰给河静省留下了上百个祠、寺、庙宇，如香积寺（chùa Hương Tích）、格梭寺、天琴—昏博寺（Thiên Cầm — Hòn Bớc）、叶岛寺（Hòn Lá）、格渺塔（tháp CỬa Diêu）、三郎庙（đền Tam Lang）等。

河静的历史名人有名医海上懒翁（Hải Thường Lãn Ông），诗豪阮攸（Nguyễn Du），诗人、经济学家阮公著（Nguyễn Công Trứ），现代诗人辉瑾（Huy Cận），越共早期的两位总书记陈富（Trần Phú）和何辉习（Hà Huy Tập）等。

广平省

面积：8 065.3平方公里

人口：853 000

省会：洞海市（Thành phố Động Hới）

下辖各县：宣化县（Tuyên Hóa）、明化县（Minh Hóa）、广泽县（Quảng Trạch）、布泽县（Bố Trạch）、广宁县（Quảng Ninh）、丽水县（Lệ Thủy）。

主要民族：京族、布鲁—云侨族、哲族、佬族。

属热带季风气候，分为雨季和旱季。年平均温度为25℃～26℃ 。

广平位于越南中部，北接河静，东部临海，南靠广治，西与老挝接壤。地形相对复杂，沿海有山地。平原面积狭小，主要集中在大河两岸。广平多河流。海岸线长116公里，峥江港(cảng Gianh)、日丽港(cảng Nhật Lệ)座落在这段海岸线上。洞海市距河内491公里(公路)，522公里(铁路)，交通较为便利。

广平省位于进入顺化的门户。这里风光绮丽，景色优美。沿海有许多金色的海滩，海水蓝天一色。广平省的风牙洞是越南最大最美的溶洞之一，极具特色。

广治省

面积：4 747.0平方公里

人口：604 700

省会：东河市(Thành phố Đông Hà)

下辖各市、县：广治市(Thị xã Qaủng trị)、甘露县(Cam Lộc)、昏果县(Cồn Cỏ)、多克容县(Đa Krông)、由灵县(Gio Linh)、海陵县(HẢi Lăng)、香化县(Hướng Hòa)、肇丰县(Triệu Phong)、永灵县(Vĩnh Linh)。

主要民族：京族、布鲁—云侨族、巴戈族、达渥族、侬族、斯丁族、色登族。

广治省的气候非常恶劣，有干热的西南风和老挝风。

广治省位于越南中部，将南北分隔了近20年的分界线边海河(sông Bến Hải)——贤良桥(cầu Hiền Lương)就在该省。广治距北边的河内582公里，距南边的胡志明市1 121公里。

广治北接广平省，南靠承天—顺化省，西与老挝的沙湾拿吉省(Savanakhét)接壤，东面临海。海岸线长75公里。广治省地形多样，包括山地、丘陵、平原、沙洲和海滩，地势由西北向东南倾斜。河流密布，尤其是在山区各县蕴藏着丰富的水能。

在抗美救国战争时期，广治是敌人狂轰滥炸的对象，至今广治还保留着许多革命历史遗迹和地名。过了多克容吊桥就踏上了胡志明小道，这是一条记载着越南人民光荣抗美历史的道路，它充满了传奇色彩。这里有许多著名的地名，如广治古城(thành cổ Quảmg trị)、长山烈士陵园、永牧地道(địa đạo Vịnh Mốc)、溪山战场(chiến trường Khe Sanh)、衮先—笃庙(Cồn Tiên – Đốc Miếu)根据地、麦克拉马拉(Mác-na-ma-ra)的电子防线(hàng rào điện tử)等等。此外，广治的格从(Cửa Tùng)海水浴场被誉为印支半岛海水浴场的“皇后”。

承天—顺化省

面积：5 062.6平方公里

人口：1 103 100

省会：顺化市(Thành phố Huế)

下辖各市、县：香茶市(Thị xã Hương Trà)、香水市(Thị xã Hương Thủy)、丰田县(Phong Điền)、广田县(Quảng Điền)、富汪县(Phú Vang)、富禄县(Phú Lộc)、南东县(Nam Đông)、阿乐县(A Lưới)、南东县(Nam Đông)。

主要民族：越族、达斡族、戈都族、布鲁—云乔族、华族。

承天—顺化省位于越南中部，北邻广治省，南接岘港市，西南是广南省，西面是长山山脉并与老挝接壤，东临大海。顺化市距离河内660公里，距胡志明市1 080公里。承天—顺化省的地形呈明显的梯次分布，西部靠近越老边界是山地，一直延伸到岘港市，约占全省面积的四分之一；低山和浅丘约占全省面积的二分之一，高度一般不超过500米，顶宽、坡缓。其余为典型的冲积平原。承天—顺化省的平原基本沿海岸线呈西北—东南分布，狭长，面积约1 400平方公里，是越南中部平原的重要组成部分。

承天—顺化省的大小河流几乎都发源于长山山脉，从西向东横穿丘陵和平原地区，流入大海。承天—顺化省最大的河是香江(sông Hương)，流域面积约300平方公里。承天—顺化省海岸线长120公里，境内有顺安港(Thuận An)。富排(Phú Bài)机场位于1A公路和统一铁路旁边。承天—顺化省公路、铁路、航空、水运都十分便利。

顺化是越南的古都，1993年12月被联合国教科文组织确定为世界文化遗产。

五、南中部沿海地区8省市：

岘港市

面积：1 283.4平方公里[①]

人口：951 700

下辖郡、县：海珠郡(Hải Châu)、清溪郡(Thanh Khê)、山茶郡(Sơn Trà)、五行山郡(Ngũ Hành Sơn)、连沼郡(Liên Chiểu)、锦丽郡(Cẩm Lệ)、和汪县(Hòa

① 包含其所谓的黄沙县，即我国的西沙群岛。

Vang)。

民族：京族、华族。

岘港在越南中部，始建于1888年，自古就是越南的重要海港。1997年1月1日，越南国会正式批准岘港市组建省级城市，成为越南第四个中央直辖市，是越南陆路、水陆和航空交通网络的中点，不仅对越南中部各省意义重大，而且对西原、老挝南部、柬埔寨东北部都有辐射作用。岘港北距河内，南距胡志明市各约700公里，公路、铁路、水路和航空交通便利。

岘港地处热带季风区，气候分为雨季和旱季。年平均温度为28℃～29℃，每年9月、10月台风经常会直接登陆。

岘港的北边是承天—顺化省，西面和南面是广南省，东临中国南海。

岘港的地形：北边是海云关，西北方向和汪县的高山地区有座海拔1 712米的芒山(núi Mang)和1 487米的婆那山(núi Bà Nà)。婆那山是个旅游风景区。东面是山茶半岛，美丽的海水浴场从山茶半岛一直延伸到囊诺(Non Nước，又译“山水”)海水浴场。南面是五行山。

岘港有大型海港，有岘港国际机场，有现代化的通信联络系统。岘港还是纺织业、生产日常消费用品、食品加工业、机器工业、建材生产工业等行业大型企业的聚集地。

在岘港，游客们可以游览许多风景名胜，如婆那山、五行山、海云关……还可以在美丽的海水浴场尽情畅游，那里的海滩上全是白色细滑的沙子，延绵几十公里。岘港的旅游发展潜力非常巨大。

广南省

面积：10 438.4平方公里

人口：1 435 000

省会：三圻市(Thành phố Tam Kỳ)

下辖各市、县：会安市(Thành phố Hội An)、西江县(Tây Giang)、东江县(Đông Giang)、大禄县(Đại Lôcl)、奠磐县(Điện Bàn)、维川县(Duy Xuyên)、南江县(Nam Giang)、升平县(Thăng Bằng)、桂山县(Quế Sơn)、协德县(Hiệp Đức)、仙福县(Tiên Phước)、福山县(Phước Sơn)、成山县(Núi Thành)、北茶美县(Bắc Trà Mỹ)、南茶美县(Nam Trà Mỹ)、富宁县(Phú Ninh)、农山县(Nông Sơn)。

主要民族：京族、戈都族、色登族、叶坚族、戈族。

广南省的气候有两种类型：沿海热带气候和高地温带气候。年均温度为25.4℃。分为旱、雨两季，2月～4月气候干热，9月～12月为雨季，年均降雨量为2 000毫米。

广南省位于越南中部，北接承天—顺化省和岘港市，西与老挝接壤，南面是广义省，东临大海，海上有占婆岛和大型渔场。

广南的山地和丘陵占全省面积的72%，有高达2 045米的伦赫澳山（Lum Heo），2 032米的提翁山（Tion），1 855米的哥里朗山（Gole - Lang）。沿海低地是冲积平原，占全省土地面积的25%，集中在该省东部，分布在国道两边。广南省有许多著名的特产如：富上的茶、茶美的桂、会安的蒲草、奠磐的蔗糖。

广南境内的大河皆发源于长山山脉，东流入海，较大的有乌家河（sông Vu Gia）、秋盆江、三圻河（sông Tam kỳ）。

广南省是一个农业省。秋盆江和三圻河两条河流装点了广南的景色，又提供了非常便利的水路交通。

会安古街是东南亚最为古老的都市之一，至今仍保存完好。1999年12月，广南省的两大遗迹会安古街和美山古塔群被联合国教科文组织确定为世界文化遗产。

广义省

面积：5 152.7平方公里

人口：1 221 600

省会：广义市（Thành phố Quảng Ngãi）

下辖各县：巴德县（Ba Tơ）、平山县（Bình Sơn）、德普县（Đức Phổ）、李山县（Lý Sơn）、慕德县（Mộ đức）、明龙县（Minh Long）、义行县（Nghĩa Hành）、山河县（Sơn Hà）、山西县（Sơn Tây）、山星县（Sơn Tinh）、思义县（Tư nghĩa）、西茶县（Tây Trà）、茶蓬县（Trà Bồng）。

主要民族：京族、赫莱族、仡呼族、色登族。

广义省的气候比较恶劣，年均温度达25℃～26.9℃，最高温度达41℃，最低温度为12℃。9月～12月为雨季，4月～8月天气炎热，1月～3月是最冷的月份。年均降雨量为1 900毫米，最高的年份可达3 500毫米。雨季常常发生洪涝灾害。

广义省位于越南中部沿海，背靠长山山脉，东临大海，北邻广南省，南接平定省，西南是昆嵩省。广义省的海岸线长135公里。广义省位于越南的正中部，距离河内市886公里，1A公路贯穿全省，24号公路使广义同西原、老挝和泰国东北部相连接。

该省有四种地形：山地、山地平原过渡区、平原、海岛。流经该省的主要河流有茶曲河（sông Trà Khúc）、茶蓬河（sông Trà Bồng）、卫河（sông Vệ）。

广义市修建在茶曲河岸。很久以前这里就开始使用巨大的水车，日夜旋转着，既可以灌溉稻田和甘蔗田，又是一道别样的风景，以蔗糖为原料制成的砂糖（đường cát）、冰糖（đường phèn）、关东糖（đường phổi）、麦芽糖（mạch nha）等闻名全国。

广义的榕橘（Dung Quất）港是一个深水大港，是越南最大的油气港，港区将建成一个现代化的城市——万祥市（Vạn Tường）。广义具有较大的发展潜力，等待进一步的投资开发。广义市的远景规划是：建设成为越南中部的经济和旅游中心之一。

平定省

面积：6 039.5平方公里

人口：1 497 300

省会：归仁市（Thành phố Quy Nhơn）

下辖各市、县：安仁市（Thị xã An Nhơn）、安老县（An Lão）、怀恩县（Hoài Ân）、怀仁县（Hoài Nhơn）、富美县（Phú Mỹ）、符吉县（Phù Cát）、永盛县（Vĩnh Thạnh）、西山县（Tây Sơn）、云耕县（Vân Canh）、绥福县（Tuy Phước）。

主要民族：京族、占族、巴拿族。

平定省年平均气温为26℃～28℃。年均降雨量为1 700～1 800毫米，雨季从8月～12月，集中了全年降雨量的70%～80%。

平定省是中部沿海省，北接广义省，西接嘉莱省，南临富安省，东面临海。平定省的地形多样，有山地、平原、沿海沙洲以及大小岛屿。平定省的海岸线长100公里，海上有许多大大小小的岛屿。符吉县有丰富的矿泉水资源。

平定省交通便利，1号国道纵贯全省，19号公路把归仁市和昆嵩、嘉莱等西原各省连接在一起。统一铁路在离归仁11公里的孟缦（Mường Mán）有车站；符吉机场位于归仁市北面，距市中心36公里；归仁港是越南南中部地区的大型海港。

平定的特产有：丝绸、燕窝、虾、鱼、贵重木材、沉香、食用油、大米、建筑石材、各种手工艺品。

平定是一个有着悠久文化的地方，保留着许多传统庙会，留存了许多占婆人的建筑和文化遗迹，这里曾经是占婆王朝的都城。平定是光中帝阮惠的故乡，㗰剧的摇篮，西山武术的发源地。

富安省

面积：5 060.6平方公里

人口：871 900

省会：绥和市（Thành phố Tuy Hòa）

下辖各市、县：裘江市（Thị xã Sông Cầu）、同春县（Đồng Xuân）、绥安县（Tuy An）、山和县（Sơn Hòa）、东和县（Đông Hòa）、西河县（Tây Hòa）、馨江县（Sông Hinh）、富和县（Phú Hòa）。

主要民族：越族、占族、埃堤族、巴拿族。

富安省是南中部沿海省，北接平定省，南连庆和省，西靠多乐省、嘉莱省，东面临海。富安省的山、沿海平原和绵长的海岸线构成了美丽的自然景观。有些陡峭的山一直延伸到海边，把沿海平原分割成不连续的块状，并形成了许多水潭和海湾，如衢蒙湾（vịnh Cù Mông）、春台湾（vịnh Xuân Đài）、乌峦潭（đầm Ô Loan）、泳漯（Vũng Rô）。

由于受海洋性气候的影响，这里的气候炎热、潮湿、多雨。年平均温度26.5℃，最高温度达39℃，最低温度为15.5℃。年平均降雨量为1 600～1 700毫米。

富安的地形可以分为两大类：

山地和半山地（西侧为长山山脉东麓）：包括山和县、馨江县、同春县和裘江、绥安、绥和等县的西部。这一带山峦重叠，但山都不是很高。望夫峰（đỉnh Vọng phu）为该地最高山峰，海拔2 064米。

平原地区：包括绥和市、绥安县、裘江县，绥和县，种植着大片的水稻。

富安省有三条主要河流：沱瀼河（Đà Rằng）、奇芦河（Kỳ Lô）、磐石河（Bàn Thạch）。

绥和市距河内1 177公里，距胡志明市561公里，位于沱瀼河上的沱瀼河大桥有21个桥孔，是中部地区最长的桥梁。

富安省有许多旅游景点，如位于绥和市中心的雁山（núi Nhạn），矗立在沱瀼河畔。从绥和市往北，游客可以参观裘江，龙水（Long Thủy）海上旅游区，这里海天一色，乌峦潭水清如碧，大小岛屿星罗棋布，如昏佐岛(Hòn Chùa)、昏晏岛(Hòn Yến)、仙滩(bãi Tiên)、白石寺岛(chùa Đá Trắng)等。从绥和市往南25公里是泳漯，分布着不少美丽的海滩：叠滩(bãi Xếp)、碟石礁滩(Ghềnh Đá Đĩa)等，山石嶙峋，风景峻美。

西面是斋河(sông Trai)森林保护区，记录着富安人民抗战遗迹的鹅时同(Gò Thì Đồng)，还有雅利瀑布(Yaly)和馨江(sông Hinh)上游、福隆(Phước Long)温泉、仙溪(suối Tiên)等景点。游客在这里可以品尝到当地特产，如虾、蟹、鱼、红蚶等让人难忘的美食。

庆和省

面积：5 217.6平方公里[①]

人口：1 167 700

省会：芽庄市(Thành phố Nha Trang)

下辖各市、县：金兰市(Thành phố Cam Ranh)、宁和市(thị xã Ninh Hòa)、延庆县(Diên Khánh)、万宁县(Vạn Ninh)、庆永县(Khánh Vĩnh)、庆山县(Khánh Sơn)、甘霖县(Cam Lâm)。

主要民族：越族、拉格莱族、埃堤族、叶坚族、占族。

气候：年平均气温26.7℃。

年日照时间：2 600小时。

年平均降雨量：1 200毫米。

雨季集中在四个月(每年9月～12月)，占全年降雨量的75%。相对湿度为80.5%。芽庄市的雨季只有两个月，利于人们旅游。芽庄是越南首屈一指的海滨观光旅游胜地。金兰湾为世界著名天然良港。

庆和省的著名旅游点昏婆山(núi Hòn Bà)(与芽庄的直线距离为30公里)的气候与大叻和沙巴相似。庆和省是越南南中部沿海省，南临宁顺省，西接多乐省和林同省。其地势由西向东逐渐降低，主要的地形有山地、丘陵、平原及海岛，境内有2条较大的河流，丐河(sông Cái)、营河(sông Dinh)。庆和省的海岸线长200公里，该省管辖的海域分布着大大小小许多岛屿。海产丰富，盛产燕窝，年产量均在2 500公斤以上。庆和还有5条温泉溪，储量达百万立方米，可用于治病和

---

① 包含其所谓的长沙县，即我南沙群岛。

开发矿泉水。庆和的气候既受热带季风气候的影响，又受海洋气候的影响，因此相对温和。

庆和交通便利，有不少优良的海港，其中，金兰港是世界级的深水良港，在冷战时期是苏联的海军基地。有芽庄机场和金兰机场，1A公路和统一铁路穿过全省，北上南下十分方便。26号公路又把庆和与西原各省连在一起。在中部南区各省中，庆和省的基础设施较好，革新开放后，经济发展较快，在越南全国都是居前列的。庆和工农业发展比较均衡、全面，在发展海洋捕捞的同时发展海产养殖，取得了良好的经济效益。庆和的资源主要是海产，鱼和虾的产量较大；木材有奇楠木和沉香木。

庆和距河内1 280公里，距岘港535公里，距胡志明市448公里。

宁顺省

面积：3 358.0平方公里

人口：570 100

省会：潘朗—占塔市（Thị xã Phan Rang – Tháp Chàm）

下辖各县：宁海县（Ninh Hải）、宁福县（Ninh Phước）、宁山县（Ninh Sơn）、博爱县（Bác Ái）、顺北县（Thuận Bắc）、顺南县（Thuận Nam）。

主要民族：京族、占族、拉格莱族、仡呼族、华族。

宁顺省为热带季风气候，特征是干热，风多，蒸发量大，没有冬季。年平均气温为26℃～27℃，年平均降雨量为700～800毫米，在山区随着海拔升高渐增到1 100毫米。全年分为两季：5月～11月是雨季，12月到翌年4月是旱季。

宁顺三面环山，北面和南面是两座延伸到海边的高山，西面是属于林同省的高山地区。有三种地形：山地、平原和沿海滩地。该省主要水系包括丐河的各条支流迷蓝河（sông Mê Lam）、铁河（sông sắt）、翁河（sông Ông）、罗河（sông La）、瓜澳河（sông Quao），此外还有分布在北部和南部的一些小河流，如牛河（sông Trâu）、婆须河（sông Bà Râu）。

潘朗市位于统一铁路、1A公路和到大叻市的11号公路三条交通干道的交汇处。距芽庄市105公里，距大叻市110公里，距胡志明市350公里，距河内1 382公里。

宁顺正在发展专业种植园，如葡萄、烟叶、甘蔗、糖、棉花、葱、蒜等。宁顺还是越南的大型渔场之一。

宁顺风景优美，平原、山地和大海交织成绝美的天然画卷，位于大叻—芽庄—潘朗黄金三角旅游区。宁顺旅游景点众多：宁字（Ninh Chữ）海水浴场、嘎纳（Cà Ná）海水浴场、悦目岬（đèo Ngoạn Mục）、多尼（Đa Nhim）水电站、珍贵的历史遗迹——占塔，如波克陇佳莱塔（Pôklông Gải）、波若梅塔（Pôrômê）、和莱塔（Hòa Lai）均保存完好。到这里旅游可以洗海水浴、疗养、划船、登山、打猎、参观历史遗迹和参加占婆人的节庆庙会。

平顺省

面积：7 810.4平方公里

人口：1 180 300

省会：藩切市（Thành phố Phan Thiết）

下辖各市、县：拉吉市（Thị xã La Gi）、绥丰县（Tuy Phong）、北平县（Bắc Bình）、函顺北县（Hàm Thuận Bắc）、函顺南县（Hàm Thuận NAm）、函新县（Hàm Tân）、德灵县（Đức Linh）、丹灵县（Tánh Linh）、富贵县（Phú Quý）。

主要民族：越族、占族、华族、仡呼族、朱鲁族。

热带季风气候，很少受到东北季风的影响，气候干旱炎热。年平均气温为26℃～27℃，年均降水量为800～1 150毫米。

平顺省是越南中南部的一个沿海省，东北和北部与宁顺省相接，北部与西北部与林同相邻，西部是同奈省，西南部邻巴地—头顿，东部和东南部临海。

平顺省按地形特点可分为三个部分：山地、平原和沿海滩地，海岸线长192公里。有许多大大小小的山脉延伸到大海里，形成许多海湾。这些海湾是一些较好的出海口。海上有面积为23平方公里的富贵岛县。平顺省有较长的海岸线，海产丰富，如金枪鱼（cá thu）、鲹鱼（cá nục）、鲐鱼（cá ngừ）、曹白鱼（cá cơm）、鱿鱼（cá mực）产量较大。海洋经济主要集中在海洋捕捞、雨露生产、制盐和海产冷冻。

流经平顺省的河流有从夷灵（Di Linh）高原流出，注入扁洛湖（hồ Biển Lạc）的罗牙河（La Ngà）、瓜澳河（sông Quao）、工河（sông Công）、营河（sông Dinh）。

平顺省多森林，其优势集中在木材加工业、腰果加工业以及手工艺品生产。

藩切市距胡志明市200公里。1A公路和统一铁路经过该省。海滩沙白水清、平原辽阔，把如诗画般的海滩连接起来。平顺省有不少著名旅游景点：嘎纳（Cà Ná）、藩切（Phan Thiết）、内岬（Mũi Né）、函新（Hàm Tân）、阳丘（Đồi Dương）等。

这里较适宜开展运动休闲游：划船、游泳、钓鱼、打猎和打高尔夫。

六、西原地区5省：

崑嵩省

面积：9 690.5平方公里

人口：453 200

省会：崑嵩市（Thành phố Kom Tum）

下辖各县：多格雷县（Đắk Glei）、玉回县（Ngọc Hồi）、多苏县（Đắk Tô）、崑布龙县（Kom Plông）、多荷县（Đắk Hà）、沙忒县（Sa Thầy）、崑耒县（Kon Rẫy）、修么龙县（Tu Mơ Rông）。

主要民族：京族、色登族、巴拿族、叶坚族、嘉莱族。

崑嵩属于高原热带季风气候，年平均气温为23.4 ℃，年平均降雨量为2 121毫米。雨季为5月～10月，旱季从11月到翌年4月。

崑嵩位于西原的三大高原之一的嘉莱——崑嵩高原北部。西面与柬埔寨北部和老挝南部接壤，有长达275公里的边界线，北邻广南省，东与广义省相邻，南接嘉莱省。

崑嵩的大部分位于长山山脉以东，地势由西向东、由北向南逐渐降低。该省北部有越南南部最高的山脉——花岗山脉（dãy núi Hoa Cương），其中的玉岭峰（đỉnh Ngọc Lĩnh）高达2 596米，玉潘峰（đỉnh Ngọc Phan）高2 251米。这里是峥江（sông Tranh）、秋盆江（sông Thu Bồn）、茶曲河（sông Trà Khúc）、巴江（sông Ba）的发源地。崑嵩有50%的面积为森林覆盖，有各类珍贵的木材、林特产和珍稀鸟类。除此之外，崑嵩的土质为石灰质土，适宜种植橡胶、咖啡、茶、甘蔗、蚕桑等经济作物，而大面积的草场适宜发展家畜养殖。

崑嵩的交通较为便利，14号公路从广南西经崑嵩市、嘉莱、多乐到胡志明市；24号公路连接崑嵩和广义；40号公路连接崑嵩和老挝的阿速坡（Atôpơ）。

省会崑嵩市位于泼姑河（Pô Cô）的支流多普拉河（sông Đắk Pla）流域的一个小平原上，海拔525米。法属时期这里是西原地区的行政中心，法国传教士1851年就到了这个地方传教。崑嵩市距邦美蜀市246公里，距归仁市215公里，距波莱古市49公里。

游客到崑嵩可以欣赏到西原山林地区的美丽景色，如玉岭（núi Ngọc Lĩnh）热带原始森林、兹莫（Chư Mơ Ray）热带原始森林、沙忒（Sa Thầy）原始森林、昆布龙县的多栉（Đắk Tre）旅游区、多苏温泉等。此外，还有昆嵩监狱、多雷（Đắk Lei）监狱、胡志明小道、多苏战场、新景（Ttan Cảnh）战场等遗迹。

嘉莱省

面积：15 536.9平方公里

人口：1 322 000

省会：波莱古市（Thành phố Pleiku）

下辖各市、县：安溪市（thị xã An Khê）、爱云巴市（thị xã Ayun Pa）、诸巴哈县（Chư Pắh）、诸布荣县（Chư Prông）、诸瑟县（Chư Sê）、德基县（Đức Cơ）、罗格莱县（La Grai）、卡邦县（K`Bang）、克容巴县（Krong Pa）、空遮如县（Kông Chrô）、芒央县（Mang Yang）、多朵县（Đắk Đoa）、罗跛县（La Pa）、多博县（Đắk Pơ）富善县（Phú Thiện）、诸埠县（Chư Pư）。

主要民族：京族、嘉莱族、巴拿族、色登族、叶坚族。

嘉莱省属高原热带季风气候，分为两季：从5月到11月是雨季，从12月到次年4月是旱季。年平均气温为21℃～25℃。西长山年均降雨量2 200～2 500毫升，东长山1 200～1 750毫米。

嘉莱省是一个山区边界省，海拔700～800米。北接昆嵩省，南接多乐省，西与柬埔寨接壤，有90公里的边界线，东邻广义、平定和富安三省。

嘉莱省交通较为便利。波莱古市位于19号、14号及25号公路的交汇处，距归仁港180公里，距胡志明市541公里。嘉莱省的波莱古机场规模较大，设施良好。省内主要公路有：连接广南、西原各省和东南部各省的14号公路；从归仁到波莱古直至柬埔寨东北各省的19号公路；连接富安和嘉莱的25号公路。

嘉莱是多条水系的源头，如巴江（sông Ba）、瑟桑河（sông Sê San）以及其他一些河流。嘉莱境内有许多湖泊、溪流、险滩、山岭和原始森林，形成了雄伟绮丽的自然景观，带有西原山林浓厚的荒芜原始色彩。这里的昆卡肯（Kon Ka King）、昆吒让（Kon Cha Rang）热带森林里有许多稀有动物；雄伟的雅里瀑布（thác Yaly）；位于诸布荣县（Chư Prông）荒野的松克潰瀑布（Xung Khoeng）；位于诸瑟县（Chư Sê）充满诗意的富强瀑布（ thác Phú Cường）。还有许多美丽的小溪，如白石溪（suối Đá Trắng）、梦溪（suôi Mơ）和许多名胜，如巴江上的"梦"（Mộng）渡口，位于海拔1 092米广阔平坦的函龙山（Hàm Rồng）顶的火山口扁湖（Biển Hồ，又名

hồ Tơnưng)。

多乐省

面积：13 125.4平方公里

人口：1 771 800

省会：邦美蜀市（Thành phố Buôn Ma Thuột）

下辖各县：亚赫辽县（Ea H`leo）、亚苏县（Ea Súp）、邦敦县（Buôn Đôn）、居玛甲县（Cư M`Gar）、克容布县（Krông Buk）、克容囊县（Krông Năng）、亚卡尔县（Ea Kar）、玛德拉克县（M`Đrắc）、克容崩县（Krông Bông）、克容巴县（Krông Pắc）、克容阿纳县（Krông Ana）、拉克县（Lắc）、居古音县（Cư Kuin）。

主要民族：京族、埃堤族、莫侬族、侬族、岱侬族、拉格莱族。

多乐省位于西原三大高原之一的多乐高原，平均海拔400～800米，北邻嘉莱省，南接林同和平福省，西面与柬埔寨接壤，东接富安省和庆和省。

多乐省是越南自然面积最大的省，海拔在1 000～1 200米的山区占全省面积的35%。海拔450米的邦美蜀高原占53.5%，有肥沃的红土，地势相对平坦，利于种植生长期长的经济作物，发展家畜养殖业和树木种植。此外还有约12%的土地是淤沙洼地，部分是天然草原、部分种植水稻。

多乐省有丰富的森林资源和许多珍稀动物，如大象、老虎、豹、熊、麋鹿、野猪、野牛。多乐省有许多橡胶园、咖啡园、茶园、胡椒园和甘蔗园。

多乐省的主要河流有巴江（sông Ba）、瑟热巴江（sông Sêrêbôk），支流有克容崩河（Krông Bông）、克容巴科河（Krông Pắc）、克容阿纳河（Krông Ana）、同奈河（Đồng Nai）等。许多河流具有很大的水能，已经被开发为水电的有热希灵（Dray H`Linh）、邦郭（Buôn Kuốp）。较大的湖有拉克湖（Lắk）、亚高湖（Ea Kao）、亚苏湖（Ea Súp）、多明湖（Bakmin）。这些湖为全省供应淡水和水产。

气候：多乐省的气候相对温和，年平均气温24℃，最热的月份和最冷的月份平均气温只相差5℃。天气和降雨量随季节变化。年平均降雨量为1 700～2 000毫米。旱季从11月到翌年4月，多风、较冷，天气干旱，许多溪流干涸。雨季为5月～10月，降雨量很大，交通常被洪水所阻。

多乐省有许多旅游点，如水仙滩（thác Thủy Tiên）、拉克湖（Lắk）、奔哲湖（Buôn Triết）、亚高湖（Ea Kao），还有原始森林区——约克敦（Yok Đôn）国家植物园和以捕捉、驯养大象闻名的邦敦（Buôn Đôn）、保大皇帝的别宫、邦美蜀监狱以及13世纪的占婆塔等历史遗迹。

民族、宗教：多乐省的传统文化丰富多样，具有特色。这里还留下了许多独具特色的口传史诗，如长达数千句的《儋珊》(Đam San)史诗。各种古时的律法民俗，高脚屋、公共活动房、陵墓对游客充满着神奇的吸引力。许多古老的民族乐器闻名四方，如石琴(bộ đàn đá)、克隆布琴(đàn Klông pút)、水琴(đàn nước)、喇叭(kèn)、笛子(sáo)等。

如果时机凑巧，游客们可以参加原汁原味民间特色的庙会。在庙会上，整个村子的人手拉着手围着篝火，踏着小铜锣、钲的节奏跳舞。

交通：多乐省的交通比较便利，经14号公路可到嘉莱省的波莱古市(180公里)，到多农和胡志明市，经26号公路可以到庆和省的芽庄市(190公里)，27号公路可以到林同省的大叻市(395公里)。

多乐省省会邦美蜀市位于西原人口最多的地区，海拔536米，距河内1 390公里，距胡志明市360公里。

多农省

面积：6 515.6平方公里

人口：516 300

省会：嘉义镇(Thị xã Gia Nghĩa)

下辖各县：格桔县(Cư Jút)、多容县(Đắk Giong)、达热勒县(Đắk R`lâp)、多明县(Đắk Mil)、多双县(Đắk Song)、克容诺县(Krông Nô)、绥德县(Tuy Đức)。

主要民族：京族、埃堤族、侬族、莫侬族、岱侬族。

多农省是从以前的多乐省划分出来的一个省份。多农省北接多乐省，东和东南接林同省，西面邻平福省和柬埔寨。

多农省位于南中部以西，长山山脉的末段，地处高原地区，平均海拔500米。地势较平，辽阔的草原一直向东延伸。地势向西慢慢下降，向柬埔寨倾斜，南面是低洼的平地，有许多湖泊。主要河流有巴江(sông Ba)、瑟热巴江(sông Sêrêbôk)(支流有克容崩河(Krông Bông)、克容巴科河(Krông Pắc)、克容阿纳河(Krông Ana)、克容诺河(Krông Nô)，等及其他一些支流。许多地势高的河流具有很大的水力潜能。

气候：多农省气候相对温和，年平均气温24℃，最热的月份和最冷的月份平均气温只相差5℃。天气和降雨量随季节变化。旱季从11月到翌年4月，多风、较冷，天气干旱，许多溪流干涸。雨季为5月～10月，降雨量很大，交通常被洪水所阻。

多农省土地肥沃，适宜种植经济作物，特别是咖啡、橡胶、香蕉。传统文化比较丰富多样，许多民族文化具有本民族传统和本色。

多农省有许多旅游点，如热沙瀑布（thác Dray Sấp）、三层瀑布（thác Ba Tầng）、妙声瀑布（thác Diệu Thanh）、热努瀑布（thác Dray Nur）、嘉隆瀑布（thác Gia Long）等。

多农省交通较为便利，14号国道可达多乐省的邦美属市、胡志明市、嘉莱省的波莱古市，28号国道可达林同省的夷灵。

林同省

面积：9 772.2平方公里

人口：1 218 700

省会：大叻市（Thành phố Đà Lạt）

下辖各市、县：保禄市（Thành phố Bảo Lộc）、洛阳县（Lạc Dương）、单阳县（Đơn Dương）、德重县（Đức Trọng）、林河县（Lâm Hà）、保林县（Bảo Lâm）、夷灵县（Di Linh）、䊶准县（Đạ Huoai）、䊶忒县（Đạ Téh）、吉仙县（Cát Tiên）、丹龙县（Đam Rông）。

主要民族：越族、仡呼族、麻族。

林同省气候凉爽。它的日平均温度最高是24℃，最低是15℃。年平均降雨量1 750～3 150毫米。旱季从12月到翌年3月。雨季从4月到11月。终年有日照。

林同省位于西原高原的第三大高原和最高的高原：林园—夷灵高原（Cao Nguyên Lâm Viên – Di Linh），平均海拔1 500米，70%的面积是山地和森林。北邻多乐省，东南面是庆河、宁顺、平顺三省，西面是平福省和同奈省。

该省北部是两条平行的山脉，由东向西延伸，有高2 405米的芝阳辛峰（Chư Yang Sin），高1 749米的阳蚌峰（Yang Bông）。南面靠近大叻的山脉有：高1 950米的丹色拿峰（Đan Sê Na）、高2 163米的朗边峰（Lang Biang）、高1 948米的昏鹅峰（Hòn Nga）。两条山脉中间是许多河流的发源地：如流入同奈省的多容河（sông Đa Dung）、从芽庄入海的丐河（sông Cáy）。两条山脉以南是朗边高原，海拔高达1 475米的省会大叻市就坐落在这里。东部和南部是地势较为平坦的夷灵高原，海拔在1 010米左右，人口比较稠密，同时也是流入同奈省的罗娥河（La Ngà）的源头。

从胡志明市乘车，沿20号公路行驶约300公里就到了大叻市。沿途游客可以明显感觉到地势越来越高，当达到大叻的布瑞恩瀑布(thác Prenn)时，呈现在游客眼前的是一望无际的两叶、三叶松林。进入大叻市以后，游客可以探寻这里的瀑布，美丽的湖泊和开满鲜花的山谷中的“宝藏”。

如果经11号公路从藩朗逆瀛江而上，在穿过古占婆王国的历史遗迹区和终年干燥的田野后，我们就能站在悦目岭(đèo Ngoạn Mục)上，一幅雄伟的自然画卷将呈现在我们眼前。

七、南部东区6省市：

胡志明市

面积：2 095.5平方公里

人口：7 750 900

下辖各郡、县：1郡、2郡、3郡、4郡、5郡、6郡、7郡、8郡、9郡、10郡、11郡、12郡、新平郡(Tân Bình)、平盛郡(Tân Thành)、富润郡(Phú Nhuận)、守德郡(Thủ Đức)、峨乌浦郡(Gò Vấp)、平新郡(Bình Tân)、新富郡(Tân Phú)等19个郡和芽牌县(Nhà Bè)、更诺县(Cần Giờ)、霍门县(Hóc Môn)、古芝县(Củ Chi)、平正县(Bình Chánh)等5个县。

主要民族：京族、华族、高棉族、占族。

胡志明市旧称西贡，5个中央直辖市之一、越南的经济中心、全国最大的港口和交通枢纽。胡志明市北临平阳省，西北接西宁省，东和东北临同奈省，东南临巴地—头顿省，南和西南临前江省和隆安省。

胡志明市的气候分为两季，雨季从5月到11月，年平均降雨量为1 979毫米。旱季从12月到翌年4月。年平均气温为27.55℃，没有冬季。

胡志明市距河内从公路约1 730公里，市中心到东部海岸线的直线距离为50公里。胡志明市是连接南部地区各省的重要交通枢纽，同时也是一个国际门户。由于拥有全国最大的港口和机场，西贡港的货物吞吐量为1 000万吨/年。拥有数十条跑道的新山一机场距市中心仅7公里。

胡志明市(旧称西贡)是一个年轻的城市，只有300多年的发展历史。西贡始建于1623年，但直到1698年阮主才派遣统帅阮有景(Nguyễn Hữu Cảnh)经略南方，建立起西贡市。1911年，胡志明从西贡出国，寻找救国道路。全国统一以后，于1976年7月2日召开了第六届国会，正式把西贡更名为胡志明市。现在的胡志明市包括原来西贡、堤岸、嘉定3个行政区。

胡志明市是一个商贸中心，有“远东明珠”之称。

平福省

面积：6 874.4平方公里

人口：905 300

省会：同帅市（Thị xã Đồng Xoài）

下辖各市、县：平龙市（Thị xã Bình Long）、福龙市（Thị xã Phước Long）、补登县（Bù Đăng）、布窦县（Bù Đốp）、布嘉密县（Bù Gia Mập）、真城县（Chơn Thành）、同富县（Đồng Phú）、和广县（Hớn Quảng）、禄宁县（Lộc Ninh）。

主要民族：京族、斯丁族、高棉族、莫侬族。

平福省的气候分为两季，5月～10月为雨季，11月到翌年4月为旱季。北部多山林，因而较南部气温低，空气湿度小，年均降水量为2 110毫米。

平福省位于越南东南部山区，地处高原与平原的交界处，其北面和西北与柬埔寨接壤，东面与多农、林同两省相邻，南面接同奈和平阳两省，西为西宁省。其东北有高733米的笸箕婆峰（núi Bà Rá）以及环抱禄宁地区的一系列低山。

平福森林资源丰富，森林茂密而且分布很广。在地势较平坦的地区，大部分是适宜经济作物生长的红土，在平福县有大面积的橡胶林、咖啡林、红木林和芭蕉林。平福省境内有两条南北走向的河流，一条是位于其西面与西宁省分界处的西贡河，另一条是发源于平福省北部，流经边和省，最终注入同奈河的小河。

平福省交通便利，主要的公路有：13号公路——从胡志明市出发，经莱眺、土龙木、边葛、真城、亨管（Hớn Quản）和禄宁，最后向西拐15公里到越柬边界；14号公路——从真城出发，经同帅到邦美属（Buôn Ma Thuột）；以及连接同帅和土龙木的77号公路。同帅市距胡志明市128公里。

平福省有许多自然景观和历史遗迹，如沓梦瀑布（thác Mơ），笸箕婆山、4号瀑布、宝来草原（đồng cỏ Bàu Lạch）。在抗法、抗美时期，这里的许多地方成为抗战基地，其中著名的有：地区军事指挥所、禄宁给养站、禄和（Lộc Hòa）油库、禄光（Lộc Quang）油库，其中福龙县的富仍乡（xã Phú Riềng huyện Phước Long）是越南东南地区的第一个越共党支部的诞生地。

西宁省

面积：4 049.2平方公里

人口：1 080 700

省会：西宁市（Thị xã Tây Ninh）

下辖各县：新边县（Tân Biên）、新州县（Tân Châu）、杨明洲县（Dương Minh Châu）、周城县（Châu Thành）、和成县（Hòa Thành）、槟求县（Bến Cầu）、鹅油县（Gò Dầu）、掌鹏县（Tràng Bàng）。

主要民族：京族、占族、高棉族。

西宁气候终年温暖，平均气温26℃～27℃，年平均降雨量1 400～2 000毫米。两季分明：12月至翌年4月为旱季，5月至10月为雨季。

西宁位于越南东南部，北部与柬埔寨的三个省接壤，边界线达240公里，东面是平阳、平福两省，南面与胡志明市和隆安相邻。境内有两个国家级口岸：木排（Mộc Bài）、沙玛（Sa Mát）。

西宁省自西宁市以北的北部地区，多山林，其中黑婆山（núi Bà Đen）高986米。南部的地势比较平坦，接近平原。有两条大河流经该省，万古东河和西贡河。在西贡河上修建的大坝形成了油汀湖（Dầu Tiếng），这是全国最大的水利工程，可灌溉17 500公顷的农业土地。

西宁省地处中南部高原山区与九龙江平原交汇处，属于南部的高地。土壤大部分是红土和灰色土，非常适于培育森林和种植经济作物。

西宁市距胡志明市99公里。22A公路从西宁市出发，经掌鹏、鹅油到木排口岸。22B公路从鹅油经西宁到达沙玛口岸。

西宁地处连接胡志明市到柬埔寨首都金边的交通线上，是经济和国防战略要地，在抗法抗美战争时期，曾经是南方革命根据地。以前这里属于扶南地界，后来在阮朝时期划归嘉定府（phủ Gia Định）。1936年设西宁府，下辖新宁（Tân Ninh）、光化（Quang Hóa），后改为西宁省。

西宁省的居民主要信奉佛教、基督教和高台教。

平阳省

面积：2 695.2平方公里

人口：1 691 400

省会：土龙木市（Thành phố Thủ Dầu Một）

下辖各市、县：顺安市（Thị xã Thuận An）、以安市（Thị xã Dĩ An）、边葛县（Bến Cát）、油灯县（Dầu Tiếng）、新渊县（Tân Uyên）、富教县（Phú Giáo）。

主要民族：京族、华族、高棉族、岱依族。

气候分为两季：旱季从11月到次年4月，雨季为5月至10月。年平均温度26℃～27℃。

平阳位于越南东南部，北部与平福省相连，南接胡志明市，东临同奈省，西接西宁省，地处胡志明市—同奈—巴地—头顿经济区。

平阳省有适宜种植橡胶和咖啡的红壤，有适宜种植杂粮和发展畜牧草场的灰壤，还有肥沃的冲积平原，种植水稻和发展果园经济，莱眺（Lái Thiêu）以其榴莲、山竺（măng cụt）、红毛丹果、素女菠萝蜜（mít tố nữ）闻名全国。

流经平阳省的大河有：同奈河、西贡河和小河，与密布的大小水渠和溪流构成了纵横的水网，为稻田和果园提供灌溉，并且形成了发达的水路交通网。平阳省的交通十分便利，13、14号公路穿过全境，此外还有许多省级公路和区域公路。

平阳省省会土龙木市位于西贡河左岸，距胡志明市30公里，过去隶属于嘉定地区，有着300多年的历史。这里居民众多，有陶瓷、磨漆、木雕等许多著名的传统手工业。

平阳省是胡志明市的北方门户、战略要地，抗法、抗美战争时期，这里曾是重要的战场，尤其是边葛县，至今仍保留了不少战争遗迹。平阳还有不少旅游资源，溯西贡河而上，可以参观“莱眺园”、土龙木市、油汀湖旅游区。

同奈省

面积：5 903.4平方公里

人口：2 665 100

省会：边和市（Thành phố Biên Hòa）

下辖各市、县：龙庆市（Thị xã Long Khánh）、新富县（Tân Phú）、定贯县（Định Quán）、永久县（Vĩnh Cửu）、统一县（Thống Nhất）、春禄县（Xuân Lộc）、龙城县（Long Thành）、仁泽县（Nhơn Trạch）、掌奔县（Trảng Bom）、锦美县（Cẩm Mỹ）。

主要民族：京族、华族、斯丁族、埃堤族、遮勒族、高棉族、占族、麻族。

气候分为两季，雨季从5月到10月，旱季从11月到次年4月。年平均温度25.4℃～27.2℃。

同奈省位于越南东南部，是胡志明市东面的门户，北接林同省，东边紧靠平顺省，西接平阳、平福两省和胡志明市，南接巴地—头顿省。

同奈省距胡志明市28公里，距河内1 695公里。

同奈省位于同奈河流域，其地形包括盆地、平原、土坡、丘陵、山地，但是与林园高原和夷灵高原相接的部分地势相对较高。同奈省的大部分土壤是石灰质土、灰色土和旧的冲积沙，适宜农作物生长。同奈省有橡胶、咖啡、各类果树等经年经济作物和生长期短的经济作物。

同奈省交通便利。边和市距胡志明市28公里，离河内市1 695公里。主要公路有1A公路，从边和到林同的20号公路，从同奈到巴地—头顿的51号公路。统一铁路经过边和市到胡志明市。

同奈省是越南南部工业发展和吸引外国投资的第二大省，仅次于胡志明市。边和市周围有宽阔的工业区，大量工厂、企业、公司。同奈传统手工业也很发达，同奈的陶瓷器享誉全国。南吉仙(Nam Cát Tiên)森林是一个广阔的原始森林保护区。到同奈旅游可以参观在林区或果园中的生态旅游，如打猎、在同奈河上钓鱼、划船等，还可以参观一些风景名胜，如龙隐湖(hồ Long Ẩn)、竹溪(Suối Tre)文化区、治安瀑布(thác Trị An)、马陀(Mã Đà)森林，或参观战争遗迹，研究考古遗迹，如杭贡古墓(mộ cổ Hàng Gòn)、平多石坛(đàn đá Bình Đa)等。

巴地—头顿省

面积：1 987.4平方公里

人口：1 027 200

省会：头顿市(Thành phố Vũng Tàu)

下辖各市、县：巴地市(Thị xã Bà Rịa)、周德县(Châu Đức)、川木县(Xuyên Mộc)、新城县(Tân Thành)、隆田县(Long điền)、昆岛县(Côn Dảo)、德道县(Đất Đỏ)。

主要民族：京族、华族、高棉族。

巴地—头顿省属热带季风气候，年均气温为27℃，风暴少，日照充足。

巴地—头顿省北部与同奈省毗邻，东部与平顺省相连，西部与胡志明市的更诺县相连，南部和东南部临中国南海。

地形包括山地、丘陵、小平原和沿海的沙丘、沙滩。新城的土地为陈年淤沙，地势平坦。隆田、川木两县的土地为沿海平原和山地、丘陵。

巴地—头顿的陆地海岸线长100公里，其中72公里是沙滩，适宜做海水浴场。

该省的大陆架与我南沙群岛相邻，石油和海产资源丰富。

巴地—头顿有许多规模较大的蓄水湖，如金龙湖(Kim Long)、黑石湖(Đá Đen)、磐石湖(Đá Bàn)、周坡湖(Châu Pha)、帅江湖(Sông Soài)、潔窝湖(Lồ Ô)、富溪湖(Suối ciàu)等，还有许多河流，如日哀河(sông Ray)、答婆河(sông Bà Đáp)、东河(sông Đông)等；此外还有200多条小溪，特别是平州(Bình Châu)的热泉溪，水温80℃，是珍贵的矿泉水资源。

巴地—头顿是一个大型旅游中心，是越南十大旅游中心之一。美丽的山海风景与都市风情，再加之纪念台、庙宇、教堂等各种文化建筑有机地结合在一起，使巴地—头顿市成为有特色，充满吸引力的旅游城市。头顿没有冬季，各个避暑区一年四季都适宜参观旅游。

头顿有许多美丽的海水浴场，如垂云的后滩(bãi Sau Thùy Vân)、寻阳的前滩(bãi trước Tầm Dương)、芳草的新娘滩(bãi Dâu Phương Thảo)、香丰的剑麻滩(bãi Dứa Hương Phong)等，还有许多名胜古迹如大山(núi Lớn)、小山(núi Nhỏ)和白营山(Bạch Dinh)上的灯塔，涅槃净舍(Niết Bàn Tịnh Xá)、释迦佛台(Thích Ca Phật Đài)、龙山巨屋(nhà lớn Long Sơn)等。

八、九龙江平原13省市：

芹苴市

面积：1 401.6平方公里

人口：1 214 100

下辖各郡、县：宁桥郡(Nunh Kiều)、平水郡(Bình Thủy)、丐让郡(Cái Răng)、乌门郡(Ô Môn)、脱诺郡(THốt Nốt)、丰田县(Phong Điền)、格多县(Cờ Đỏ)、永盛县(Vĩnh THạnh)、泰来县(Thới Lai)。

主要民族：京族、高棉族、华族、占族等。

2003年8月，芹苴开始组建直属中央的省级城市，成为越南第五个中央直辖市。

自然条件：芹苴终年湿热，少有台风，没有寒冷季节。雨季从5月到11月，旱季从12月到次年4月。

芹苴市是越南南部西区重要的大城市，是南部九龙江平原11省的政治、经济、文化中心。芹苴市有茶诺(Trà Nóc)电厂、芹苴大学和湄公河三角洲平原农业技术中心。芹苴古称西都，位于后江的右岸，也是后江水系多条河道的汇合处。芹苴市北接安江省，东北临同塔梅省，南面临近后江省，西面临建江省，东面临永隆省。

芹苴河渠众多，有后江、芹苴江、脱诺渠（kênh Thốt Nốt）、乌门渠（rạch Ô Môn）。

芹苴市有3个可以停靠1 000吨级轮船的港口。芹苴自古就被视为南部西区产稻中心，现在是越南出产并出口稻米的主要地区之一。

由于土地肥沃，除了出产稻米和各种热带水果外，芹苴还有较为丰富的水产，主要是淡水鱼虾和饲养的猪、鸡、鸭等家禽家畜。现有的工业主要是电力（33 000千瓦的茶诺电厂）、电子、化工、纺织、皮革和农产品及水产品加工。

芹苴的地名源自"琴诗江"（Cầm Thi Giang）、琴江（sông Đàn）、诗江（sông Thơ），由此可见这是一个河流文化区域。河流与居民的经济和文化活动相联系。芹苴自然条件和城市建设的独到之处是河渠纵横。河渠也是"街道"，它成为芹苴这个曾被命名为西都的城市的独特风景线。芹苴的乡村像诗一般美丽，居民稠密而集中，富庶的乡村隐藏在重重的椰子树影中。芹苴最有名的是全用青石砌成的宁桥码头和凭凌鹤园（vườn cò Bằng Lăng）。

芹苴市集中修建了许多培训和研究科学工艺的基础设施。长期以来，芹苴一直是越南西南部地区的经济、文化中心。

芹苴市的交通十分便利。芹苴距永隆34公里，距龙川62公里，距朔庄63公里，距美荻104公里，距迪石116公里，距朱笃117公里，距胡志明市169公里，距金瓯179公里。

交通：公路：穿过芹苴的几条较大公路有，通往安江的1A号国道和91号国道，通往坚江的80号国道。汽车站在芹苴西北方向的阮廌（Nguyễn Trãi）路上，距市中心约2公里。水路：芹苴是整个越南南方的水上交通中心，与柬埔寨相连。航空：茶诺机场。

隆安省

面积：4 493.8平方公里

人口：1 449 600

省会：新安市（Thành phố Tân An）

下辖各县：槟力县（Bến Lức）、芹得县（Cần Đước）、芹若县（Cần Giuộc）、周

城县(Châu Thành)、德和县(Đức Hòa)、德惠县(Đức Huệ)、木化县(Mộc Hóa)、新盛县(Tân Thạnh)、新柱县(Tân Trụ)、盛化县(THạnh Hóa)、守承县(Thủ Thừa)、永兴县(Vĩnh Hưng)、新兴县(Tân Hưng)。

主要民族：京族、高棉族。

热带季风气候，有明显的雨季和旱季，年平均温度为27.4℃，雨季从5月到10月，年平均降雨量为1 620毫米。

隆安距胡志明市47公里，是九龙江平原的门户，北接西宁省和柬埔寨，东邻胡志明市，南接前江，西接同塔。隆安是一个农业省，分布在万古东河(Vàm Cỏ Đông)与万古西河(Vàm Cỏ Tay)两岸的土地是最肥沃的土壤。隆安省的北面有一些小土丘和低矮的山坡，其余都是平地，西面是同塔梅(Đồng Tháp Mười)的低洼区。

隆安河渠纵横，把土地分割成易于浇灌的块状。事实上，隆安还不属于九龙江平原，而是处于同奈河和九龙江两大流域间的万古河平原。

隆安人口稠密，主要是京族和居住在西部的高棉族。大部分人信仰佛教、基督教(Kitô)、高台教(Cao Đài)和福音教(Tin Lành)。

同塔省

面积：3 375.4平方公里

人口：1 673 200

省会：高岭市(Thành phố Cao Lãnh)

下辖各市、县：沙沥市(Thị xã Sa Đéc)、鸿御市(Thị xã Hồng Ngư)、新鸿县(Tân Hồng)、鸿御县(Hồng Ngự)、三农县(Tam Nông)、清平县(Thanh Bình)、塔梅县(Tháp Mười)、高岭县(Cao Lãnh)、勒普瓦县(Lấp Vò)、周城县(Châu Thành)、莱翁县(Lai Vung)。

主要民族：京族、高棉族、华族、占族。

气候明显分为两季，雨季从5月到11月，旱季从12月到次年4月。

同塔省位于九龙江平原，是同塔梅三省之一，北接柬埔寨，南接永隆省，西邻安江省和芹苴市，东与隆安省和前江省相接。

省内有纵横交错的河流、运河和水渠，多池塘和大湖。主要的河流是前江(湄公河的支流)，在同塔省境内长132公里，沿河两岸为交错的河道和水渠。省内有300公里公路和密集的水路网络，交通便利。

高岭市距1A号公路36公里，距胡志明市162公里，位于高岭河畔，高岭河为前江的一小支流，流经高岭市15公里后注入前江，紧靠辽阔的同塔梅，高岭自古就是繁华的城市和同塔的经济中心。

作为一个农业省，同塔省出产粮食和可供出口的农产品、水产品。同塔省由于前江、后江常年冲积淤沙，土地肥沃，村落密集，树木四季常青。同塔梅地区被誉为越南的粮仓。这里有生长在水面上的浮稻，每年4月、5月自己长出来，到10月份收割，不用耕耘、施肥和灌溉。同塔省还适宜种植一些生长期短的经济作物，如甘蔗、棉花、烟草、大豆等；还出产高岭芒果、周城龙眼、莱翁桔子、丰和柚子、红毛丹果、牛奶果、蟒求果等水果。

安江省

面积：3 536.8平方公里

人口：2 151 000

省会：龙川市（Thành phố Long Xuyên）

下辖各市、县：朱笃市（Thị xã Châu Đốc）、新州县（Thị xã Tân Châu）、安富县（An Phú）、富新县（Phú Tân）、周富县（Châu Phú）、净边县（Tịnh Biên）、知尊县（Tri Tôn）、新市县（Chợ Mới）、周城县（Châu Thành）、话山县（Thoại Sơn）。

主要民族：京族、高棉族、占族、华族。

安江省属热带季风气候，年均气温27℃，在4月～5月最高气温能达到35℃～36℃，在12月和1月最低温度为20℃～21℃。年均降雨量为1 400～1 500毫米，有明显的两季：雨季为5月～11月，旱季从12月到翌年4月。

安江是位于越南西南部的一个省份，地界始自湄公河流入越南被分为两支的地方。安江省东边与东北面与同塔相连，东南面毗邻芹苴，南面和西南面连接建江省，西面与柬埔寨接壤。在安江西面有与边界线平行的永济渠，修建于1823年，连接朱笃市与河仙市。

安江的水稻产量达200万吨以上，位居全国第一，除了水稻，还种植玉米、黄豆，养殖鱼、虾等淡水水产。安江还以其传统手工业而闻名，如：新州丝绸、朱笃鱼露、守集木器、富新烧饼、牛肉干和各类日常用品等。特别是历史悠久的占族人的手工织布工艺和河湖水网地区的白铁鱼养殖业。

安江省省会龙川市位于后江右岸，距胡志明市189公里，建成于19世纪初。安江的风景名胜有：萨姆山（núi Sam）、娘娘庙（chùa Bà Chúa Xứ）、禁山（núi

Cấm)、水台山溶洞(hang động Thủy Đài Sơn)、英宇山溶洞(hang động Anh Vũ Sơn)、姑苏山园(Sơn viên Cô Tô)、抗美时期的息笃蒲岭(đồi Tơc Đụp)以及其他许多历史遗迹和建筑艺术。

前江省

面积：2 484.2平方公里

人口：1 682 600

省会：美萩市(Thành phố Mỹ Tho)

下辖各市、县：鹅贡市(Thị xã Gò Công)、丐贝县(Cái Bè)、该垒县(Cai Lậy)、周城县(Châu Thành)、米市县(Chợ Gạo)、鹅贡西县(Gò Công Tây)、鹅贡东县(Gò Công Đông)、新福县(Tân Phước)、新福东县(Tân Phú Đông)。

主要民族：京族、华族。

前江是由原美萩和鹅贡省合并而成，北接隆安省，西面与同塔省相邻，东边是帅热蒲河(Soài Rạp)的入海口和大海，南邻槟椥省。美萩市距胡志明市70公里。

前江省气候明显分为两季：雨季和寒季。年平均温度为27℃。年平均降雨量为2 300毫米。

前江省主要河流有：前江、鹅贡河、保定河，以及密集的河渠水网，水路交通十分方便。

前江省交通便利，从前江省通过水路可以到胡志明市和金边市。主要公路是横穿九龙江平原的4号公路。

前江省是一个平原省，地形分为三个明显的区域：前江沿岸果树区、同塔梅地区和鹅贡沿海区。前江省有30公里长的海岸线，每年能捕获大量的鱼类和其他海产。

前江省土地肥沃，是九龙江平原的大谷仓之一。美萩市和鹅贡市还是著名的物资集散地，每年在这里交易大量的农产品和水果，著名的水果有：中梁红桃李、荣金牛奶果、沙地芒果、瓷皮柑、丐贝县的舍俚石榴等。

前江省是有着浓郁南部特色传统文化的地区，是著名改良剧的摇篮之一。前江省的宗教有儒教、佛教、基督教、福音教、和好教和高台教。

槟椥省

面积：2 360.2平方公里

人口：1 257 800

省会：槟椥市（Thành phố Bến Tre）

下辖各县：周城县（Châu THành）、则来县（Chợ Lách）、牧杞县（Mỏ Cày）、榕淳县（Giồng Trôm）、平代县（Bình Đại）、巴知县（Ba Tri）、盛富县（Thạnh Phú）、牧杞北县（Mỏ Cày Bắc）。

主要民族：京族。

槟椥省属热带季风气候：5月～10月为雨季，11月到翌年4月为旱季。年平均气温26℃～27℃。年平均降水量为1 250～1 500毫米。

槟椥省地处平原，位于九龙江入海口，东部临海，海岸线长60公里。北部与前江省相接，西部与西南部与永隆省相邻，南部与茶荣省相接。槟椥市距胡志明市85公里。

槟椥地势平坦，沙丘与田园交织在一起，没有大的森林，四面河流环绕，交通运输及水利极为便利。

槟椥由宝洲（cù lao Bảo）、明洲（cù lao Minh）和安化洲（cù lao An Hóa）三块大的冲积原组成。这三块冲积洲由前江（Tiền Giang）、巴来江（Ba Lại）、韩仑江（Hàm Luông）、古毡江（Cổ Chiên）四条大江分割冲积而成。槟椥是一个河渠众多的省份，有着发展绿色旅游的有利条件，因为这里还完好的保留了各种小型园林的原始风貌，广阔的椰林和果树林构成了良好的生态环境。

槟椥是九龙江平原的粮仓，盛产多种农作物和水果，如：稻米、玉米、红薯、菠萝、红毛丹果、蟒求果、番荔枝、榴莲等。槟椥的水产有：短尾鲅鱼、狗母鱼、白鱼等。经济作物有：椰子、烟叶、甘蔗、棉花。槟椥的特产是椰子（近40 000公顷椰子园），槟椥椰子糖和美隆（Mỹ Lồng）薄饼、山督（Sơn Đốc）烧饼都是远近闻名的食品。丐门（Cái Mơn）苗圃每年为市场提供上万珠的果树种苗和观赏性植物。

永隆省

面积：1 479.1平方公里

人口：1 028 600

省会：永隆市（Thành phố Vĩnh Long）

下辖各县：龙湖县（Long Hồ）、芒铁县（Mường Thít）、平明县（Bình Dương）、三平县（Tam Bình）、茶温县（Trà Ôn）、泳廉县（Vũng Liêm）、平新县（Bình Tân）。

主要民族：京族、高棉族、华族。

永隆省属热带季风气候。旱季从11月到翌年4月，雨季为5月～10月，年平均温度为27℃，年平均降雨量为1 300～1 500毫米。

永隆市位于胡志明市西南136公里。永隆省地处前江和后江之间，位于九龙江平原的中心，因其富饶，人口众多，而且具备九龙江平原的所有特征而被喻为微缩九龙江平原。永隆省北邻前江，西接同塔，东靠槟椥，东南与茶荣相邻，南接芹苴。

永隆省的地形相对平缓，水网密布，交通便利，1号公路和53号公路穿省而过，是连接胡志明市和芹苴市的重要通道。

永隆省位于九龙江平原，经前、后江多年的冲积，因此土地肥沃。种植业是该省的优势。除了水稻（90%的土地用于种植水稻）外，还种植大量水果，如：柑、龙眼、桔、柚子、椰子等。同时还发展家畜、家禽饲养。

永隆是九龙江平原的一个人口众多的省，早在1732年就开始开发，建立了隆湖营，1813年改称“永镇”，1832年成立永隆省。永隆主要有三个民族，其中京族占97%，高棉族占2%，华族及其他少数民族占1%。

建江省

面积：6 346.3平方公里

人口：1 726 200

省会：迪石市（Thành phố Rạch Giá）

下辖各市、县：河仙市（Thị xã Hà TIên）、坚良县（Kiên Lương）、昏德县（Hòn Đất）、新协县（Tân Hiệp）、周城县（Châu THành）、荣营县（Giồng Riềng）、鹅瓜县（Gò Quao）、江城县（Giang Thành）、安边县（An Biên）、安明县（An Minh）、永顺县（Vĩnh Thuận）、乌明上县（U Minh Thượng）和富国县（Phú Quốc）、坚海县（Kiên Hải）两个海岛县。

主要民族：京族、高棉族、华族。

建江属于热带季风气候，年平均气温为27℃～27.5℃，全年没有太热也没有太冷的时候。这里的气候分为两季：从11月到次年4月为旱季，5月至10月为雨季。年平均降雨量为2 016毫米。

建江位于越南西南边陲，距胡志明市250公里。东部和东南部与安江和芹苴相邻，南部与金瓯相接，北部与柬埔寨接壤并有54公里的边界线，建江所辖海域有100多个大大小小的岛屿。

作为地处九龙江平原的省份，建江有肥沃的稻田、宽广的森林和辽阔的海洋，还有丘陵和岛屿，这里的农业、渔业、矿产以及旅游资源都非常丰富。由于位于暹罗湾（vịnh Thái Lan），所以建江通过海路同国际的交流十分方便。建江省现有三个机场：迪石机场、富国机场和河仙机场。

建江是一个农业省，但它的渔业也很发达。建江海域有许多大的虾场和渔区，出产多种美味的鱼：鳖鱼（cá thu）、鲳鱼（cá chim）、白颊鱼（cá bạc má）、短尾鲌（cá thiều）、鲤鱼（cá chép）、掌形红边鱼（cá he）等。建江的鱼露（nước mắm）也很出名。

后江省

面积：1 601.1平方公里

人口：769 200

省会：渭清市（Thành phố Vị Thanh）

下辖各市、县：我北市（thị xã Ngã Bảy）、凤协县（Phụng Hiệp）、渭水县（Vị Thủy）、隆美县（Long Mỹ）、周城A县（Châu Thành A）、周城县（Châu THành）。

主要民族：京族、高棉族、华族、占族。

后江省是从原先的芹苴省划分出来的。后江省北部临近芹苴，东接永隆，南部与朔庄、薄寮相接，西临建江。

后江省位于九龙江平原的中心位置，河渠纵横、水网密布，主要的河流、水渠有：后江（sông Hậu）、丐思江（sông Cái Tư）、管路渠（kênh Quản Lộ）、凤协渠（kênh Phục Hiệp）、萨努渠（kênh Xà No）、苍浤厶渠（kênh Xáng Nàng Mau）等。

后江省气候宜人，少有台风，全年温暖，没有冬季。雨季为5月～11月，旱季从12月到次年4月。

后江省土地肥沃，在水稻种植和果树栽培方面具有优势，很久以前这里就是西南部的产稻中心之一，现在仍然是全国生产和出口稻米的几个主要省份之一。

后江有相当丰富的水产资源，主要是淡水鱼虾和家畜养殖业。后江还是一个较强的工业基地。这里有农产品加工、水产品加工、机器制造、日用品制造等工业。

后江以凤协水上集市（chợ nổi Phụng Hiệp）、隆美遗迹（di tích Long Mỹ）、蛇番（Xà Phiên）的鹤园、省委遗迹区（khu di tích Tỉnh ủy）而闻名。

后江交通十分便利。省会渭清市距胡志明市约60公里。后江的水路、公路（1A公路、61号公路）交通网络较为完备，与九龙江平原各省相连接，可以与后江流域以南各省交流，并推动这些省及整个九龙江平原社会经济的发展。特别是连接渭清市、莫岸镇（Một Ngàn）和芹苴市的公路，是芹苴市和建江省及薄寮省之间的重要桥梁。

茶荣省

面积：2 295.1平方公里

人口：1 012 600

省会：茶荣市（Thành phố Trà Vinh）

下辖各县：冈隆县（Càng Long）、苟格县（Cầu Kè）、小芹县（Tiểu Cần）、周城县（Châu Thnàh）、茶句县（Trà Cú）、求昂县（Cầu Ngang又译横桥）、沿海县（Duyên Hải）。

主要民族：京族、高棉族、华族。

茶荣地处近赤道的热带季风气候地区，全年湿热，分为两季：雨季为5月至11月，旱季从12月到翌年4月。年均气温25℃～27℃。年平均降雨量为1 400～1 600毫米。

茶荣位于湄公河下游，为前江与后江所环抱，北邻槟榔省，西面与西北面与永隆省和芹苴市相连，西南面与朔庄省接壤，东南临海，海岸线长65公里。

茶荣的地形是一片沿海平原，包括原有冲积平原和一些新近才冲积成的沙洲，平均海拔2～3米。茶荣有很多的丘陵耕地，还有一个纵横交错的河渠水系。茶荣适宜种植果树。

茶荣的经济支柱主要是水稻种植，渔业捕捞，水产养殖和种植园经济。

茶荣市位于茶荣河畔，交通便利，距前江河岸3公里，距永隆市66公里。距胡志明市110公里（途经槟榔、美萩）。茶荣市有许多高棉族的庙宇。

茶荣省树木葱郁，河渠纵横，村落与种植园星罗棋布，自然景观变化有序。

茶荣省居民中越族最多，其次为高棉族和华族。高棉族村落中有很多大树，房屋常常围庙而建。

茶荣省居民宗教信仰普遍，共有140座高棉族的庙宇，50座越族的庙宇，5座中国式的庙宇。

朔庄省

面积：3 311.8平方公里

人口：1 303 700

省会：朔庄市（Thành phố Sóc Trăng）

下辖各市、县：永州市（thị xã Vĩnh Châu）、继策县（Kế Sách）、美秀县（Mỹ Tú）、美川县（Mỹ Xuyên）、盛治县（THạnh Trị）、隆富县（Long Phú）、句劳容县（Cù Lao Dung）、我南县（Ngã Năm）、陈提县（Trần Đề）、周城县（Châu Thành）。

主要民族：京族、高棉族、华族。

朔庄省的气候有明显的两季性海洋气候的特点。年平均温度为26.8℃。

朔庄市距胡志明市231公里，距芹苴市62公里。朔庄省与茶永、永隆、芹苴、薄寮等省相邻，东面临海。朔庄的海岸线长72公里，沙洲面积达30 000公顷。

朔庄省是一个农业省。农作物面积为259 799公顷，其中水稻面积占94%。除水稻之外还种植玉米、绿豆、大豆、甘蔗、有名的永州香蒜和各种水果，如菠萝、龙眼、红毛丹果、榴莲、柑、桔等。这些水果大都种植在美福岛和永州。

在朔庄，越族人占全省人口的65%，高棉人占28%，华人占7%，因此这里的生活方式带有三个民族的特色。全省有89座高棉族寺庙、47座华人寺庙。朔庄有越南南部庙会之乡之称，每年吸引大批游客到此参加庙会和参观游览。

朔庄交通十分便利。朔庄距胡志明市231公里。

薄寮省

面积：2 501.5平方公里

人口：873 300

省会：薄寮市（Thành phố Bạc Liêu）

下辖各县：鸿民县（Hồng Dân）、永利县（Vĩnh Lợi）、东海县（Đông Hải）、嘉莱县（Giá Rai）、福龙县（Phước Long）、和平县（Hòa Bình）。

主要民族：京族、华族、高棉族、占族。

薄寮省位于九龙江平原，号称越南陆地的尽头，北部与朔庄省、芹苴市相连，东部临海，西部与金瓯、建江两省相接。这是一片年轻的土地，由泥沙冲积而成，到17世纪末这片土地才得到开发。薄寮有着广阔的稻田。由于受南北海潮的影响，沙土在此淤积，很适宜种植水果。薄寮省的龙眼非常有名。

薄寮市建在薄寮渠边，距海10公里，是著名的稻米中心和省内外的贸易中心。

薄寮距胡志明市280公里，距朔庄50公里，距金瓯69公里。

薄寮土地肥沃，人口稠密，主要种植水稻、杂粮和水果，兼有捕鱼、制盐等行业。

18世纪阮朝时期，薄寮隶属于安江省的拜叟府(phủ Bãi Xâu)。薄寮省的成立晚于南部其他各省。1882年底，法国统督里麦雷·德·威勒斯(Le Myre de Villers)签署决议，从当时朔庄(Sóc Trăng)小区和迪石(Rạch Giá)小区各划出一部分土地，成立新的小区，1889年12月20日，全权总督保罗·道麦尔(Poul Doumer)把这个小区更名为薄寮省。薄寮在法国人的开发战略中相当重要，因为薄寮一直都是南圻六省大地主的领地，所以留下了不少西式别墅，别有一番特色。

金瓯省

面积：5 331.6平方公里

人口：1 214 900

省会：金瓯市(Thành phố Cà Mau)

下辖各县：登瑞县(蝙蝠潭县Đầm Dơi)、玉显县(Ngọc Hiển)、丐诺县(Cái Nước)、陈文时县(Trần Văn Thời)、乌明县(U Minh)、太平县(Thới Bình)、南根县(Năm Căn)、富新县(Phú Tân)。

主要民族：京族、华族、高棉族、占族。

金瓯省属于热带季风气候，湿热是主要的气候特征。5月到8月雨水较多，其他月份雨水较少，年均降雨量为2 360毫米，年均气温26.5℃。

金瓯是越南最南端的一个省，三面临海，海岸线长达307公里。北面与建江省相邻，东北是薄寮，东、南、西临海。

金瓯是一块新生的土地，是九龙江不断冲积而成的，包括碱地、盐碱地、泥滩和沙洲，土地十分肥沃。金瓯省河渠纵横，有7条主要河流流经金瓯省：翁督河(Ống Đốc)、拜哈普河(Bảy Háp)、丐愣河(Cái Lớn)、甘豪河(Gành Hào)、蝙蝠梁河(Đầm Dơi)、辰沉河(Trèm Trẹm)、白牛河(Bạch Ngưu)，形成大大小小的入海口。金瓯还包括快岛(Hòn Khoai)和蕉岛(Hòn Chuối)。由于海岸线长，海域面积广，所以渔业较发达，每年的鱼虾捕捞量十分可观，此外，人工养虾也有相当规模。

金瓯省交通便利，1号公路从芹苴省经朔庄市、薄寮市到达金瓯市，长180公里，再向南延伸55公里到达楠根。第二条重要的公路是连接金瓯和迪石的公路，长130公里。金瓯省还有密布的河渠体系，水上交通十分发达。

金瓯市距胡志明市350公里，是一个年轻的城市，近年来发展迅速。1A公路的延长线——从金瓯到玉显段正在建设中；楠根国际港和其他海港，以及金瓯机场都已经或正在改造以投入使用。金瓯的超市大厦是该市的重要建筑，这里有百货超市，三星级酒店，写字楼。

参考文献

[1] 刘咸岳等:《2000年越南国情报告》，广西人民出版社，2001。
[2] 刘咸岳等:《2001年越南国情报告》，广西人民出版社，2002。
[3] 古小松等:《2002年越南国情报告》，社会科学文献出版社，2003。
[4] 古小松等:《2003—2004年东南亚发展报告》，广西人民出版社，2004。
[5] 古小松等:《2005年越南国情报告》，社会科学文献出版社，2005。
[6] 古小松等:《2006年越南国情报告》，社会科学文献出版社，2006。
[7] 古小松等:《2007年越南国情报告》，社会科学文献出版社，2007。
[8] 古小松等:《越南国情报告(2008)》，社会科学文献出版社，2008。
[9] 古小松等:《越南国情报告(2009)》，社会科学文献出版社，2009。
[10] 古小松:《越南国情与中越关系》，世界知识出版社，2007。
[11] 古小松:《越南的经济改革》，广西人民出版社，1992。
[12] 赵和曼:《越南经济的发展》，中国华侨出版社，1995。
[13] 赵和曼:《东南亚手册》，广西人民出版社，2000。
[14] 陈继章等:《越南研究》，军事谊文出版社，2003。
[15] 刘稚等:《当代越南经济》，云南大学出版社，2000。
[16] 王士录:《当代越南》，四川人民出版社，1992。
[17] 沈北海:《越南》，广西民族出版社，2006。
[18] 戴克来、于向东:《越南》，广西人民出版社，1998。
[19] 范红贵:《越南民族与民族问题》，广西民族出版社，1999。
[20] 丛国胜:《越南行政地名译名手册》，军事谊文出版社，2004。
[21]《东南亚纵横》2000～2013年各期。
[22]《东南亚纵横》2014年第1～4期。
[23] Nguyễn Huy Xu – Mai Phú Thanh: Tìm hiểu địa lý kinh tế Việt Nam Nhà xuất bản Giáo dục 2002.
[24] Nguyễn Viết Thịnh – Đỗ Thị Minh Đức: Giáo trình địa lý kinh tế-xã hội Việt

Nam Nhà xuất bản Giáo dục 2003.

[25] Tổng cục du lịch - Trung tâm công nghệ thong tin du lịch: Non nước Việt Nam Hà Nội – 2001.

[26] Lê Thông (Chủ biên): Địa lý các tỉnh và thành phố Việt Nam (Phần Một) Nhà xuất bản Giáo dục 2003.

[27] Lê Thông (Chủ biên): Địa lý các tỉnh và thành phố Việt Nam (Tập Hai) Nhà xuất bản Giáo dục 2003.

[28] Lê Thông (Chủ biên): Địa lý các tỉnh và thành phố Việt Nam (Tập Ba) Nhà xuất bản Giáo dục 2003.

[29] Lê Thông (Chủ biên): Địa lý các tỉnh và thành phố Việt Nam (Tập Bốn) Nhà xuất bản Giáo dục 2003.

[30] Tập bản đồ hành chính 64 tỉnh thành phố Việt Nam Nhà xuất bản Bản đồ 2008.

[31] Tạp chí Cộng sản các số 2000—2013.

[32] Tạp chí Cộng sản các số 1- 4 năm 2014.

[33] Vũ Thế Bình Non nước Việt Nam Nhà xuất bản Thống kê 2012.

[34] Cộng Hòa xã hội chủ nghĩa Việt Nam Nhà xuất bản Tài nguyên–Môi trường và Bản đồ Việt nam 2012.